中国人的生存智慧

吴晗/著

湖南人民出版社

目录

第三编
老百姓的日常生活——从小处看大局

第四编
腐败自古是祸根——烂透了就没救了

第五编
以人为鉴——做人永远都是门学问

第一编

皇帝不好当——如何平衡权力很重要

谈武则天

武则天 (624—705) 是我国历史上一个了不起的人物，是一个对她所处的时代起推进作用的人物。但是由于封建礼教作怪，她被不少卫道的"正人君子"所辱骂而名誉不好。郭沫若的新作《武则天》五幕历史剧替武则天翻了案，我举双手赞成拥护。

本来我正在研究武则天，用充分的史实肯定武则天在历史上的地位。这个工作牵涉面很广，引用史料很多，得要几个月工夫才能完成。在工作进行中读到郭沫若同志的《武则天》初稿和改定稿，非常高兴，有话要说，于是写了《谈武则天》。

二

《武则天》这个历史剧中的人物都是实有其人的，所涉及各个人物的故事也都是有文献根据的。沫若同志尽可能忠实于历史，做到无一字无来历无一事无出处，通过艺术手法把武则天这个历史上的伟大政治家的形象更加强化、集中，和现代人见面了。

《武则天》历史剧的主要根据是旧、新《唐书》有关武则天的记载和裴炎、程务挺、徐敬业、骆宾王、上官婉儿、明崇俨等人的传，参以司马光的《资治通鉴》和《全唐诗》《骆宾王集》等书。

关于裴炎和徐敬业通谋，裴炎又阴谋在成功以后自己做皇帝，这一故事也是有出处的。唐张文成《朝野金载》卷五：

裴炎为中书令，时徐敬业欲反，令骆宾王画计，取裴炎同起事。宾王足踏壁，静思食顷，乃为谣曰："一片火，两片火，绯衣小儿当殿坐。"教炎庄上小儿诵之，并都下童子皆唱。炎乃访学者令解之。召宾王至，数啖以宝物锦绮，皆不言。又略以音乐、女伎、骏马，亦不语。乃将古忠臣烈士图共观之，见司马宣王，宾王欻然起曰："此英雄丈夫也。"即说自古大臣执政，多移社稷。炎大喜。宾王曰："但不知谣谶何如耳？"炎以谣言"片火绯衣"之事白。宾王即下，北面而拜曰："此真人矣。"遂与敬业等合谋。扬州兵起，炎从内应，书与敬业等合谋，惟有"青鹅"。人有告者，朝廷莫之能解。则天曰："此'青'字者十二月，'鹅'字者我自与也。"遂诛炎，敬业等寻败。

司马宣王即司马懿。这段故事司马光是看到的，收在《资治通鉴考异》里。但他不相信，认为"此皆当时构炎者所言耳，非其实也"。不管怎样，当时有过这样传说则是可以肯定的。

关于裴炎这个人的评价，除了两《唐书》以外，明朝末年人王夫之《读通鉴论》卷二十一中说他：

自霍光行非常之事，而司马懿、桓温、谢晦、傅亮、徐羡之托以雠基私，裴炎赞武氏废中宗立豫王，亦其故智也。不然，恶有嗣位两月，失德未彰，片言之妄，而为之臣者遽更置之如仆隶之任使乎？炎之不自揣也，不知其权与奸出武氏之下倍蓰而无算。且谓豫王立而己居震世之功，其欲仅如霍氏之乘权与懿、温之图篡也，皆不可知。然时可为，则进而窥天位，时未可，抑足以压天下而永其富贵。岂意一为武氏用，而豫王浮寄宫中，承嗣、三思先己而为捷足也哉？其请反政豫王也，懿、温之心，天下后世有目、有心者知之，而岂武氏之不觉邪？家无儋石之储，似清；请反政于豫王，似忠；从子仙先忘死以讼冤，似义。以此而挟滔天之胆，解天子之玺绂以更授一人，则其似是而非者，视王莽之恭俭诚无以过。而武氏非元后，己非武氏之姻族，妄生非分之想，则白昼攫金，见金而不见人，其愚亦甚矣。

不只是这些主要人物和故事有出处，连次要人物也是有根据的。如剧中的赵道生杀明崇俨见《读通鉴论》卷二〇二，洛阳的宫殿名称是根据徐松的《唐两京城坊考》的。

三

我对武则天的看法。

我认为武则天是历史上伟大的政治家。从她参与政权到掌握政权的五十年中，继承和巩固并且发展了唐太宗贞观治世的事业，足食安民，知人善用，从谏如流，发扬文化，为下一代培养了人才，下启唐玄宗开元时代的太平盛世。就唐朝前期历史说，是个承先启后的人物。就整个我国历史说，她也是封建统治者中的杰出人物。

不说别的，单就她在位时期文献上还没有发现大规模农民起义的记载这一点来看，和历史上任何王朝、任何封建统治者统治时期是有所区别的。这一点说明当时的人民是支持她爱戴她的。宋朝人修的《新唐书》骂她骂得很厉害。但是宋祁在大骂之后也还是不能不说一句公道话"僭于上而治于下"。从今天来说，僭不僭不干我们的事，"治于下"三个字却是武则天的定评。我看评论武则天要从这一点出发，也就是从政治出发。从她当时对百姓是做好事还是做坏事出发，她对生产的作用是推进还是阻碍出发。

武则天在杀裴炎、程务挺，平定徐敬业以后，曾经召集群臣讲过一次话，这番话实质上是对她自己的评价。她说："朕辅先帝逾三十年，忧劳天下。爵位富贵，朕所与也；天下安佚，朕所养也。先帝弃群臣，以社稷为托，朕不敢爱身，而知爱人。今为戎首者皆将相，何见负之遽？且受遗老臣伉扈难制有若裴炎乎？世将种能合亡命若徐敬业乎？宿将善战若程务挺乎？彼皆人豪，不利于朕，朕能戮之。公等才有过彼，则蚤为之。不然，谨以事朕，无诒天下笑。"这番话明朝末年人李贽逐段加以批点："忧劳天下"批"真"！"天下安佚，朕所养也"，批"真"！"不敢爱身，而知爱人"批"真"！从当时情况看来，武则天这段话确如李卓吾所批的都是真话。

反对她的是些什么人呢？是一部分老臣宿将和勋贵子孙，她做了皇帝以后呢？是一部分唐朝宗室。她曾经两次大规模杀人，杀的就是这些人，政治上的反对派。在你死我活的斗争中，在封建统治阶级内部的激烈斗争中，武则天是很坚强果断的。她消灭了所有反对她的官僚和贵族，其中包括她自己的儿子、女婿、孙子、孙女和孙女婿，不只杀李家人，也杀武家人。道理很简单，不杀这些人，这些人就会推翻她，不是东风压倒西风，就是西风压倒东风。沫若同志的剧本通过太子贤、裴炎等人和武则天的斗争，很突出地阐明了这一历史情况。

她杀了不少李家人，还曾经把第三个儿子英王哲从皇帝宝座上撵下来，废为卢陵王，幽禁在房州十五年。照理说，这个儿子应该恨她，但是不然。公元705年的宫廷政变武则天下台，卢陵王做了皇帝，是为唐中宗。同年武则天死。景龙元年(707)二月唐中宗下诏，把诸州纪念他重做皇帝的中兴寺、观一律改为龙兴，并禁止说他的再次做皇帝是中兴。《唐大诏令集》一一四载他的诏书说：则天大圣皇后思顾托之隆，审变通之数，忘己济物，从权御宇，四海由其率顺，万姓所以咸宁。唐周之号暂殊，社稷之祚斯永……朕……事惟继体义即缵戎……中兴之号，理异于兹，宜革前非，以归事实。自今已后，更不得言中兴。

表扬武则天在位时"忘己济物""万姓""咸宁"，他是继承武则天的统治的，不能说是中兴。岂但不恨还十分尊重呢！当时还有人建议："神龙元年(705)制书一事以上并依贞观故事。岂可近舍母仪远尊祖德？"意思是说705年的命令规定政治措施都要学贞观时代，也就是废除则天时代的成规这是不对的。怎么可以把近时母亲的行政作为抛弃去学习遥远的祖父呢？中宗很赞成这个意见并写信表扬。由此看来，则天时代的某些政治措施是和贞观时代有所不同的。她根据时代的进展规定了自己的政策方针。

不只她的儿子，以后唐朝的历代皇帝也都对她很尊重，没有说过什么坏话。

同样唐朝的大政治家如陆贽、李绛都对她有高的评价。陆宣公《翰苑集》十七《请许台省长官举荐属吏状》说：

　　往者则天太后践祚临朝，欲收人心，尤务拔擢。宏委任之意，开汲引之门，进用不疑，求访无倦。非但人得荐士，亦得自举其才。所荐必行，所举辄试，其于选士之道，岂不伤于容易哉！然而课责既严，进退皆速，不肖者旋黜，才能者骤升。是以当代谓知人之名，累朝赖多士之用。

　　说她善于用人严于课责，不但当时称为"知人"，而且培养了下几代的人才。在另一篇文章中他把唐太宗和武则天并举，要当时皇帝"法太宗、天后英迈之风"。李绛也说她用的官虽然稍微多了一些，但"开元中名臣多出其选"，指出开元时代的名臣大多是她培养的。

　　宋人编的《新唐书》骂武则天很凶，但洪迈却赞扬她是明主："汉之武帝唐之武后不可谓不明。"明人李贽更称她为圣后。清人赵翼说她："纳谏知人自有不可及者……别白人才，主持国是，有大过人者。"还替她分析回击那些"正人君子"对她的恶毒诬蔑。他说："人主富有四海，妃嫔动至千百。后既身为女主，而所宠幸不过数人，固亦无足深怪。故后初不以为讳，而且不必讳也。"结论是"区区帷薄不修，固其末节，而知人善任，权不下移，不可谓非女中英主也！"赞扬她是英主，指出她的政治成就是根本的是主要的，私人生活是末节是小事，而且在封建时代男皇帝可以有千百个小老婆，女皇帝有几个男宠，又值得什么大惊小怪呢！这是对武则天最公平的评价。

当然骂武则天的人更多，特别是明朝人骂得多骂得狠。例如胡应麟骂她为"逆后"，连她的朝代也骂为"牝朝"。王夫之骂她为"淫妪"，为"妖淫凶狠之武氏"。专门攻讦她的私人生活，不谈政治，只攻一点不及其余。这种评论是站不住脚的。

另一种攻击是女人不该做皇帝管政治，就像母鸡不能司晨。从骆宾王的檄文"伪临朝武氏"，一直到胡应麟的"牝朝"，都攻的是这一点。这种维护封建秩序、男尊女卑、不许妇女参加政治生活的论调到今天应该用不着反驳了。相反，我们应该说武则天不只是一个伟大的政治家。同时她还是历史上最伟大的妇女！她的一生是战斗的一生！当然武则天绝不是十全十美的人物。相反，她是有不少缺点的。例如她杀了许多政治上的反对派，其中有一些人看来是不应该杀的。当然她也具有一般封建统治者所共有的某些缺点。在这篇短文中就不一一谈到了。

谈曹操

一　谈的意义

这些天来一碰见人就谈曹操，大家兴致很高，甚至在会场上、会前、会后、中间休息的时候谈的都是曹操。有的说他是好人，有的说是坏人，也有人说一半一半，一半好人一半坏人。议论很多，文章也不少，人人各抒己见。正是春暖花开的时候，有了谈曹操这样一个好题目，学术界也在百花齐放了，春色满园关不住，好得很。

好人坏人的争论不只针对曹操，历史上许多人物都有。不只是大人，小孩子也有。小孩看戏，红脸白脸上场，故事没看懂先问这是好人坏人，弄清楚了再决定喜欢哪一个。有些剧中人凭脸谱可以信口回答，但是一问到曹操就不是那么简单了。

历史上著名人物很多，数不清也记不清。有些人物尽管名气大，但是人们还是不熟悉。曹操可不一样，名气最大，从北宋一直到今天数他的熟人多，从小孩到大人、从城市到乡村，只要听过故事、看过戏的，谁都认得他那副大白花脸，风头最足挨骂也最久。"说曹操曹操就到"这句话，在哪儿都可以听到。

记载曹操事迹的书主要是《三国志》，但是看的人不很多。

自从北宋的评史说三国故事，元明以来的《三国演义》，清朝后期的三国戏流行以后，曹操便成为妇孺皆知的人物了。印刷术和戏剧事业发展了，识字的人看小说，不识字的人看戏，通过这些，广大人民吸取了有关祖国发展的历史知识。文学家和艺术家们塑造成功的现代舞台上的曹操脸谱使得曹操这一名字在群众语言中有了特定的含义。

描写曹操的小说、戏剧成功地影响了人民群众；人民群众的爱憎又反回来影响了小说、戏剧，这种不断的反复影响使曹操在人民群众心目中成为定型的人物——坏人的典型。说也奇怪，尽管坏却并不讨人厌，人们喜欢看曹操的戏。我们的祖先骂了曹操一千年，如今我们却来翻案。

这个案不大好翻，因为曹操有悠久的深远的广大的群众基础，小说和戏文已经替他定了型，换一个脸孔人家会不认得，戏也不好演。譬如《捉放曹》这出戏，曹操如改成须生出场便只好和吕伯奢痛饮三杯，对唱一场，拱手而下。没有矛盾了，动不得武，杀不得人，还成什么《捉放曹》？

不好翻则不翻之，乱翻把好戏都翻乱了，要不得。我看旧戏以不翻为好。况且何必性急？曹操已经挨了一千年的骂，再多挨些年，看来也没有什么不可以。而且还有一个办法是唱对台戏，与其改旧戏何如写新戏，另起炉灶，新编说曹操好话的戏，新编我们这个时代的曹操戏有何不可。

另一面说不好翻也好翻，我们需要一本好历史书。历中上有许多许多问题都需要翻案。应用新的观点从历史事实本身重新估价曹操在历史上的地位，肯定他在历史上的作用，研究曹操研究三国时代的历史，发表些文章，逐渐改变人民群众对曹操的看法，不也就翻过来了？

再过些时候，舞台上的曹操也会跟着起变化，我相信会是这样的。

从曹操这个人物的重新评价开始，将会引起对历史上其他人物的重新评价。从讨论曹操这个人物开始，将会引起人们对祖国历史的学习兴趣。那么为什么不谈呢？

二　奸雄、能臣

最早对曹操评论的两个人，一个是桥玄，一个是许劭。桥玄称他为命世之才能安天下。许劭说他是治世之能臣、乱世之奸雄。两人的说法不同，意思是一样的，总之都很佩服他。

奸雄这一鉴定是许劭创造的，后来许多关于曹操的评论大体和这一创造有关。

这两句话的意义：第一，治和乱是相对的，能臣和奸雄却指的是同一个人；第二，无论乱世治世指的都是曹操所处的时代；第三，曹操的人格有两面性，有能臣的面，有奸雄的一面，也就是有好的一面，有优点也有缺点。

我基本上赞成他们的话，认为评价得公道。问题只是一个奸字。奸是相对忠而说的。对谁奸、忠呢？从当时当地的人来说，对象是汉朝皇帝是刘家。从当时当地汉朝的臣民来说，对汉朝、对刘家不忠的是奸臣。但从整个历史从此时此地的人来说，一非汉朝臣民二非汉帝近属，硬派曹操奸臣帽子，为汉献帝呼冤，岂非没有道理之至。

但是问题也不简单，尽管过了多少朝代，甚至到了今天，还是有人对曹操夺取刘家政权有意见，岂不可怪。

说怪其实不怪，其中有个道理。

原来国家这一观念是近代才形成的。古代的人对国家的观念并不那样具体。比较具体的象征是皇帝，有了皇帝也就有了政府了，有了法制了，也就会有统一的安定的局面。没有皇帝，没有政府，没有法制，天下就大乱了。因此"忠君爱国"四个字总是连用的。要爱国就得忠君，不忠君也就是不爱国。皇帝没有了，也就失去了忠、爱的对象，也就失去了和平、统一、安定的秩序。至于皇帝是什么人什么样子，那倒关系不大，重要的是要有一个统一的政府和法制。

从秦始皇统一以来，二世残暴统治时间短。秦亡没有听说有人要复秦的。但从汉朝起情况不同了，刘家统治了几百年，维持了几百年和平、统一、安定的生活秩序。在这几百年中，在人民中建立了这样一个信念：要生活安定就得统一，要统一就得要有皇帝，而且只有刘家的才算。王莽也做过皇帝，但是不行，搞得天下大乱。后来刘秀起来了，刘家子孙又维持了许多年代。东汉末年政治腐烂得实在不像话，人民忍受不住起来闹革命。黄巾大起义被政府军队和地主武装残酷镇压失败了，造成地主武装割据地方连年混战的局面。到处是屯、坞、堡、壁，这一州那一郡、这一个军事集团那一个军事集团，打来打去，百姓流离，饿死道路，妻离子散，田畴荒芜。人民吃够了苦头，普遍的要求是统一、安定和平的生活。在这种情况下，汉朝皇帝这一象征，成为人民向心的力量。忠于皇帝也就是爱国。

曹操掌握了汉献帝这一工具，组织了强而有力的政府，颁布限制豪强的法令，也就适应了广大人民要求统一、和平的愿望，符合了时代要求。当时的中原豪族、衣冠子弟、中小地主都被吸引在曹操周围，挟天子以令诸侯，造成了瓦解敌人的军事优势，壮大了力量，巩固了统治。同时，通过这一工具的利用，也继承了汉朝的政治遗产，利用了汉朝的政治机构和人才，逐步建立安定的秩序，颁布法律，发展生产，得到人民的拥护。

　　同样江东孙权这一家，虽然割据江东却还用汉朝官号，用这块招牌办事。四川的刘备更是自称汉朝子孙，用这牌号来骂曹操是国贼。直到曹丕称帝以后，这两家才先后称帝。以后历史上唐朝亡了，为少数民族的李存勖还称唐；宋亡后几十年，韩林儿起义还冒称是宋徽宗子孙；明亡了，鲁王、桂王还在沿海和西南地区继续抵抗并且都取得人民支持，道理就是这样。

　　要说曹操挟汉帝就是奸臣，那么反过来，曹操不挟，汉朝早完了。曹操用上这块招牌，从公元196年到220年汉朝多延续了25年。要是曹操不挟，如他自己所说的，正不知有几人称帝几人称王，中原地区的分裂割据局面延长了，对人民有什么好处？

　　正因为人心思汉，汉家这块牌号还可以继续利用。曹操一生不称帝，周文王是他的榜样。到曹丕继位，经过曹操二十多年的经营，内部巩固了；另一面，吴、蜀一时也打不下来，才摘了旧招牌另起牌号。

　　总之，曹操这顶奸雄帽子是扣死在和汉献帝的关系上面的。过去九百多年都骂他为奸臣是由于过去的封建体制、封建道德所起的作用。今天评价曹操，应该从他对当时人民所起的作用来算账，是推动时代进步呢还是相反？

我以为奸雄的"奸"字这个帽子是可以摘掉的。这个案是可以翻的。

至于曹操镇压黄巾起义的问题也有不同的意见。镇压、屠杀黄巾是坏事是罪恶。但是也应该分别来看。第一，不能以曹操曾经镇压黄巾就否定他在这一时代所曾起的作用；第二，曹操的对手刘备和孙家父子都是镇压黄巾起家的，人们骂曹操却同情刘备称孙家父子是英雄，同样的凶手，祖刘、孙而单骂曹操，这是不公道的。

除此以外，曹操还犯了不少罪。一是攻伐徐州，坑杀男女数万口于泗水、屠虑、睢陵、夏丘诸县；二是官渡之战，坑杀袁绍降卒八万人；三是以私怨杀崔琰、华佗等人。

至于《捉放曹》杀吕伯奢全家这一件恶名昭著的坏事倒应该有所分析。据《三国志》注有三说。一是《世语》说吕伯奢不在，五个儿子在家招待曹操，曹操疑心他们谋害他，夜杀一家八人逃走。一是孙盛《杂记》说是曹操听见吕家吃饭家具响声以为要暗害他，就杀人逃走。还自言自语说："宁我负人，毋人负我。"《捉放曹》是综合这两说编成戏的。其实孙盛的话就有漏洞，人都杀光了，自言自语的两句话是谁听见的？第三说是《魏书》说吕伯奢的儿子和宾客抢劫曹操的马匹衣物，几个人被曹操杀了。这一说对曹操最有利但偏偏不用。从历史事实说，裴松之是很小心地把《魏书》的说法引在第一、三说，平列不加论断。从时代先后说，孙盛是晋朝人，他记的史事一定就比《魏书》

正确也是值得怀疑的。

三　统一的努力

从秦到汉末四百多年时间，全国的经济中心是中原地区。不论是农业生产、水利、蚕桑、冶铁等方面都占全国较大的比重。由于经济的发展，文化水平也相应地提高，经学的、文学的、艺术的人才荟萃。汉末的郑玄、卢植、蔡邕、管宁、邴原等人都是门徒千百数，他们所住的地方都成为一时的学术中心。政治中心如洛阳、长安、邺、许都在北方集中了全国各方面的人才。

东汉后期的政治局面是以皇帝为中心的统治阶级内部的两个集团的互相倾轧。一个集团是宦官领导的，有些寒门的地主阶级分子在他们的周围，极盛时连名门的人也钻进去了。另一个是地方豪族名门和太学生，名望高、人数众多却没有军事实力。曹操、袁绍、袁术等人都参加了后一集团。袁绍、袁术家世显贵，是名门豪族，号召力量很大；曹操的家世虽然有人做官却因为出自宦官算不得名门，有点寒碜抬不起头。名门豪族有政治威望，有的要自立门户，有的勉强敷衍不肯和他合作。以此曹操有了军事实力以后便有意识地打击当时的名门豪族，扶植培养寒门子弟和中小地主作为他依靠的力量。

曹操的军事力量主要的是他自己的部曲。公元189年他东归到陈留，散家财合义兵。陈留、孝廉、卫兹也以家资帮助，有兵五千人。其中夏侯惇、夏侯渊、曹仁、曹洪等名将都是他的亲戚或子弟。其次是各地地主的部曲，如李典从父乾合宾客数千家在乘氏，吕虔将家兵守湖陆，许褚聚少年及宗族数千家坚壁，这些地主都是和黄巾作战时打不过就投奔到武装力量较大的曹操这边来。部曲战时从征，平时的给养得自己想办法，不归郡县管辖，称为兵家。另一支较大的兵力叫青州军，是由黄巾军改编的，跟他打了二十多年仗。220 年曹操死，青州军惊惶失措，以为天下又要大乱了，打起鼓来就向东开拔回老家去，差一点出乱子。

总之，曹操的军事力量是以部曲为主组成的，部曲首领都是地主，数量最大的是中小地主。

吴、蜀的情况也是一样。吴、蜀地区和中原相比是比较后开发的地区。从汉武帝以后这两个地区的经济情况在逐步好转。黄巾起义以来，中原残破，中原人士成批地流亡到南边来，人力的增加和生产技术文化、学术的传播都促进了这两个地区的发展。东吴开发山越地区，政令直达交州，有海口，发展对外贸易；刘蜀安定后方，取得少数民族支持，屯田前线进可以攻退可以守。在经济上、文化上都有了很大的进步，可以站得住脚了。

这样曹操统一的努力就遭遇到极大的阻力，打了三十年仗，只能够完成部分的统一事业。

中原地区的农民是渴望统一的，不但是为了安定的秩序和正常的生产，也为不打仗不用服兵役，可以减轻军事供应负担。上层的文官谋士是要求统一的，不但统一的观念深入人心，对他们来说，统一也只会带来好处。部曲主是坚决主张统一的，统一了会更壮大自己的队伍提高地位，有利于部曲的给养。农民、豪族、官僚、武将虽然彼此间的利害不同，但是对于统一的要求是一致的。

吴、蜀的情况正好相反，换了一个新主人，当地的农民已经有了比较安定的生产环境。部曲主则坚决反对统一，因为统一的结果将使他们丧失部曲和分地，将使他们送家小到曹操那儿做抵押离开故乡故土。吴、蜀的统治者也是一样失去统治地位听人安排。只有一部分从中原来的文士官僚，他们在哪儿都做官，投降了还可升官封侯，因之他们是主张投降的，但数量很少，形成不了一种强大的力量。

曹操努力统一全国的事业虽然得到中原地区人民的支持，但是面对着吴、蜀的坚决抵抗，终于不能成功。

尽管曹操不能完成全国统一事业，但是他毕竟在他所统一的地区做了不少好事，不但安定了秩序，也促进了生产，繁荣了文化，推动了时代进步。

和袁绍相比，袁绍是代表大地主阶级利益的，曹操正好相反。袁绍宠信审配、逢纪等人。这些有权势的人拼命搜括，邺破时这些家都被抄家了，家财货物都以万数。曹操指责袁绍："袁氏之治也，使豪强擅恣，亲戚兼并，下民贫弱，代出租赋，炫鬻家财，不足应命。"他制定制裁豪强兼并之法，并规定：收田租亩四升，户出绢二匹、棉二斤。其他的不许擅兴发，责成郡国守相检察。百姓很高兴。

曹操安定冀州的例子说明了他在中原地区的基本措施。当时农民从大地主的兼并下解放出来，有了定额的租赋，无论如何比之过去代出大地主租赋、郡国守想要什么就得供应什么的情况是不同了。这对于当时生产力的发展无疑是起了很大作用的。

除在政治上抑豪强之外，他还进行了许多增产措施，如屯田，如推广稻田，改进工具等等。

从公元196年开始曹操大兴屯田。募民许下耕种得谷百万斛以后，逐步推广到沛、扬州、淮南、芍陂等地；郡国列置田官，有置典农中郎将、典农都尉等专职领导，自成系统。"五年中仓廪丰实，百姓竞劝乐业。"明帝时人追说屯田之利说："建安中仓廪充实，百姓殷足。"屯田的成绩不但供应了前线的军食，还增加了生产，减轻了农民的负担，节省了农民远道运输的劳力。百姓比以前富足了。

和屯田并举的是推广稻田。如郑浑在下蔡课民耕桑兼开稻田，又于阳平、沛二郡兴陂堰开稻田，功成后亩岁增租八倍。刘馥在扬州治芍陂及茹陂、七门、吴塘诸堨以溉稻田。刘靖在河北修戾陵渠大堰灌溉蓟州南北种稻田，边民蒙利。后来皇甫隆在敦煌教农民用水灌溉，做耧犁，省了一半劳力增加了一半收成。

生产工具的改进如监冶谒者韩暨改马排为水排，省马排用马百匹，利益三倍于前，等等。

这些措施都是对人民有利的。

在这基础上，公元202年曹操下令兴建学校，县满五百户置校官。也正是在这基础上，他奖励文学艺术的创作，招集文士。他自己手不释书，白天讲武晚上研读经传，登高必赋，制造新诗，被之弦管。建安文学的形成他是有诱掖奖进的功劳的。

在政治上他也采取抑豪强的方针。东汉两个最大的家族袁、杨两家都是四世作公的。袁家兄弟破灭，杨家杨修有才又是袁家外甥。孔融是孔子之后，也有重名，都借故把他们杀了。相反不是名门大族出身的广陵陈琳，为袁绍作檄文痛骂曹操，连祖宗八代都臭骂一通。后来陈琳投降曹操，曹操对他说："你替袁本初骂人骂我也就可以了，恶止其身，怎么连祖宗八代都骂起来呢？"陈琳谢罪也就算了。曹操还重用他，军国书檄多出陈琳手笔。

用人只挑才干不问门族品德，曹操有意识地反抗汉末说空话的风气，几次下令求贤，提到不管什么生活不检点的即使偷窃、盗嫂的都可以用。如满宠出身郡督邮，张辽、仓慈、徐晃、庞真、张既都出身郡吏，都做到大官。汉末三公充位，政归台阁，秘书（中书）监令掌管机密，最为亲重。刘放、孙资都不是名门大族，用为监令，曹操极为信任。

曹操有意识地打击豪门，用人唯才不管家世，用有才干的人管机密做都国宰相，加强了统治机构的力量，也有效地贯彻了他的治国方针，发展了生产，巩固了统治。从政治制度上说，曹魏的秘书（中书）监令一直继续沿用到元朝。明清两朝也还受到影响。

曹操这个人的才能是多方面的，他是当时最伟大的军事家、一流的政治家、一流的诗人。此外，他还是艺术家，写一笔好草字，懂音乐，有很高的文化水平。刘备、孙权都远不如他。

他对当时人民有很大功绩，他推动了历史进步，在历史上占有重要地位。

他也犯了不少罪过。这些罪过排列起来一条条都很大。但就曹操整个事业来说却是功大于过。

曹操是当时杰出的大人物，有功劳也有罪过，绝不是十全十美的完人。十全十美的完人在历史上是没有的。我的意见是曹操这个历史人物在历史地位上应当肯定，应当在历史书和历史博物馆中占有相当的地位。但是历史人物的讨论不应该和艺术作品中的人物完全等同起来。

旧戏中的曹操戏照样可以演。某些已经定型的曹操戏最好不改，而且与其改也毋宁新编，历史题材多得很，何必专从改旧戏打主意呢？

海瑞骂皇帝

在封建时代，皇帝是不可侵犯的，连皇帝的名字都要避讳，一个字不幸成为"御讳"，就得闹残废，不是缺胳膊，就得缺腿。不小心犯了讳，就算犯法，要吃苦头。小时候念书，杨延朗改作杨延昭，徐世勣只能叫徐勣，总闹不清，后来才明白，有这些讲究。至于骂皇帝，那是没有听说过的。当然，武王伐纣，骂纣王，李自成起义，骂崇祯皇帝，那是另一回事。因为皇帝不能骂，真有人骂了，却也痛快。京戏有个《贺后骂殿》，人们很喜欢看，我看也是这个道理。不过，那是出戏，人民想骂皇帝而不可得，在戏上骂骂，痛快一下，也是好的。据史书，宋太祖确有个贺后，开封人，人很温柔，大概不善于骂人。而且，更重要的是她死得早，宋太祖没有做皇帝以前就死了。皇后是后来追赠的，以此，她并没有可能骂她的小叔皇帝。真正骂过皇帝，而又骂得非常之痛快的是海瑞。《明史》卷二百二十六《海瑞传》所载《治安疏》，是经过修史的人删节的，例如海瑞骂嘉靖最厉害的几句话："如今赋役增于平常，到处如此，陛下破产礼佛，一天比一天厉害，弄到家里光光的，这十几年来闹到极点。天下人民就用你改元的年号'嘉靖'，取这两个字音说，嘉靖就是家家皆净，没有财用也。"这大概是修史的人要替皇帝回护，万一老百姓都拿年号的同音字来讽刺，那可不是闹着玩儿的呢。明世宗做皇帝时间长了，懒得管事，不上朝，住在西苑，成天拜神作斋醮，上青词。青词是给天神写的信，要写得很讲究，宰相严嵩、徐阶都因为会写青词得宠。政治腐败到极点，朝臣中提意见的，不是杀头，便是革职、监禁、充军，吓得官儿没人敢说话。海瑞在嘉靖四十五年（1566）二月上《治安疏》，针对当时的问题，向皇帝提出质问，要求改革。他说："你比汉文帝怎么样？你前些年倒还做些好事。这些年呢，只讲玄修，大兴土木。二十多年不上朝，滥给人官做。跟两个儿子也不见面，人家以为你薄于父子。以猜疑、诽谤杀戮臣下，人家以为你薄于君臣。尽住西苑不回宫，人家以为你薄于夫妇。弄得天下吏贪将弱，到处有农民暴动，这种情况，你即位初年也有，但没有这样严重。现在严嵩虽然罢相了，但是没有什么改革，还不是清明世界。我看你不及汉文帝远甚。"嘉靖自比为尧，号尧斋，海瑞说他连汉文帝也不及远甚，怎么能不冒火。（何乔远《名山藏》卷二十三《海忠介公传》）接着他又说："天下的人不满意你已经很久了，内外臣工谁都知道。"一意玄修，只想长生不老，你的心迷惑了。过于苛断，你的性情偏了。你自以为是，拒绝批评，你的错误太多了。主要的是修醮，为了长生。你看尧、舜、禹、汤、文、武，哪个活到现在；你的老师陶仲文教你长生之法，他已经死了，他不能长生，你怎么能求长生呢？你说上天赐你仙桃、药丸，那就更怪了，桃、药是用脚走来的吗？是上天用手拿着给你的吗？""你要知道玄修无益，幡然悔悟，每天上朝，讲求天下利害，洗数十年君道之误，做些好事才是。""目前的问题是君道不正，臣职不明，这是天下第一件大事，这事不说，别的还说什么！"嘉靖看了，大怒，把奏本丢在地下，叫左右立刻逮捕海瑞，不要让他跑了。宦官黄锦在旁边说："听说这人自知活不了，已和妻子告别，托人准备后事，家里的用人都跑光了，不会逃。此人素性刚直，名声很大，居官清廉，不取官家一丝一粟，是个好官呢。"嘉靖一听海瑞不怕死，倒迟疑起来了，又把奏本捡起来，一面读，一面叹气，下不了决心。过了好几个月，想起来就发脾气，拍桌子骂人。有一天发怒打宫婢，宫婢私下哭着说："皇帝挨了海瑞的骂，却拿我们来出气。"嘉靖又派人私下查访，有谁和海瑞商量出主意。同官的人都怕连累，看到海瑞就躲在一边，海瑞也不以为意，在家等候坐牢。嘉靖有时自言自语说："这人真比得上比干，不过我还不是纣王。"他叫海瑞是畜物，口头上和批文上都不叫海瑞的名字。病久了，又有气，和宰相徐阶商量，要传位给太子，说："海瑞的话都对，只是我病久，怎么能上朝办事呢？"又说，"都是自己不好，不自爱惜，闹了这场病。要是能上朝办事，怎么会挨这个人的骂？"下令逮捕海瑞下狱，追查主使的人。刑部论处海瑞死刑，也不批复。过了两个月，嘉靖死了，新皇帝即位，才放海瑞出来，仍回原职，做户部主事。海瑞大骂皇帝，同情他和支持他的人到处都是，他的名声越来越大了。万历十四年（1586）海瑞被人劾奏，青年进士顾允成、彭遵古、诸寿贤替他辩诬申救，文章中说："臣等自十余岁时，即闻海瑞之名，以为当朝伟人，万代瞻仰，真有望之如在天上，人不能及者。"这是当时青年人对他的评价。海瑞死后，南京人民罢市，丧船过江岸，穿白衣冠送葬的夹岸，奠祭拜哭的百里不绝，这是当时人民对他的评价。

历史上的君权的限制

近四十年来，坊间流行的教科书和其他书籍，普遍的有一种误解，以为在民国成立以前，几千年来的政体全是君主专制的，甚至全是苛暴的、独裁的、黑暗的，这话显然有错误。在革命前后持这论调以攻击君主政体，固然是一个合宜的策略，但在现在，君主政体早已成为历史陈迹的现在，我们不应该厚诬古人，应该平心静气地还原其本来的面目。

过去四千年的政体，以君主（皇帝）为领袖，用现代话说俱是君主政体，固然不错，说全是君主专制却不尽然。至少除开最后明清两代的六百年，以前的君主在常态上并不全是专制。苛暴的、独裁的、黑暗的时代，历史上虽不尽无，但都可说是变态的，非正常的现象。就政体来说，除开少数非常态的君主个人的行为，大体上说，一千四百年的君主政体，君权是有限制的，能受限制的君主被人民所爱戴。反之，他必然会被颠覆，破家亡国，人民也陪着遭殃。

就个人所了解的历史上的政体，至少有五点可以说明过去的君权的限制，第一是议的制度，第二是封驳制度，第三是守法的传统，第四是台谏制度，第五是敬天法祖的信仰。

国有大业，取决于群议，是几千年来一贯的制度。春秋时，子产为郑国执政，办了好多事，老百姓不了解，大家在乡校里纷纷议论。有人劝子产毁乡校，子产说，不必，让他们在那里议论吧，他们的批判可以作为我施政的参考。秦汉以来，议成为政府解决大事的主要方法，在国有大事的时候，君主并不现有成见，却把这事交给廷议，廷议的人员包括政府的高级官员，如丞相、御史大夫及公卿列侯、二千石以至下级官，如议郎、博士以及贤良文学。都可以发表意见，这意见，即使恰好和政府当局相反，可以反复辩论不厌其详即使所说的话是攻击政府当局。辩论终了时理由最充分的得了全体或大多数（甚至包括反对者），成为决议，政府照例采用作为施政的方针。例如汉武帝以来盐铁榷酤政策，政府当局如御史大夫桑弘羊及丞相等官都主张继续专卖，民间都纷纷反对。昭帝时令郡国举贤良文学之士，问以民所疾苦，教化之要。皆对曰，愿罢盐铁榷酤均输官，无与天下争利。于是政府当局，以桑弘羊为主和贤良文学互相诘难，词辩云涌，当局几为贤良文学所屈，于是诏罢郡国榷酤关内铁官。宣帝时桓宽推演其议为《盐铁论》十六篇。又如汉元帝时，珠岩郡数反，元帝和当局已议定，发大军征讨，待诏贾捐之上疏独以为当罢郡，不必发军。奏上后，帝以问丞相御史大夫，丞相以为当罢，御史大夫以为当击，帝卒用捐之议，罢珠岩郡。又如宋代每有大事，必令两制侍从诸臣集议，明代之内阁六部都察院通政司六科诸臣集议，清代之王大臣会议，虽然与议的人选和资格的限制，各朝不尽相同，但君主不以私见或成见独断国家大政，却是历朝一贯相承的。

封驳制度概括地说，可以分作两部分。汉武帝以前丞相专决国事，权力极大，在丞相职权以内所应做的事，虽君主也不能任意干涉。武帝以后，丞相名存职废，光武帝委政尚书，政归台阁，魏以中书典机密，六朝则侍中掌禁令，逐渐衍变为隋唐的三省——中书、门下、尚书——制度。三省的职权是中书取旨，门下封驳，尚书施行。中书省有中书舍人掌起草命令，中书省在得到君主同意或命令后，就让舍人起草。舍人在接到词头（命令大意）以后，认为不合法的便可以缴还词头，不给起草。在这局面下，君主就得改换主意。如坚持不改，也还可以第二次第三次发下。但舍人仍可第二次第三次退回，除非君主罢免他的职务，否则，还是拒绝起草。著例如宋仁宗时，富弼为中书舍人，封还刘从愿妻封遂国夫人词头。门下省有给事中专掌封驳，凡百司奏抄，侍中审定，则先读而署之，以驳正违失；凡制敕宣行，大事覆奏而请施行，小事则署而颁之；即有不便者，涂窜而奏还，谓之涂归。著例是唐李藩迁给事中，制有不便，就制尾批却之，吏惊请联他纸，藩曰，联纸是牒，岂得云批敕耶。这制度规定君主所发命令，得经过两次审查。第一次是中书省专主起草的中书舍人，他认为不合的可以拒绝起草。舍人把命令草成后，必须经过名下省的审读，审读通过，由给事中签名副署，才行下到尚书省实施。如被封驳，则此事便当作为罢论。这是第二次也是最后一次的审查。如两省官都能称职，坚定地执行他们的职权，便可以防止君主的过失和政治上的不合法行为。从唐到明这制度始终为政府及君主所尊重，在这个时期内君权不但有限制，而且其限制的形式，也似乎不能为现代法西斯国家所接受。

法有两种，一种是成文法，即历朝所制定的法典，一种是不成文法，即习惯法，普通政治上的相沿传统属之。两者都可以纲纪政事，维持国本，凡是聪明的君主基本遵守。不能因喜怒爱憎、个人的感情来破坏法，即使有特殊情形，也必须先经法的制裁，然后利用君主的特赦权或特权来补救。著例如汉文帝的幸臣邓通，在帝旁有怠慢之礼，丞相申屠嘉因言朝廷之礼不可以不肃，罢朝坐府中檄召通到丞相府，不来且斩。通求救于帝，帝令诣嘉，免冠顿首徒跣谢。嘉谓小臣戏殿上，大不敬当斩，史今行斩之。通顿首首尽出血不解。文帝预料到已把他困辱够了，才遣使向丞相说情，说这是我的弄臣，请你特赦他。邓通回去见皇帝，哭着说丞相几杀臣。又如宋太祖时有群臣当迁官，太祖素恶其人不与，宰相赵普坚以为请。太祖怒曰，朕固不为迁官，卿之若何！普曰，刑以惩恶，赏以酬功，古今通道也，且刑赏天下之刑赏，非陛下之刑赏，岂得以喜怒专之。太祖怒甚，起，普亦随之，太祖入宫，普立于宫门口，久久不去，太祖卒从之。又如明太祖时定制，凡私茶出境，与关隘不稽者并论死，驸马都尉欧阳伦以贩私茶依法赐死（伦妻安庆公主为马皇后所生）。类似的传统的守法精神，因历代君主的个性和教养不同，或由于自觉，或由于被动，都认为守法是作君主的应有的德行。君主如不守法，则政治即失常轨，臣下无所准绳，亡国之祸，跷足可待。

　　为了使君主不做错事，能够守法，历朝又有台谏制度。一是御史台，主要的职务是纠察官邪，肃正纲纪，但在有的时代，御史也得言事。谏是谏官，有谏议大夫、左右拾遗、补阙，及司谏正官等，分属中书门下两省（元废门下，谏职并入中书，明废中书，以谏职归给事中兼领）。台谏以直陈主夫，尽言直谏为职业，批龙鳞，捋虎须，如沉默不言，便为失职。史记唐太宗爱子吴王恪好畋猎，损居人田苗，侍御史柳范奏弹之。太宗因谓侍从曰，权万纪事我儿，不能匡正，其罪合死。范进曰，房玄龄事陛下，犹不能谏正畋猎，岂可独坐万纪乎？又如魏徵事太宗，直言无所避，若谏取已受聘女，谏作层观望昭陵，谏急于受谏，谏作飞仙宫，太宗无不曲意听从，肇成贞观之治。宋代言官气焰最盛，大至国家政事，小至君主私事，无不过问。包拯论事仁宗前，说得高兴，唾沫四飞，仁宗回宫告诉妃嫔说，被包公唾了一面。言官以尽言纠箴为尽职，人君以受言改过为美德，这制度对君主政体的贡献可说很大。

两汉以来，政治上又形成了敬天法祖的信条，敬天是适应自然界的规律，在天人合一的政治哲学观点上，敬天的所以育人治国。法祖是法祖宗成宪，大抵开国君主的施为因时制宜，着重在安全秩序保持和平生活。后世君主，如不能有新的发展，便应该保守祖宗成业，不使失坠；这一信条，在积极方面说，固然是近千年来我民族颓弱落后的主因，但在消极方面说，过去的台谏官却利用以劝告非常态的君主，使其安分，使其不做意外的过举。因为在理论上君主是最高的主宰，只能抬出祖宗，抬出比人君更高的天来教训他，才能措议，说得动听。此类例子不可胜举，例如某地闹水灾或旱灾，言官便说据五行水是什么，火是什么，其灾之所以成是因为女谒太盛，或土木太侈，或奸臣害政，君主应该积极采取相对的办法斥除女谒，罢营土木，驱除奸臣，发赈救民。消极的应该避殿减膳停乐素服，下诏引咎求直言以应天变。好在大大小小灾异，每年各地总有一些，言官总不愁无材料利用，来批评君主和政府。再不然便引用祖宗成宪或教训，某事非祖宗时所曾行，某事则曾行于祖宗时，要求君主之改正或奉行。君主的意志在这信条下，多多少少为天与祖宗所束缚，不敢做逆天或破坏祖宗成宪的事。两千年来，只有一个王安石，他敢说"天变不足畏，祖宗不足法，人言不可恤"，除他以外，没人敢说这话。

就上文说，国有大事，君主无适无莫，虚心取决于群议。其命令有中书舍人审核于前，给事中封驳于后，如不经门下副署，便不能行下尚书省。其所施为必须合于法度，如有违失，又有台谏官以近臣地位，从中就正，或谏止于事前，或追论于事后。人为之机构以外，又有敬天法祖之观念，天与祖宗同时为君权之约束器。在这样的君主政体下，说是专制固然不尽然，说是独裁，尤其不对，说是黑暗或苛暴，以政治史上偶然的畸形状态，加上于全部历史，尤其不应该。就个人所了解，六百年前的君权是有限制的，至少在君主不肯受限制的时候，还有忠于这个君主的人敢于进行指责，提出批评。近六百年来，时代愈进步，限制君权的办法逐渐被取消，驯至以桀纣之行，文以禹汤文武之言，诰训典谟，连篇累牍，"朕即国家"和西史暴君同符，历史的覆辙，是值得读史的人深切注意的。

明初统治阶级内部的斗争〔生存〕

　　朱元璋篡夺了元末农民战争的胜利果实做了皇帝，成为地主阶级政治利益的代表。他当然是尊重、维护地主阶级的利益的。但是，事情并不如他所想的那样。大地主们也有两面性，一面同样尊重、维护他的统治；另一面，随着农业经济的恢复和发展，大地主们家里有人做官，倚仗政治力量，用隐瞒土地面积、荫庇漏籍人口等手段，来和皇家统治集团争夺土地和人力，直接影响到皇朝的财政、税收和人力使用。"国家存在的经济体现就是捐税。""赋税是政府机器的经济基础。"由于触犯他利益的大地主们的强占、舞弊，皇朝的经济基础发生问题了，地主阶级内部矛盾发展了、激化了，为了保障自己的经济基础，非对触犯他利益的大地主加以狠狠的打击不可。

　　朱元璋从渡江以后，就采取了许多保护地主阶级利益的措施。例如龙凤四年（1358）取金华，便选用金华七县富民子弟充宿卫，名为御中军。这件事一方面表示他对地主阶级的尊重和信任，另一面也是很重要的军事措施，因为把地主们的子弟征调为禁卫军人，随军作战，等于做质，就不必担心这些地区地主进行军事反抗了。洪武十九年（1386）选取直隶应天诸府州县富民子弟赴京补吏，凡一千四百六十人，也是同样作用。对地主本身，洪武三年（1370）做的调查，以田税多寡比较，浙西的大地主数量最多，以苏州一府为例，每年纳粮一百石以上到四百石的四百九十户；五百石到一千石的五十六户；一千石到二千石的六户；二千石到三千八百石的二户，共五百五十四户，每年纳粮十五万一百八十四石。三十年又做了一次调查，除云南、两广、四川以外，浙江等九布政司，直隶应天十八府州，地主们田在七顷以上的共一万四千三百四十一户。编了花名册，把名册藏在内府印绶监，按名册依次招来，量才选用。应该看到，田在七顷以上，在长江以南的确是大地主了，但在长江以北，就不一定是大地主，而是中小地主了。

地主对封建统治集团来说，也是有两面性的。一面是他们拥护当前的统治，依靠皇朝的威力，保身立业。朱元璋说过："孟子曰：'有恒产者有恒心。'今郡县富民，多有素行端洁，通达时务者。叫户部保荐交租多的地主，任命为官员、粮长。"一面他又指出："富民多豪强，故元时此辈欺凌小民，武断乡曲，人受其害。"以此，他对地主的政策也是两面性的，双管齐下。一是选用做官僚，加强自己的统治基础；一是把他们迁到京师，繁荣首都，同时也削弱了地主在各地方的力量。在科举法未定以前，选用地主做官，叫作税户人才，有做知县、知州、知府的，有做布政使以至朝廷的九卿的。例如浙江乌程大族严震直就以税户人才一直做到工部尚书，后来浦江有名的郑义门的郑沂竟从老百姓任命为礼部尚书。又以地主为粮长。若地方官都是外地人，不熟悉本地情况，容易被黠胥宿豪蒙蔽，民受其害，不如用有声望的地主来征收地方赋税，负责运到京师，可以减少弊病。洪武四年（1371）九月，命户部计算土田租税，以纳粮一万石为一区，选占有大量土地纳粮最多的地主为粮长，负责督收和运交税粮。

如浙江布政司有人口一百四十八万七千一百四十六户，每年纳粮九十三万三千二百六十八石，设粮长一百三十四人。粮长下设知数（会计）一人，斗级（管斗斛称量的）二十人，运粮夫千人。同时规定对粮长的优待办法，凡粮长犯杂犯、死罪和徒流刑的可以纳钞赎罪。三十年又命天下郡县每区设正副粮长三名，编定次序，轮流应役，周而复始。凡粮长按时运粮到京师的，朱元璋亲自召见，谈话合意的往往留下做官。朱元璋把征粮和运粮的权力交给地主，以为这个办法是"以良民治良民，必无侵渔之患"；免地方官"科扰之弊，于民甚便"。他把地主也当作良民了。但是事实恰好相反，不少地主在做了粮长以后，在原来对农民剥削的基础上，再加上皇朝赋予的权力，如虎添翼，肆行额外剥削，农民的痛苦也就更深更重了。例如粮长邾阿乃起立名色，科扰民户，收舡水脚米、斛面米、装粮饭米、车脚钱、脱夫米、造册钱、粮局知房钱、看米样中米等等，通共苛敛米三万二千石，钞一万一千一百贯。正米止该一万石，邾阿乃个人剥削部分竟达米二万二千石，钞一万一千一百贯。农民交纳不起，就强迫以房屋准折，揭屋瓦、变卖牲口以及衣服、缎匹、布帛、锅灶、水车、农具，等等。又如嘉定县粮长金仲芳等三名，巧立名目征粮附加到十八种。农民吃够了苦头，无处控诉。

朱元璋也发觉粮长之弊，用严刑制裁。尽管杀了不少人，粮长依然作恶，农民也依然被额外剥削，改不好，也改不了。

除任用地主做官收粮以外，朱元璋还采用汉高祖徙天下豪富于关中的政策。洪武三年（1370）移江南民十四万户于凤阳（这时凤阳是中都），其中有不少是地主。洪武二十四年（1391）徙天下富户五千三百户于南京。三十年又徙富民一万四千三百余户于南京，称为富户。朱元璋告诉工部官员说："从前汉高祖这样做，我很不以为然。现在想通了，京师是全国根本，事有当然，确实不得不这样做。"

江南苏、松、杭、嘉、湖一带的地主被迫迁往凤阳，离开了原来的乡里田舍，还不许私自回去。这一措施对于当时东南地主阶级是绝大的打击。旧社会的地主阶级离开了原来占有的土地，也就丧失了社会地位和政治地位。相对的，以朱元璋为首的新地主阶级却可以因此而加强对这一地区人民的控制了。这些地主从此以后，虽然不敢公开回到原籍，却伪装成乞丐，以逃荒为名，成群结队，老幼男妇，散入江南诸州县乞食，到家扫墓探亲，第二年二三月间又回到凤阳。年代久了，也就成为习惯。五六百年来凤阳花鼓在东南一带是妇孺皆知的民间歌舞。歌词是：

　　家住庐州并凤阳，凤阳原是好地方，

　　　自从出了朱皇帝，十年倒有九年荒。

地主们对做官、做粮长当然很高兴，感激和支持这个维护本阶级利益的政权。但是，地主阶级贪婪的本性是永远也不能改变的，他们决不肯放弃任何一个可以增加占领土地和人力的机会，用尽一切手段逃避对皇朝应纳的赋税和徭役。例如两浙地主所使用的方法，把自己的田产诡寄（假写在）亲邻佃仆名下，叫作"铁脚寄诡"，普遍成为风气，乡里欺骗州县，州县欺骗府，奸弊百出，叫作"通天诡寄"。此外，还有洒派、抛荒、移丘换段等手段。朱元璋在处罚了这些地主以后，气愤地指出：

民间洒派、抛荒、诡寄、移丘换段，这等都是奸顽豪富之家，将次没福受用财赋田产，以自己科差洒派细民；境内本无积年荒田，此等豪猾买嘱贪官污吏及造册书算人等，其贪官污吏受豪猾土财，当科差之际，作包荒名色征纳小户，书算手受财，将田洒派，移丘换段，作诡寄名色，以此靠损小民。

地主把自己的负担通过舞弊手段转嫁给"细民""小户""小民"，也就是贫苦农民，结果是富的更富，穷的更穷了。地主阶级侵占了皇家统治集团应得的租税和人力，贫苦农民加重了负担。一方面皇朝田赋收入和徭役征发都减少了，另一方面贫苦农民更加穷困饥饿，这动摇和侵蚀了统治阶级的经济基础。阶级内部发生矛盾，斗争展开了，地主不再是良民，而是"奸顽豪富之家"，是"豪猾"了。

朱元璋斗争的对象是地主阶级中违法的大地主。办法有两条，一条是用严刑重法消灭"奸顽豪富之家"，一条是整理地籍和户口。

洪武时代大地主被消灭的情况，据明初人记载，如贝琼说：三吴巨姓享农之利而不亲其劳，数年之中，既盈而覆，或死或徙，无一存者。方孝孺说：时严通财党与（胡惟庸党案）之诛，犯者不问实不实，必死而覆其家……当是时，浙东、浙西巨室故家，多以罪倾其宗。吴宽说：吴……皇明受命，致令一新，富民豪族，划削殆尽。长洲情况：（城）东……遭世多故，邻之死徙者殆尽，荒落不可居。洪武之世，乡人多被谪徙，或死于刑，邻里殆空。

有的大地主为了避祸，或则"晦匿自全"，或则"悉散所积以免祸"，或则"出居于外以避之"，或则"攀附军籍以免死"，但是这样的人只占少数。浙东、浙西"富民豪族，划削殆尽"。统治阶级内部的斗争是十分残酷的。

另一方面，经过元末二十年的战争。各地田地簿籍多数丧失，保存下来的一部分，也因为户口变换，土地转移，实际的情况和簿籍不相符合。大部分田地没有簿籍可查，大地主们便乘机隐匿田地，逃避皇朝赋役；有簿籍登载的田地，登记的面积和负担又轻重不一，极不公平合理。朱元璋抓住这中心问题，和大地主进行了长期的斗争。方法是普遍丈量田地和调查登记人口。

洪武元年（1368）正月派国子监生周铸等一百六十四人往浙西核量田亩，定其赋税。洪武五年（1372）六月派使臣到四川丈量田亩。洪武十四年（1381）命全国郡县编赋役黄册。洪武二十年（1387）命国子监生武淳等分行州县，编制鱼鳞图册。前后一共用了二三十年时间，才办好这两件事。

丈量田地所用的方法，是派使臣到各州县，随其税粮多少，定为几区，每区设粮长，会集里甲耆民，量度每块田亩的方圆，做成简图，编次字号，登记田主姓名和田地丈尺四至，编类各图成册，以所绘的田亩形象像鱼鳞，名为鱼鳞图册。

人口普查的结果，编定了赋役黄册，把户口编成里甲，以一百一十户为一里，推丁粮多的地主十户作里长，余百户分为十甲。每甲十户，设一甲首。每年以里长一人，甲首一人，管一里一甲之事。先后次序根据丁粮多少，每甲轮值一年。十甲在十年之内轮流为皇朝服义务劳役，一甲服役一年，有九年的休息。在城市的里叫坊，近城的叫厢，农村的都叫作里。每里编为一册，里中有鳏寡孤独不能应役的，带管于一百一十户之外，名曰畸零。每隔十年，地方官以丁粮增减重新编定服役的次序，因为册面用黄纸，所以叫作黄册。

鱼鳞图册是确定地权（所有权）的根据，赋役黄册是征收赋役的根据。通过田地和户口的普查，制定了这两种簿籍，颁布了租税和徭役制度，不但大量的漏落的田地户口被登记固定了，皇朝从而增加了物力和人力，稳定和巩固了统治的经济基础，同时，也有力地打击了一部分大地主，从他们手中夺回对一部分田地和户口的控制，从而大大增强了皇家统治集团的地位和权力，更进一步走向高度的集中、专制。洪武二十四年（1391）全国已垦田的数字为三百八十七万四千七百四十六顷，仅仅隔了两年，洪武二十六年（1393）的全国已垦田数字就激增为八百五十万七千六百二十三顷，增加了四百六十三万二千八百七十七顷。以增垦田地最多的一年，洪武七年（1374）增垦田地数目为九十二万一千一百二十四顷来比较，两年的时间增垦面积也不可能超过两百万顷。显然，这个激增的数字除了实际增垦的以外，必然是包括从大地主手中夺回的漏落的田地，是田地普查的积极成果。由于在斗争中取得这样巨大的胜利，朱元璋的政权比过去任何一个皇朝都更加强大、集中、稳定、完备了。

对城乡人民，经过全国规模的田地丈量，定了租税，在册上详细记载田地的情况，原坂、平衍、下隰、沃瘠、沙卤的区别，并规定凡买置田地，必须到官府登记及过割税粮，免掉贫民产去税存的弊端，同时也保证了皇朝的财政收入。十年一次的劳役，使人民有轮流休息的机会。这些措施虽然仍是封建剥削，但比之统一以前的混乱情况，则确实减轻了一些人民的负担，鼓舞了农民的生产情绪，对社会生产力的推进，是起了显著的作用的。

朱元璋虽然对一部分大地主进行了严重的斗争，对广大农民做了一些必要的让步，一部分大地主被消灭了，一部分大地主的力量被削弱了，农民生产的积极性增加了；但是，这个政权毕竟是地主阶级的政权，首先是为地主阶级的利益服务的，即使对农民采取了一些让步的措施，其目的也还是为了巩固和强化整个地主阶级的统治权。无论是查田定租，还是编户定役，执行丈量的是地主，负责征收运粮米的还是地主，当里长甲首的依然是地主，质正里中是非、词讼，执行法官职权的"耆宿"也是地主，当然，在地方和朝廷做官的更非地主不可。从上而下的重重地主统治，地主首先要照顾的是自己家族和亲友的利益，是决不会关心自耕农和佃农的死活的。由于凭借职权的方便，剥削、舞弊都可以通过皇朝的统治权来进行，披上合法的外衣，农民的痛苦就越发无可申诉了。

洪武一朝，长江以南农民起义的次数特别多，地区特别广；明朝二百几十年中，农民起义次数特别多，规模特别大，原因就在这里。

明代靖难之役与迁都北京

一 明太祖的折中政策

自称为淮右布衣、出身于平民而做天子的朱元璋，在得了势称帝建国之后，最惹他操心的问题：第一，怎样建立一个有力的政治中心？建在何处？第二，用什么方法来维持他的统治权？

明太祖在初渡江克太平时（至正十五年六月，1355），当涂学者陶安出迎：太祖问曰："吾欲取金陵，何如？"安曰："金陵古帝王都，取而有之，抚形胜以临四方，何向不克？"太祖曰："善！"

至正十八年（1358），叶兑献书论取天下规模：今之规模，宜北绝李察罕（元将察罕帖木儿），南并张九四（吴张士诚），抚温、台，取闽、越，定都建康，拓地江、广，进则越两淮以北征，退则画长江而自守。夫金陵古称龙盘虎踞，帝王之都，借其兵力资财，以攻则克，以守则固。

部将中冯国用亦早主定都金陵之说：洪武初定淮甸，得冯国用，问以天下大计。国用对曰："金陵龙盘虎踞，真帝王之都，愿先渡江取金陵，置都于此。然后命将出师，扫除群寇，倡仁义以收人心，天下不难定也。"上曰："吾意正如此。"

参酌诸谋士的意见，经过了长期的考虑后，以至正二十六年（1366）六月拓应天城，作新宫于钟山之阳，至次年九月新宫成。

这是吴王时代的都城。同月灭吴张士诚，十月遣徐达等北伐。十二月取温、台，降方国珍，定山东诸郡县。

至正二十八年（1368）正月吴王称帝，改元洪武，汤和平福建，四月平广东、河南，七月广西平。八月徐达率师入大都，元帝北走。十二月山西平。洪武二年（1369）八月陕西平，南北一统。四年（1371）夏明升降，四川平。十五年（1382）平定云南。二十年（1387）元纳哈出降，辽东归附，天下大定。在这个长时期，个人的地位由王而帝，所统辖的疆域由东南一隅而扩为全国。元人虽已北走，仍保有不可侮的实力，时刻有南下恢复的企图。同时沿海倭寇的侵轶也成为国防上的重大问题。在这样的情形之下，帝都的重建和国防的设计是当时朝野最瞩目的两大问题。

基于天然环境的限制，东南方面沿海数千里时时处处有被倭寇侵犯的危险，东北方面长城外即是蒙古人的势力，如不在险要处屯驻重兵，则黄河以北便非我有。防边须用重兵，如以兵权付诸将，则恐尾大不掉，有形成藩镇跋扈的危险。如以重兵直隶中央，则国都必须扼驻边界，以收统辖指挥之效。东南是全国的经济中心，东北因国防关系，又必须成为全国的军事中心。国都如建设在东南，则北边空虚，不能防御蒙古人的南侵，如建设在北边，则国用仍须仰给东南，转运劳费，极不合算。

在政治制度方面，郡县制和封建制的选择，也成为当前的难题。秦、汉、唐、宋之亡，没有强藩屏卫是许多原因中之一。

周代封建藩国，则又枝强干弱，中央威令不施。这两者中的折中办法，是西汉初期的郡国制。一面设官分治，集大权于中央，一面又封子弟，使为国家捍御。这样一来，设国都于东南财赋之区，封子弟于东北边防之地，在经济上、军事上、统治权的永久维持上都得到一个完满的解决。这就是明太祖所采用的折中政策。

二 定都南京

明太祖定都南京的重要理由是受经济环境的限制。第一，因为江、浙富饶为全国冠，所谓"财赋出于东南，而金陵为其会"。第二，对是吴王时代所奠定的宫阙，不愿轻易弃去。且若另建都邑，则又须重加一层劳费。第三，从龙将相都是江淮子弟，不愿轻去乡土。洪武元年（1368）四月取汴梁后，他曾亲到汴梁去视察，觉得虽然地位适中，可是四面受敌，形势还不及南京。而在事实上，则西北未定，为转饷屯军计，不能不有一个军事上的后方重地，以便策应。于是仿成周两京之制以应天（金陵）为南京，开封为北京。二年（1369）八月陕西平。九月以临濠（安徽凤阳）为中都，事前曾和廷臣集议建都之地：

上召诸老臣问以建都之地，或言关中险固金城天府之国。或言洛阳天地之中，四方朝贡道里适均。汴梁亦宋之旧京。又或言北平元之宫室完备，就之可省民力。上曰："所言皆善，惟时有不同耳。长安、洛阳、汴京实周、秦、汉、魏、唐、宋所建国。但平定之初，民未苏息，朕若建都于彼，供给力役悉资江南，重劳其民。若就北平，要之宫室，不能无更作，亦未易也。今建业长江天堑，龙盘虎踞，江南形胜之地，真足以立国。临濠则前江后淮，以险可恃，以水可漕，朕欲以为中都。何如？"群臣称善。至是始命有司建置城池宫阙，如京师之制焉。

在营建中都时，刘基曾持反对的论调，以为"凤阳虽帝乡非建都地"。八年（1375）四月罢营中都。

洪武十一年（1378）以南京为京师。太祖对于建都问题已经踌躇了十年，到这时才决定。可是为着控制北边，仍时时有迁都的雄心。选定的地点仍是长安、洛阳和北平。当时献议都长安的有胡子祺：

洪武三年（1370）以文学选为御史，上书请都关中。帝称善，遣太子巡视陕西。后以太子薨，不果。

他的理由是：天下形胜地可都者四。河东地势高，控制西北，尧尝都之，然其地苦寒。汴梁襟带河、淮，宋尝都之，然其地平旷，无险可凭。洛阳周公卜之，周、汉迁之，然嵩、邙非有殽函、终南之阻，涧、瀍、伊、洛非有泾、渭、灞、浐之雄。夫据百二河山之胜，可以耸诸侯之望，举天下莫关中若也。

皇太子巡视陕西在洪武二十四年（1391）。则太祖在十一年（1378）定都南京以后仍有都长安之意。皇太子巡视的结果，主张定都洛阳：太祖以江南地薄，颇有迁都之意。八月命皇太子往视关、洛。皇太子志欲定都洛阳，归而献地图。明年四月以疾薨。

郑晓记此事始末，指出迁都的用意在控制西北：国朝定鼎金陵，本兴王之地。然江南形势终不能控制西北，故高皇时已有都汴、都关中之意，以东宫薨而中止。

《明史》记：太子还，献陕西地图，遂病。病中上言经略建都事。

是则假使太子不早死，也许在洪武时已迁都到洛阳或长安了。又议建都北平：逮平陕西，欲置都关中。后以西北重地非自将不可，议建都于燕，以鲍频力谏而止。

何孟春记鲍频谏都北平事说：太祖平一天下，有北都意。尝御谨身殿亲策问廷臣曰："北平建都可以控制边塞，比南京何如？"修撰鲍频对曰："元主起自沙漠，立国在燕今百年，地气天运已尽，不可因也。南京兴王之地，宫殿已完，不必改图。传曰：'在德不在险也。'"

明太祖晚年之想迁都，次要的原因是南京新宫风水不好。顾炎武记：南京新宫吴元年作。初大内填燕尾湖为之，地势中下南高而北卑。高皇帝后悔之。二十五年（1392）祭光禄寺灶神文曰："朕经营天下数十年，事事按古有绪。维宫城前昂后洼，形势不称，本欲迁都。今朕年老，精力已倦。又天下新定，不欲劳民。且兴废有数，只得听天。惟愿鉴朕此心，福其子孙。"

由此看来，从洪武初年到二十四年这一时期中，明太祖虽然以南京作国都，可是为了控制北边的关系，仍时时有迁都的企图。迁都到北边，最大的困难是漕运艰难，北边硗瘠，如一迁都，则人口必骤然增加，本地的粮食不能自给，必须仰给东南，烦费不赀。次之重新创建城地宫阙，财力和人力耗费过多。懿文太子死后，这老皇帝失去勇气，就从此不再谈迁都了。

三　封建诸王

洪武二年（1369）四月编《祖训录》，定封建诸王之制。在沿边要塞，均置王国：明兴，高皇帝以宋为惩，内域削弱，边围勿威，使胡人得逞中原而居闰位。于是大封诸子，连亘边陲。北平天险，为元故都，以王燕。东历渔阳、卢龙，出喜峰，包大宁，控塞葆山戎，以王宁。东渡榆关，跨辽东，西并海，被朝鲜，联开原，交市东北诸夷，以王辽。西按古北口，濒于滦河，中更上谷、云中，巩居庸，蔽雁门，以王谷若代。雁门之南，太原其都会也，表里河山，以王晋。逾河而西，历延、庆、韦、灵，又逾河北，保宁夏，倚贺兰，以王庆。兼崤、陇之险，周、秦都圻之地，牧垧之野，直走金城，以王秦。西渡河领张掖、酒泉诸郡，西启嘉峪，护西城诸国，以王肃。此九王者皆塞王也，莫不敷险陜，控要害，佐以元戎宿将，权崇制命，势匹抚军，肃清沙漠，垒帐相望。

在内地则有：周、齐、楚、潭、鲁、蜀诸王，护卫精兵万六千余人，牧马数千匹，亦皆部兵耀武，并列内郡。

洪武五年（1372）置亲王护卫指挥使司，每府设三护卫。护卫甲士少者三千人，多者至万九千人。王国中央所派守镇兵亦得归王调遣：凡王国有守镇兵，有护卫兵。其守镇兵有常选指挥掌之。其护卫兵从王调遣。如本国是险要之地，遇有警急，其守镇兵、护卫兵并从王调遣。

守镇兵之调发，除御宝文书外并须得王令旨方得发兵：凡朝廷调兵须有御宝文书与王，并有御宝文书与守镇官。守镇官既得御宝文书，又得王令旨，方许发兵。无王令旨，不得发兵。

扼边诸王尤险要者，兵力尤厚。如宁王所部至"带甲八万，革车六千，所属朵颜三卫骑兵皆骁勇善战"。

洪武十年（1377）又以羽林等卫军益秦、晋、燕三府护卫。时蒙古人犹图恢复，屡屡南犯。于是徐达、冯胜、傅友德诸大将数奉命往北平、山西、陕西诸地屯田练兵，为备边之计。又诏诸王近塞者每岁秋勒兵巡边，远涉不毛，校猎而还，谓之肃清沙漠。诸王封并塞居者皆预军务，而晋、燕二王尤被重寄，数命将兵出塞以筑城屯田，大将如宋国公冯胜、颍国公傅友德皆受节制。洪武二十六年（1393）三月诏二王军务大者始以闻，由此军中事皆得专决。一方面又预防后人懦弱，政权有落于权臣和异姓人之手的危险，特授诸王以干涉中央政事之权。

诸王有权移文中央索取奸臣：若大臣行奸，不令王见天子，私下傅致其罪而遇不幸者，到此之时，天子必是昏君。其长史司并护卫移文五军都督府索取奸臣，都督府捕奸臣奏斩之，族灭其家。甚至得举兵入清君侧：如朝无正臣，内有奸恶，则亲王训兵待命。天子密诏诸王统领镇兵讨平之。又怕后人变更他的法度，把一切天子亲王大臣所应做和不应做的事都定为祖训，叫后人永远遵守。洪武二十八年（1395）九月正式颁布《皇明祖训条章》于中外，并下令后世有言更祖制者以奸臣论。由此诸王各拥重兵，凭据险厄，并得干涉国事，在军事上和政治上都握大权，渐渐地酿成了外重内轻之势。

分封过制之害，在洪武九年（1376）叶伯巨即已上书言之。他说：先王之制，大都不过三国之一，上下等差，各有定分，所以强干弱枝，遏乱源而崇治本耳。今裂土分封，使诸王各有分地，盖惩宋、元孤立，宗室不竞之弊。而秦、晋、燕、齐、梁、楚、吴、蜀诸国，无不连邑数十，城郭宫室亚于天子之都，优之以甲兵卫士之盛。臣恐数世之后，尾大不掉，然后削其地而夺之权，则必生觖望，甚者缘间而起，防之无及矣……愿及诸王未之国之先，节其都邑之制，减其卫兵，限其疆理，亦以待诸王之子孙。此制一定，然后诸王有贤且才者入为辅相；其余世为藩屏，与国同休。割一时之恩，制万世之利，消天变而安社稷，莫先于此。

书上以离间骨肉坐死。其实这时诸王只建藩号，尚未就国，有远见的人已经感觉到不安的预兆了。到洪武末年诸王数奉命出塞，强兵悍卒，尽属麾下，这时太祖衰病，皇太孙幼弱，也渐渐地感觉到强藩的迫胁了。有一次他们祖孙曾有如下的谈话：先是太祖封诸王，辽、宁、燕、谷、代、晋、秦、庆、肃九国皆边虏，岁令训将练兵，有事皆得提兵专制便防御。因语太孙曰："朕以御虏付诸王，可令边尘不动，贻汝以安。"太孙曰："虏不靖，诸王御之；诸王不靖，孰御之？"太祖默然良久，曰："汝意何如？"太孙曰："以德怀之，以礼制之，不可则削其地，又不可则废置其人，又其甚则举兵伐之。"太祖曰："是也，无以易此矣。"

太孙又和黄子澄密谋定削藩之计：惠帝为皇太孙时，尝坐东角门，谓子澄曰："诸王尊属拥重兵，多不法，奈何？"对曰："诸王护卫兵才足自守，倘有变，临以六师，其谁能支？汉七国非不强，卒底亡灭。大小强弱势不同，而顺逆之理异也。"太孙是其言。

即位后高巍、韩郁先后上书请用主父偃推恩之策："在北诸王，子弟分封于南；在南，子弟分封于北。如此则藩王之权，不削而自削。"当局者都主削藩，不用其计而靖难师起。

四　靖难

明太祖在位三十一年（1368—1398），皇太子标早卒，太孙允炆继位，是为惠帝（1399—1402 在位）。明太祖诸子第二子秦王樉、第三子晋王㭎均先卒，四子燕王棣、五子周王橚及齐、湘、代、岷诸王均以尊属拥重兵，多不法，朝廷孤危。诸王中燕王最雄杰，兵最强，尤为朝廷所嫉。惠帝用黄子澄、齐泰计谋削藩：泰欲先图燕。子澄曰："不然。周、齐、湘、代、岷诸王，在先帝时尚多不法，削之有名。今欲问罪，宜先周。周王，燕之母弟，削周是削燕手足也。"

定计以后，第一步先收回王国所在地之统治权，下诏"王国吏民听朝廷节制，惟护卫官军听王"。建文元年（1399）二月又"诏诸王毋得节制文武吏士"。收回兵权及在王国之中央官吏节制权。洪武三十一年（1398）八月废周王橚为庶人。建文元年四月湘王柏惧罪自焚死，齐王榑、代王桂有罪，废为庶人。六月废岷王楩为庶人。

燕王智勇有大略，妃徐氏为开国元勋徐达女，就国后，徐达数奉命备边北平，因从学兵法。徐达死后，诸大将因胡惟庸、蓝玉两次党案诛杀殆尽，燕王遂与秦晋二王并当北边御敌之任。洪武二十三年（1390）正月与晋王率师往讨元丞相咬住太尉乃儿不花，征虏前将军颍国公傅友德等皆听节制。三月师次迤都，咬住等降。获其全部而还，太祖大喜。是后屡率诸将出征，并令王节制沿边士马，威名大震。二十四年（1391）四月督傅友德诸将出塞，败敌而还。二十六年（1393）三月冯胜、傅友德备边山西、北平，其属卫将校悉听晋王、燕王节制。二十八年（1395）正月率总兵官周兴出辽东塞，自开原追敌至甫答迷城，不及而还。二十九年（1396）率师巡大宁，败敌于彻彻儿山，又追败之于兀良哈秃城而还。三十一年（1398）率师备御开平。太祖崩后，自以为三兄都已先死，伦序当立，不肯为惠帝下。周、湘诸藩相继得罪，遂决意反，阴选将校，勾军卒，收才勇异能之士，日夜铸军器。建文元年七月杀朝廷所置地方大吏，指齐泰、黄子澄为奸臣，援引祖训，入清君侧，称其师曰"靖难"。

兵起时惠帝正在和方孝孺、陈迪一些文士讨论周官法度，更定官制，讲求礼文。当国的齐泰、黄子澄也都是书生，不知兵事，以旧将耿炳文为大将往讨。八月耿炳文兵败于滹沱河，即刻召还，代以素不知兵的勋戚李景隆。时燕王已北袭大宁，尽得朵颜三卫骑而南。景隆乘虚攻北平，不能克，燕王回兵大破之。二年（1400）四月燕王又败景隆兵于白沟河、德州。进围济南，三月不克，为守将盛庸所掩击，大败解围去。九月盛庸代李景隆为大将军。十二月大败燕兵于东昌，燕大将张玉战死，精锐丧失几尽。三年（1401）燕兵数南下，胜负相当。所攻下的城邑，兵回又为朝廷据守，所据有的地方不过北平、保定、永平三府。恰好因惠帝待宫中宦官极严厉，宦官被黜责的逃奔燕军，告以京师虚实。十二月复出师南下，朝廷遣大将徐辉祖（徐达之子，燕王妃兄）出援山东，与都督平安大败燕兵于齐眉山。燕军谋遁还。惠帝又轻信谣言，以为燕兵已退，一面也不信任徐辉祖，召之还朝。前方势孤，相继败绩。燕兵遂渡淮趋扬州，江防都督陈瑄以舟师迎降，径渡江进围南京，谷王橞及李景隆开金川门迎降，宫中火起，惠帝不知所终。燕王入京师即帝位，是为成祖（1403—1424在位）。

成祖入南京后做的第一件事是对主削藩议者的报复，下令大索齐泰、黄子澄、方孝孺等五十余人，榜其姓名曰奸臣，大行屠杀，施族诛之法，族人无少长皆斩，妻女发教坊司，姻党悉戍边。方孝孺之死，宗族亲友前后坐诛者至八百七十三人。万历十三年（1585）释坐孝孺谪戍者后裔凡千三百余人。即位后的第一件事是尽复建文中所更改的一切成法和官制，表明他起兵的目的是在拥护祖训和问惠帝擅改祖宗成法之罪。由此《祖训》成为明朝一代治国的经典，太祖时所定的法令到后来虽然时移事变，也不许有所更改。太祖时所曾施行的制度，也成为有明一代的金科玉律，无论无理到什么地步，也因为是祖制而不敢轻议。内中如锦衣卫和廷杖制，最为有明一代的弊政。为成祖所创的有宦官出使专征监军分镇的制度，和皇帝的侦察机关东、西厂。

五 锦衣卫和东、西厂

锦衣卫和东、西厂，明人合称其为厂卫。锦衣卫是内廷的侦查机关，东、西厂则由宦官提督，最为皇帝所亲信，即锦衣卫也在其侦查之下。

锦衣卫初设于明太祖时，是皇帝的私人卫队。其下有南、北镇抚司，专治刑狱，可以直接取诏行事，不必经过外廷法司的手续。锦衣卫的主要职务是"察不轨妖言人命强盗重事"，专替皇帝侦察不忠于帝室的叛逆者，其权力在外廷法司之上。洪武二十年（1387）明太祖曾一度取消锦衣卫的典诏狱权。到了成祖由庶子篡逆得位，自知人心不附，兼之内外大臣都是惠帝的旧臣，深恐惠帝未死，诸臣或有复国的企图，于是重复锦衣卫的职权，使之活动，以为钳制臣民之计。另一方面又建立了一个最高侦查机关叫东厂。因为在起兵时很得惠帝左右宦官的力量，深信宦官的忠心，赋以"缉访谋逆妖言大奸恶等"的职权。以后虽时革时复，名义也有时更换（如西厂、外厂、内行厂之类），但其职权及地位则愈来愈高，有任意逮捕官吏、平民和任意刑讯处死的权力。

靖难兵起时宦官狗儿、郑和等以军功得幸，即位后遂加委任。有派做使臣的，如永乐元年（1403）遣内官监李兴出使暹罗，马彬出使爪哇诸国。三年（1405）遣太监郑和出使西洋。有派做大将的，如永乐三年之使中官山寿率兵出云州觇敌。又因各地镇守大将多为惠帝旧臣，特派宦官出镇和监军，使之伺察，永乐元年命内臣出镇及监京营军。出镇的例如马靖镇甘肃，马骐镇交趾；监军的如王安之监都督谭青军。由是司法权和兵权都慢慢地落在宦官手中。宣德以后，成主多不亲政事，内阁的政权也渐渐地转到内廷司礼监手中去了。在外则各地镇守太监成为地方最高长官，积重难返，形成一种畸形的阉人政治。英宗时的王振、曹吉祥，宪宗时的汪直、梁芳，武宗时的刘瑾，神宗时的陈增、高淮，熹宗时的魏忠贤，思宗时的曹化淳、高起潜，莫不窃弄政柄，祸国殃民，举凡军事、外交、内政、财政、司法一切国家大政，都由宦官主持，甚至阁臣之用黜都以宦官的好恶为定。他们只图私人生活的享乐，极力搜括捃敛，榨取民众的血汗，诱导皇帝穷奢极欲，大兴土木祷祠，对外则好大喜功，生衅外族，驯至民穷财尽，叛乱四起。外廷的士大夫与之相抗的都被诛杀、放逐，由此朝廷分为两党，一派附和宦官，希图富贵，甘为鹰犬；一派则极力攻击，欲将政权夺回内阁，建设清明的政府。阉人和士人两派势力互为消长，此扑彼兴，一直闹到亡国。

廷杖也是祖制的一种，太祖时曾杖死工部尚书薛祥，鞭死永嘉侯朱亮祖父子。以后一直沿用，正德十四年（1519）以南巡廷杖舒芬等百四十六人，死者十一人。嘉靖三年（1524）群臣争大礼，廷杖丰熙等百三十四人，死者十六人。内外大臣一拂宦官或皇帝之意，即施廷杖，由锦衣卫执行，打而不死者或遣戍边地，或降官，或仍旧衣冠办事。宣宗时又创立枷之刑，国子祭酒李时勉至荷枷国子监前。直到熹宗时魏忠贤杖死万燝，大学士叶向高以为言，忠贤乃罢廷杖，把所要杀的人都下镇抚司狱，用酷刑害死，算是代替了这一祖制。

锦衣卫、东西厂和廷杖制原都是为镇压反对势力，故意造成恐怖空气，使臣民慑于淫威不敢反侧的临时设施。一经施用，大小臣民都惴惴苟延，不知命在何日。太祖时朝官得生还田里，便为大幸。皇帝的威权由之达于顶点。这三位一体的恐怖制度使专制政体的虐焰高得无可再高，列朝的君主也有明知这制度的残酷不合理，但是第一为着维系个人的威权，第二因为这是祖制，所以因仍不废。英宗以来的君主多高拱深宫，宦官用事，利用这制度来树威擅权，排斥异己，虽然经过若干次士大夫的抗议，终归无效。一直到亡国才自然消灭，竟和明运相终始。

六 迁都北京

成祖以边藩篡逆得位，深恐其他藩王也学他的办法再来一次靖难，即位之后，也采用惠帝的削藩政策，以此收诸藩兵权，非惟不使干预政事，且设立种种苛禁以约束之。建文四年（1402）徙谷王于长沙，永乐元年（1403）徙宁王于南昌，以大宁地界从靖难有功之朵颜、福余、泰宁三卫，以偿前劳。削代工、岷王护卫。四年（1406）削齐王护卫，废为庶人。十年（1412）削辽王护卫（辽王已于建文元年徙荆州）。十五年（1417）谷王以谋反废。十八年（1420）周王献三护卫。尽削诸王之权，于护卫损之又损，必使其力不足与一镇抗。到宣宗时汉王高煦，武宗时安化王寘鐇、宁王宸濠果然援例造反，遂更设为厉禁，诸王行动不得自由，即出城省墓亦须奏请。二王不得相见。受封后即不得入朝。甚至在国家危急时，出兵勤王亦所不许。只能衣租食税，凭着王的位号在地方上作威作福，肆害官民。王以下的宗人生则请名，长则请婚于朝，禄之终身，丧葬予费。

仰食于官，不使之出仕，又不许其别营生计，"不农不仕，吸民膏髓"。生齿日蕃，国力不给，世宗时御史林润言：天下岁供京师粮四百万石，而诸府禄米凡八百五十三万石。以山西言，存留一百五十二万石，而宗禄三百一十二万。以河南言，存留八十四万三千石，而宗禄一百九十二万。

不得已大加减削，宗藩日困。枣阳王祐"请除宗人禄，使以四民业自为生，贤者用射策应科第"，不许。万历二十二年（1594）郑靖王世子载堉请许宗室皆得儒服就试，无论中外职，中式者视才品器使，从此宗室方得出仕。国家竭天下之力来养活十几万游荡无业的贵族游民，不但国力为之疲敝不支，实际上宗室又因不能就业而陷于贫困，势不能不作奸犯法，扰害平民。这也是当时创立"祖制"的人所意想不到的。

成祖削藩的结果，宁、谷二王内徙，释诸王兵权，北边空虚。按照当时的情势，"四裔北边为急，倏来倏去，边备须严。若畿甸去远而委守将，则非居重取轻之道"。于是有迁都北京之计，以北京为行在，屯驻重兵，抵御蒙古人的入侵：太宗靖难之勋既集，切切焉为北顾之虑，建行都于燕，因而整戈秣马，四征弗庭，亦势所不得已也。銮舆巡幸，劳费实繁。易世而后，不复南幸，此建都所以在燕也。

合军事与政治中心为一，以国都当敌。朱健曾为成祖迁都下一历史的地理的解释。他说：

自古建立都邑，率在北土，不止我朝，而我朝近敌为甚。且如汉袭秦旧都关中，匈奴入寇，烽火辄至甘泉。唐袭隋旧都亦都关中，吐蕃入寇，辄到渭桥。宋袭周旧都汴，西无灵、夏，北无燕、云，其去契丹界直浃旬耳。景德之后亦辄至澶渊。三治朝幅员善广矣，而定都若此者何？制敌便也。我朝定鼎燕京，东北去辽阳尚可数日，去渔阳百里耳。西北去云中尚可数日，去上谷亦仅倍渔阳耳。近敌便则常时封殖者尤勤，常时封殖则一日规划措置者尤亟。是故去敌之近，制敌之便，莫有如今日者也。

建都北京的最大缺点是北边粮食不能自给，必须仰给东南。

海运有风波之险，由内河漕运则或有时水涸，或被"寇盗"所阻，稍有意外，便成问题：今国家燕都可谓百二山河，天府之国，但其间有少不便者，漕粟仰给东南耳。运河自江而淮，自淮而黄，自黄而汶，自汶而卫，盈盈衣带，不绝如线，河流一涸，则西北之腹尽枵矣。元时亦输粟以供上都，其后兼之海运。然当群雄奸命之时，烽烟四起，运道梗绝，惟有束手就困耳。此京师之第一当虑者也。

要解决这两个困难，第一必须大治河道，第二必须仍驻重兵于南京，镇压东南。成祖初年，转漕东南，水陆兼挽，仍元人之旧，参用海运，而海运多险，陆运亦艰。九年（1411）命宋礼开会通河，十三年（1415）陈瑄凿清江浦，通北京漕运，直达通州，而海陆运俱废。运粮官军十二万人，有漕运总兵及总督统之。十九年（1421）迁都北京后，以南京为留都，仍设五府六部官，并设守备掌一切留守防护之事，节制南京诸卫所。

永乐元年（1403）以北平为北京。四年（1406）诏以明年五月建北京宫殿。十八年（1420）北京郊庙宫殿成，诏以北京为京师，不称行在。在实际上，自七年（1409）以后，成祖多驻北京，以皇太子在南京监国。自邱福征本雅失里汗败死后，五入漠北亲征。自十五年（1417）北巡以后，即不再南返。南京在事实上，从七年（1409）北巡后即已失去政治上的地位，十九年（1421）始正式改为陪都。

迁都之举，当时有一部分人不了解成祖的用心，力持反对论调：初以殿灾诏求直言，群臣多言都北京非便。帝怒，杀主事萧仪，曰："方迁都时，与大臣密议，久而后定，非轻举也。"

仁宗即位后，胡濙从经济的立场"力言建都北京非便，请还南都，省南北转运供亿之烦"。于是又定计还都南京，洪熙元年（1425）三月诏北京诸司悉称行在。五月仁宗崩，迁都之计遂又搁置不行。一直到英宗正统六年（1441）北京三殿两宫都已告成，才决定定都北京，诏文武诸司不称行在，仍以南京为陪都。

成祖北迁以后，三面临敌，边防大重。东起鸭绿，西抵嘉峪，绵亘万里，分地守御。初设辽东、宣府、大同、延绥四镇，继设宁夏、甘肃、蓟州三镇，又加上太原、固原，是为九边。每边各设重兵，统以大将，副以裨裨，监以宪臣，镇以开府，联以总督，无事则划地防守，有事则掎角为援。失策的是即位后即徙封宁王于江西，把大宁一带地，送给从征有功的朵颜三卫，自古北口至山海关隶朵颜卫，自广宁前屯卫西至广宁镇白云山隶泰宁卫，自白云山以北至开原隶福余卫。而幽燕东北之险，中国与夷狄共之，胡马疾驰半日可抵关下。

辽东广宁、锦义等城自此与宣府、怀来隔断，悬绝声不相连。又以东胜孤远难守。调左卫于永平，右卫于遵化而墟其地。兴和为阿鲁台所攻，徙治宣府卫城而所地遂虚。开平为元故都，地处极边，西接兴和而达东胜，东西千里，最为要塞。自大宁弃后，宣、辽隔绝，开平失援，胡虏出没，饷道艰难，宣德五年（1430）从薛禄议，弃开平，徙卫于独石。后来"三岔河弃而辽东悚，河套弃而陕右警，西河弃而甘州危"，国防遂不可问。初期国力尚强，对付外敌的方法是以攻为守，太祖、成祖、宣宗三朝皆大举北征，以兵力逼蒙古人远遁，使之不敢近塞。英宗以后国力渐衰，于是只以守险为上策，坐待敌来，诸要塞尽弃而边警由之日亟。正统十四年（1449）瓦剌也先入寇围北京。

嘉靖二十九年（1550）鞑靼俺答入寇薄都城。这两次的外寇都因都城兵力厚不能得志，焚掠近畿而去。崇祯十七年（1644）李自成北上，宣府和居庸的守臣都开门迎降，遂长驱进围北京，太监曹化淳又开门迎入，明遂亡。由此看来，假如成祖当时不迁都北京，自以身当敌冲，也许在前两次蒙古人入犯时，黄河以北已不可守，宋人南渡之祸，又要重演一次了。

明太祖的祖训

　　明太祖承元而起，即位后一面继续用武力削平大陆上的割据者，一面派使臣到南洋诸国，说明中朝已经易代，命令他们向新统治者表示臣服的仪节。这仪节的手续分为几部分，第一是缴还元代所颁的印绶册诰，表示他们已和元室脱离关系。第二是重新颁给新的印绶册诰，表示他们接受新朝的册封，成为藩国。第三是颁赐《大统历》，表示新朝正朔，永为藩臣。在受册封者一方面应表示的礼节，是派使称臣入贡，恢复正常的外交关系。所得的权利是得和中国通商，外交的使节同时也是商船上的领袖。

　　洪武初年（1368）出使南洋的使臣，洪武二年（1369）有吴用、颜宗鲁使爪哇，刘叔勉使西洋琐里。洪武三年（1370）有赵述使三佛齐，张敬之、沈秩使浡泥，塔海帖木儿使琐里。明成祖即位后，永乐元年（1403）中官尹庆使满剌加、古里、柯枝诸国，闻良辅和宁善使西洋琐里、苏门答腊。足迹已遍南洋。洪武二十年（1387）谕爪哇之诏书，纯为说明统治权之转移，书曰：中国正统，胡人窃据百有余年，纲常既隳，冠履倒置。朕以是起兵讨之，垂二十年，海内悉定。朕奉天命以主中国，恐遐迩未闻，故专报王知之。颁去《大统历》一本，王其知正朔所在，必能奉若天道，使爪哇之民，安于生理，王亦永保禄位，福及子孙。其勉图之勿怠。

次年，其王昔里八达剌蒲遣使朝贡，纳前元所授宣敕二道，诏封为国王。其他使臣之出发，均负同样使命。

明太祖是个脚踏实地的保守者。他在位期间（1368—1398）用全力去削平割据势力，奠定统一规模。同时致力于沿海的海防，阻止倭寇的侵入，巩固北边的边防，防止蒙古人的南犯。又因内地诸蛮族叛乱纷起，自宁夏、凉州、洮州到湖南北、四川、两广、云南、贵州，三十年中，几乎没有一年不用兵。他审虑自己的国力，只够巩固国内和抵抗外来的侵略，绝无余力作对外发展之用。因此他就立定主意不再南迈。洪武二年（1369）编定《皇明祖训·箴戒章》时，就特别指出不可倚中国富强，无故对外兴兵。他也看出元代征爪哇失败的教训，特别列出不征的十五夷国，叫后人遵守。他说：

四方诸夷，皆限山隔海，僻在一隅，得其地不足以供给，得其民不足以使令。若其自不揣量，来挠我边，则彼为不祥。彼既不为中国患，而我兴兵轻犯，亦不祥也。吾恐后世子孙，倚中国富强，贪一时战功，无故兴兵，致伤人命，切记不可。但胡戎与西北边境，互相密迩，累世战争，必选将练兵，时谨备之。

今将不征诸夷国名，开列于后：

东北：朝鲜国

正东偏北：日本国虽朝实诈，暗通奸臣胡惟庸，谋为不轨，

故绝之

正南偏东：大琉球国、小琉球国

西南：安南国、真腊国、暹罗国、占城国、苏门答剌、西洋国、爪哇国、溢亨国、白花国、三弗齐国、渤泥国

虽富且强而决不用以对外侵略，如有来犯，则决不迟疑而立予以致命的还击。这是我国几千年来的立国精神，我国过去之为东亚领导者其理由在此，我国过去之所以无殖民地者其理由亦在此。我国今后必复兴，必富强，必重现汉、唐时代之国威者，其理由亦在此。

明太祖虽谆谆训谕其子孙，不可好大喜功，生事海外。但对和平的通商关系则仍遵前朝旧例，海外诸国入贡，许附载方物，与中国贸易。仍设市舶司，置提举官以领之。洪武初设市舶司于太仓、黄渡，寻罢。复设于宁波、泉州、广州。宁波通日本，泉州通琉球，广州通占城、暹罗、西洋诸国。永乐三年（1405）以诸蕃贡使益多，乃置驿于福建、浙江、广东三市舶司以馆之，福建曰来远，浙江曰安远，广东曰怀远。寻设交趾、云南市舶提举司，接西南诸国朝贡者。凡贡使"附至蕃货，欲与中国贸易者，官抽六分，给价以赏之。仍除其税"。为招徕蕃商计，货舶亦有时得邀免税的特典。

贡使之来，往往多挟蕃货，由官抽给价，国家所费不赀。其馆驿又依例由地方人民负责，官民为之交病。洪武七年（1374）以倭寇猖獗，罢三市舶司。又谕中书及礼部臣曰：

古者诸侯于天子，比年一小聘，三年一大聘，九州之外，则每世一朝，所贡方物，表诚敬而已。惟高丽颇知礼乐，故今

060

三年一员。他远国，如占城、安南、西洋琐里、爪哇、浡泥、三佛齐、暹罗斛、真腊诸国，入贡既频，劳费太甚。今不必复尔，其移牒诸国俾知之。

但南洋诸国仍贪入贡之利，来者不止。三市舶司罢后，倭寇仍未敛迹，洪武十四年（1381）又下令禁濒海民私通海外诸国。但沿海居民，迫于生计，仍私自出外贸易，禁令愈严，获利愈大，私出贸易者因之愈多，货币之流出亦愈不可问。洪武二十三年（1390）再诏户部严申交通外蕃之禁："中国金银铜钱缎匹兵器，自前代以来，不许出番。今两广、浙江、福建愚民无知，往往交通外番，私易货物，以故严禁之。"沿海军民官司纵令私相交易者悉治以罪。洪武二十七年（1394）又下令禁民间用蕃香蕃货，使蕃商失去市场，为釜底抽薪之计。洪武三十年（1397）又申禁人民不得擅出海与外国互市。

明成祖（1403—1424）于建文四年（1402）六月入南京即帝位，在他的登基诏书中，又重申通蕃的禁例："沿海军民人等近年以来，往往私自下番，交通外国，今后不许，所司一遵洪武事例禁治。"这命令仍是一纸虚文，不能禁遏这一股向南洋发展的洪流。政府没有法子，只好于次年八月重新恢复停罢已久的三处市舶提举司，使蕃商蕃货源源而来，抵制私商和私货，使其无利可图，自然歇手。又于永乐二年（1404）下令禁民间海船，不许出口。这办法显然也毫无用处，私商照旧出海，蕃香蕃货照旧充斥市场。一千七百年来所造成的自北而南的发展，航海术的进步，中国与南洋诸国交通的频繁，商业的发达，国内市场的需要，尤其是沿海贫民生计的逼迫，都使政府无法阻止这自然、和平的海外拓殖。在南洋诸国方面，一千七百年来的自然发展，在经济上已与我国成为一体，他们迫切地需要锦绮瓷漆，正和我国的需要香药珠宝一样，在文化、政治上，也同样地不能离开我国。在这背景下，在这自然发展的趋势下，遂有郑和七下西洋的壮举。

明代的锦衣卫和东西厂

一

在旧式的政体之下，皇帝只是代表他的家族以及外环的一特殊集团的利益，比较被统治的人民，他的地位不但孤立，而且永远是在危险的边缘，尊严的神圣宝座之下酝酿着待爆发的火山。为了家族的威权和利益的持续，他们不得不想尽镇压的法子，公开的律例、刑章，公开的军校和法庭不够用，也不便用，他们还需要造成恐怖空气的特种组织、特种监狱和特种侦探，来监视每一个可疑的人、官吏，他们用秘密的方法侦伺、搜查、逮捕、审讯、处刑。在军队中，在学校中，在政府机关中，在民间，在茶楼酒馆，在集会场所，甚至在交通孔道，大街小巷，处处都有这类人在活动。执行这些任务的特殊组织，历代都有。在汉代有"诏狱"和"大谁何"，在唐有"丽景门"和"不良人"，在宋有"诏狱"和"内军巡院"，在明有锦衣卫和东西厂，在袁世凯时代则有"侦缉队"。

锦衣卫和东西厂明人合称为卫厂。从十四世纪后期到十七世纪中叶，这两机关始终存在（中间曾经几度短期废止，但不久即复设），锦衣卫是内廷的侦查机关，东厂则有宦官提督，最为皇帝所亲信，即锦衣卫也受其侦察。锦衣卫初设于明太祖时，是内廷亲军，皇帝的私人卫队，不隶都督府。其下有南北镇抚司，南镇抚司掌本卫刑名，北镇抚司专治诏狱，可直接取诏行事，不必经过外廷法司的法律手续，甚至本卫长官亦不得干预。锦衣卫的正式职务，据《明史·职官志五》说是"掌侍卫、缉捕刑狱之事，凡盗贼奸宄，街涂沟洫，密缉而时省之"。经过嘉靖初年裁汰后，缩小事权，改为"专察不轨妖言人命强盗重事"。其最主要的还是侦查"不轨妖言"，不轨是指政治上的反动者和党派，妖言指宗教的集团如弥勒教、白莲教、明教等。明太祖出身香军，深知"弥勒降生"和"明王出世"等宗教传说，对于渴望改善生活的一般农民所发生的政治作用是如何重大。他尤其了解聚众结社对现实政权所具有的意义和威胁，他从这两个活动中得到政权，也已为这政权立下基础，唯一使他焦虑的问题是如何使子子孙孙都能不费事地继承这政权。他所感觉到的严重危机有两方面，其一是并肩起事的诸将，个个都身经百战，枭悍难制。其二是出身豪室的文臣，他们有地方的历史势力，有政治的声望，又有计谋，不易对付。这些人在他在位的时候，固然镇压得下，但还是令人惴惴不安。身后的继承人呢，太子忠厚柔仁，只能守成，不能应变。到太子死后，他已是望七高年，太孙不但幼稚，而且比他儿子更不中用，成天和一批腐儒接近，敬慕三王，服膺儒术，更非制驭枭雄的角色。他为着要使自己安心，要替他儿孙斩除荆棘。便不惜用一切可能的残酷手段，大兴胡蓝党案，屠杀功臣，又用整顿吏治，治乱国用重刑的口实，把中外官吏地主豪绅也着实淘汰了一下，锦衣卫的创立和授权，便是发挥这个作用。经过几次大屠杀以后，臣民侧足而立，觉得自己的地位已经很安定了。为了缓和太过紧张的空气，洪武二十年（1387）下令焚毁锦衣卫刑具，把锦衣卫所禁闭的囚徒都送刑部。再隔六年，胡党蓝党都已杀完，不再感到政治上的逼胁了，于是又解除锦衣卫的典诏狱权，诏内外狱毋得上锦衣卫，大小案件都由法司处理。天下从此算太平了。

不到十年，帝位发生争执，靖难兵起，以庶子出藩北平的燕王入居大位，打了几年血仗，虽然到了南京，名义上算做了皇帝，可是地位仍不稳固。因为第一，建文帝有出亡传说，宫内自焚的遗体中不能决定是否建文帝也在内，假如万一建文帝未死，很有起兵复国的可能。第二，他以庶子僭位，和他地位相同的十几个亲王看着眼红，保不住也重玩一次靖难的把戏（这一点在他生前算是过虑，可是孙子登位后，果然又闹了一次叔侄交兵）。第三，当时他的兵力所及的只是由北平到南京一条交通线，其他地方只是外表表示服从。第四，建文帝的臣下，在朝的如曹国公李景龙、驸马都尉梅殷等，在地方的如盛庸、平安、何福等都曾和他敌对作战。其他地方官吏文臣武僚，也都是建文旧人，不能立即全盘更动。这使他感觉有临深履薄的恐惧。在这样的情况之下，他用得着他父亲传下的衣钵，于是锦衣卫重复活动，一直到亡国，始终作为皇帝的耳目，担任猎犬和屠夫的双重任务。

锦衣卫虽然近亲，到底是外官，也许会徇情面，仍是不能放心。明成祖初起时曾利用建文帝时的宦官探消息，即位之后，以为这些内官忠心可靠，特设一个东厂，职务是"缉访谋逆妖言大逆等"，完全和锦衣卫相同。属官有贴刑，以锦衣卫千百户充任，所不同的是用内臣提督，通常都以司礼监秉笔太监第二人或第三人派充，关系和皇帝最密切权威也最重。以后虽有时废罢，名义也有时更换为西厂或外厂，或东西厂、内外厂并设，或在东西厂之上加设内行厂，连东西厂也在伺察之下。但在实际上，厂的使命是没有什么东（西）变更的。

厂与卫成为皇帝私人的特种侦探机关，其系统是锦衣卫监察侦伺一切官民，东（西）厂侦察一切官民及锦衣卫，有时或加设一最高机构，侦探一切官民和厂卫，如刘瑾的内行厂和冯宝的内厂，皇帝则直接监督一切侦缉机关。如此层层缉伺，层层作恶，人人自疑，人人自危，造成了政治恐怖。

二

厂卫同时也是最高法庭，有任意逮捕官吏平民，加以刑讯判罪和行刑的最高法律以外的权力。

卫的长官是指挥使，其下是官校，专司侦察，名曰缇骑。嘉靖时陆炳官缇帅，所选用卫士缇骑皆都中大豪，善把持长短，多布耳目，所睚眦无不立碎。所招募畿辅秦晋鲁卫骈胁超承迹射之士以千计。卫之人鲜衣怒马而仰度支者凡十五六万人。四出缉访："凡缙绅之门，各有数人往来其间，而凡所缉访，止属风闻，多涉暧昧，虽有心口，无可辩白。各类计所获功次，以为升授。凭其可逞之势，而邀其必获之功，捕风捉影，每附会以仇其奸，非法拷讯，时威逼以强其认。"结果，一般仕宦阶级都吓得提心吊胆，"常晏起早阖，毋敢偶语，骑校过门，如被大盗"。抓到了人时，先找一个空庙祠宇榜掠一顿，名为打赃。"有真盗者幸免，故令多攀平民以足数者，有括家囊为盗贼，而通棍恶以证其事者，有潜种图书陷人于妖言之律者，有怀挟伪批坐人以假印之科者，有姓名仿佛而荼毒连累以死者"。访拿所及，则"家资以空，甚至并同室之有而席卷而去，轻则匿于档头、火长、校尉之手，重则官与瓜分"。被访拿的一入狱门，便无生理，"五毒备尝，肢体不全。其最酷者曰琵琶，每上百骨尽脱，汗下如水，死而复生，如是者二三次，荼酷之下，何狱不成"。

其提人止凭驾帖，弘治元年（1488）刑部尚书何乔新奏："旧制提人，所在官司必验精微批文，与符号相合，然后发遣。近者中外提人，只凭驾帖，既不用符，真伪莫辨，奸人矫命，何以拒之？"当时虽然命令恢复批文提人的制度，可是锦衣骑校却依旧只凭驾帖拘捕。正德初周玺所说，"迩者皇亲贵幸有所奏陈，陛下据其一面之词，即行差官赍驾帖拿人于数百里之外，惊骇黎庶之心，甚非新政美事"，便是一个例子。

东厂的体制，在内廷衙门中最为隆重。凡内官奉差关防皆曰某处内官关防，惟东厂篆文为"钦差监督东厂官校办事太监关防"。

《明史》记"其隶役皆取给于卫，最轻巧儇佶者乃充之。役长曰档头，帽上锐，衣青素裤褶，系小绦，白皮靴，专主伺察。其下番子数人为干事，京师亡命诓财挟仇视干事者为窟穴，得一阴事，由之以密白于档头，档头视其事大小先予之金，事曰起数，金曰买起数。既得事，帅番子至所犯家，左右坐曰打赃，番子即突入执讯之无有左证符牒，贿如数径去，少不如意，榜治之名曰乾酢酒，亦曰搬罾儿，痛楚十倍官刑。且授意使牵有力者，有力者予多金即无事，或靳不予，予不足，立闻上，下镇抚司狱，立死矣。"对于行政官吏所在，也到处派人伺察："每月旦，厂役数百人掣签庭中，分瞰官府。"有听记、坐记之别，"其视中府诸处会审大狱，北镇抚司拷讯重犯者曰听记，他官府及各城门缉访曰坐记"。所得秘密名曰打事件。即时由东厂转呈皇帝，甚至深更半夜也可随时呈进，"以故事无大小，天子皆得闻之，家人米盐猥事，宫中或传为笑谑，上下惴惴，无不畏打事件者"。

锦衣卫到底比不上东厂亲近，报告要用奏疏，东厂则可以直达。以此，厂权就高于卫。

东厂的淫威，试举一例。当天启时，有四个平民半夜里偷偷在密室喝酒谈心，酒酣耳热，有一人大骂魏忠贤，余三人听了不敢出声，骂犹未了，便有番子突入，把四人都捉去，在魏忠贤面前把发话这人剥了皮，余三人赏了一点钱放还，这三人吓得魂不附体，差一点变成了疯子。

锦衣卫狱即世所称诏狱，由北镇抚司专领。北镇抚司本来是锦衣卫指挥使的属官，品秩极低，成化十四年（1478）增铸北司印信，一切刑狱不必关自本卫，连卫所行下的公事也可直接上请皇帝裁决，卫指挥使不敢干预，因之权势日重。外廷的三法司（刑部、大理寺、都察院）不敢与抗。嘉靖二年（1523），刑科给事中刘济上言："国家置三法司以理刑狱，其后有锦衣卫镇抚司专理诏狱，缉访于罗织之门，锻炼于诏狱之手，裁决于内降之旨，而三法司几于虚设矣。"其用刑之惨酷，有非人类所能想象，沈德符记，"凡厂卫所廉谋反杀逆及强盗等重辟，始下锦衣之镇抚司拷问，寻常止曰打着问，重者加好生二字，其最重大者则曰好生着实打着问。必用刑一套，凡十八种，无不试之。用刑一套为全刑，曰械，曰镣，曰棍，曰桚，曰夹棍，五毒备具，呼号声沸然，血肉溃烂，宛转求死不得。诏狱室卑入地，墙厚数仞，即隔壁号呼，悄不闻声。每市一物入内，必经数处检查，饮食之属，十不能得一。又不得自举火，虽严寒，不过啖冷炙披冷衲而已。家人辈不但不得随入，亦不许相面。惟于拷问之期，得遥于堂前相见。"天启五年（1625）遭党祸被害的顾大章所作《狱中杂记》里说："予入诏狱百日而奉旨暂发（刑）部者十日，由此十日之生，并前之百日皆生矣。何则，与家人相见，前之遥闻者皆亲证也。"拿诏狱和刑部狱相比，竟有天堂地狱之别。瞿士耜在他的《陈时政急著疏》中也说："往者魏崔之世，凡属凶网，即烦缇骑，一属缇骑，即下镇抚，魂飞汤火，惨毒难言，苟得一送司法，便不啻天堂之乐也。"被提者一入抚狱，便无申诉余地，坐受榜掠。魏大中《自记年谱》："十三日入都羁锦衣卫东司房，二十八日许显纯、崔应元奉旨严鞫，许既迎二魏（忠贤、广微）意，构汪文言招辞而急毙之以灭口。对簿时遂断断如两造之相质，一桚敲一百，穿梭一夹，敲五十板子，打四十棍，惨酷备至，而抗辩之语悉閟不得宣。""六君子"被坐的罪名是受熊廷弼的贿赂，有的被刑自忖无生理，不得已承顺，希望能转刑部得生路，不料结果更坏，厂卫勒令追赃，"遂五日一比，惨毒更甚。比时累累跪阶前，诃垢百出，裸体辱之，弛杻则受栳，弛栳则受夹，弛栳与夹则仍戴杻镣以受棍，痛创未复，不再宿复加榜掠。后讯时皆不能跪起荷桎梏，平卧堂下"。终于由狱卒之手秘密处死，死者家人至不知其死法及死期，苇席裹尸出牢户，虫蛆腐体。六君子是杨涟、左光斗、顾大中、袁化中、周朝瑞、顾大章，都是当时的清流领袖，朝野表率，为魏忠贤臣所忌，天启五年（1625）相继死于诏狱。

　　除了在狱中的非刑之外，和厂卫互相表里的一件恶政是廷杖，锦衣卫始自明太祖，东厂为明成祖所创设，廷杖却是抄袭元朝的。

　　在元朝以前，君臣之间的距离还不十分悬绝，三公坐而论道，和皇帝是师友，宋朝虽然臣僚在廷殿无坐处，却也还礼貌大臣，绝不加以非礼的行为，"士可杀不可辱"这一传统的观念，上下都能体会。蒙古人可不同了，他们根本不了解士的地位，也不能用理论来装饰殿廷的庄严。他们起自马上，生活在马上，政府中的臣僚也就军队中的将校，一有过错，拉下来打一顿，打完照旧办事，不论是中央官、地方官，在平时，或是在战时，臣僚挨打是家常便饭，甚至中书省的长官，也有在殿廷被杖的记载。明太祖继元而起，虽然一力"复汉官之威仪"，摒弃胡俗胡化，对于杖责大臣这一故事，却习惯地继承下来。著名的例子，被杖死的如亲侄大都督朱文正，工部尚书薛祥，永嘉侯朱亮祖父子，部曹被廷杖的如主事茹太素。从此殿陛行杖，习为祖制。正德十四年（1519）以南巡廷杖舒芬等百四十六人，死者十一人。循至方面大臣多毙杖下，幸而不死，犯公过的仍须到官办事，犯私仇者再下诏狱处死。至于前期和后期廷杖之不同，是去衣和不去衣。沈德符说："成化以前诸臣被杖者皆带衣裹毡，不损肤膜，然犹内伤困卧，需数旬而后起，若去衣受笞，则始于逆瑾用事，明贤多死，今遂不改。"廷杖的情形，据艾穆所说，行刑的是锦衣官校，监刑的是司礼监："司礼大珰数十辈捧驾帖来，首喝曰带上犯人来，每一喝则千百人一大喊以应，声震甸服，初喝跪下，宣驾帖杖吾二人，着实打八十棍，五棍一换，总之八十棍换十六人。喝着实打，喝打阁上棍，次第凡四十六声，皆大喊应如前首喝时，喝阁上棍者阁棍在股上也。杖毕喝踩下去，校尉四人以布袱曳之而行。"天启时，万燝被杖死的情形樊良材撰《万忠贞公传》说："初燝劾魏珰疏上，珰恚甚，矫旨廷杖一百，褫斥为民。彼一时也，缇骑甫出，群聚蜂拥，绕舍骤禽，饱恣拳棒，摘发捉肘，拖沓摧残，曳至午门，已无完肤。迨行杖时，逆珰领小竖数十辈奋袂而前，执金吾（锦衣卫指挥使）止之曰留人受杖，逆珰瞋目监视，倒杖张威，施辣手而甘心焉。杖已，血肉淋漓，奄奄待尽。"

廷杖之外，还有立枷，创自刘瑾，锦衣卫常用之："其重枷头号者至三百斤，为期至二月，已无一全。而最毒者为立枷，不旬日必绝。偶有稍延者，命放低三数寸，则顷刻殒矣。凡枷未满期而死，则守者掊土掩之，俟期满已请，始奏闻领埋，若值炎暑，则所存仅空骸也，故谈者谓重于大辟云。"

诏狱、廷杖、立枷之下，士大夫不但可杀，而且可辱，君臣间的距离愈来愈远，"天皇圣明，臣罪当诛"，打得快死而犹美名之曰恩谴，曰赐杖，礼貌固然谈不到，连主奴间的恩意也因之荡然无存了。

三

厂卫之弊，是当时人抗议最最集中的一个问题，但是毫无效果，并且愈演愈烈。著例如商辂《请革西厂疏》说："今日伺察太繁，法令太急，刑网太密，官校提拿职官，事皆出于风闻，暮夜搜检家财，初不见有驾帖，人心汹汹各怀疑畏。内外文武重臣，托之为股肱心膂者也，亦皆不安于位。有司庶府之官，资之以建立政事者也，举皆不安于职，商贾不安于市，行旅不安于涂，士卒不安于伍，黎民不安于业。"在这情形下，任何人都有时时被捕的危险。反之，真是作恶多端的巨恶大憝，只要能得到宫廷的谅解，更可置身法外。《明史·刑法志》说："英宪以后，钦恤之意微，侦伺之风炽，巨恶大憝，案如山积，而旨从中下，纵不之问。或本无死理，而片纸付诏狱，为祸尤烈。"明代二祖设立厂卫之本意，原在侦察不轨，尤其是注意官吏的行动。隆庆中刑科给事中舒化上疏只凭表面事理立论，恰中君主所忌，他说："朝廷设立厂卫，所以捕盗防奸细，非以察百官也。驾驭百官乃天子之权，而奏劾诸司责在台谏，朝廷自有公论。今日暗访之权归诸厂卫，万一人非正直，事出冤诬，是非颠倒，殃及善良，陛下何由知之？且朝廷既凭厂卫，厂卫必委之番役，此辈贫贱，何所不至！人心忧危，众目睚眦，非盛世所宜有也。"

至于苛扰平民，则更非宫廷所计及，杨涟劾魏忠贤二十四大罪疏，其中曾特别指出："东厂原以察奸细，备非常，非扰平民也。自忠贤受事，鸡犬不宁，而且直以快恩怨，行倾陷，片语违，则驾帖立下，造谋告密，日夜未已。"甚至在魏忠贤失败以后，厂卫的权力仍不因之动摇，刘宗周上疏论其侵法司权限，讥为人主私刑。他说："我国家设立三法司以治庶狱，视前代为独详，盖曰刑部所不能决者，都察院得而决之，部院所不能平者，大理寺得而平之，其寓意至深远。开国之初，高皇帝不费重典以惩巨恶，于是有锦衣之狱。至东厂缉事，亦国初定都时偶一行之于大逆大奸，事出一时权宜，后日遂相沿而不复改，得与锦衣卫比周用事，致人主有私刑。自皇上御极以后，此曹犹肆罗织之威，日以风闻事件上呈睿览，辇毂之下，人人重足。"结果是："自厂卫司缉访而告奸之风炽，自诏狱及士绅而堂廉之等夷，自人人救过不给而欺罔之习转盛，自事事仰承独断而谄谀之风日长，自三尺法不伸于司寇而犯者日众。"

厂卫权威日盛，使厂卫二字成为凶险恐怖的象征，破胆的霹雳，游民奸棍遂假为恐诈之工具，京师外郡并受荼毒，其祸较真厂卫更甚。崇祯四年（1631）给事中徐荣国《论厂卫疏》力举例证说："如绸商刘文斗行货到京，奸棍赵瞎子等口称厂卫，捏指漏税，密擒于崇文门东小桥庙内，诈银二千余两。长子县教官，推升县令，忽有数棍拥入其寓内，口称厂卫，指为营干得来，诈银五百两。山西解官买办黑铅照数交足，众棍窥有余剩在潞妯铺内，口称厂卫，指克官物，捉拿王铺等四家，各诈银千余两……蓟门孔道假侦边庭，往来如织……至于散在各衙门者，借口密探，故露踪迹之，遂相沿为例而莫可问。"崇祯十五年（1642）御史杨仁愿疏《论假番及东厂之害》说："臣待罪南城，所阅词讼多以假番故称冤，夫假称东厂，犹害如此，况其真乎？此由积重之势然也。所谓积重之势者，功令比较事件，番役每悬价以买事件，受买者至诱人为奸盗而卖之。番役不问其从来，诱者分利去矣。挟忿首告，诬以重法，挟者志无不逞矣。伏愿宽东厂事件而后厂之比较可缓，东厂之比较缓而番役之买事件与卖事件者俱可息，积重之势庶可稍轻。"抗议者的理由纵然充分到极点，也不能消除统治者孤立自危的心理。《明史》说："然帝（思宗）倚厂卫益甚，至亡国乃已。"

第二编

古代官僚体系的运作内幕——政治成败的关键

治人与法治

历史上的政治家经常提到的一句话是："有治人，无治法。"意思是徒法不足以为治，有能运用治法的治人，其法然后足以为治。法的本身是机械的，是不能发生作用的，譬如一片沃土，辽阔广漠，虽然土壤是十分宜于种植，气候也合宜，假如不加以人力，这片地还是不能发生生产作用。假如利用这片土地的人不是一个道地有经验的农人，一个种植专家，而是一个博徒，游手好闲的纨绔子弟，一曝十寒，这片地也是不会有好收成的。反之，这块好地如能属于一个勤恳精明的老农，有人力，有计划，应天时，顺地利，耕耨以时，水旱有备，丰收自然不成问题。这句话不能说没有道理，就历史的例证看，有治人之世是太平盛世，无治人之世是衰世乱世。因之，有些人就以之为口实，主张法治不如人治。

反之，也有人主张："有治法，无治人。"法是鉴往失，顺人情，集古圣先贤遗教，全国聪明才智之士的精力，穷研极讨所制成的。法度举，纪纲立，有贤德的领袖固然可以用法而求治，相得益彰，即使中才之主，也还可以守法而无过举。法有永久性，假定是环境不变的时候，法也有伸缩性，假定环境改变了，前王后王不相因，变法以合时宜，所以成后王之治，法之真精神、真作用即在其能变。所谓变是因时以变，而不是因人以变。至于治人则间世不多得，有治人固然能使世治，但是治人未必能有治人相继。尧舜都是治人，其子丹朱、商均却不肖。晋武帝、宋文帝都是中等的君主，晋惠帝却是个白痴，元凶劭则禽兽之不若。假使纯以人治，无大法可守，寄国家民族的命运于不肖子、白痴、低能儿、枭獍之手，其危险不问可知。以此，这派人主张法治，以法纲纪国家，全国人都应该守法，君主也不能例外。

就人治论者和法治论者所持论点而论，两者都有其颠扑不破的理由，也都有其论据上的弱点。问题是人治论者的治人从何产生，在世业的社会组织下，农之子恒为农，父兄之教诲，邻里之启发，日兹月兹，习与性成，自然而然会成为一个好农人，继承父兄遗业，纵然不能光大，至少可以保持勿失。治人却不同了，子弟长于深宫，习于左右，养尊处优，不辨菽麦，不知人生疾苦，和现实社会完全隔绝。中才以上的还肯就学，修身砥砺，有一点教养，却无缘实习政事，一旦登极执政，不知典故，不识是非，任喜怒爱憎，用左右近习，上世的治业由之而衰，幸而再传数传，一代不如一代，终致家破国灭，遗讯史册。中才以下的更不用说了，溺于邪侈，移于嬖幸，骄悍性成，暴恣自喜，肇成祸乱，身死国危，史例之多，不可胜举。治人不世出，治人之子不必贤，而治人之子却依法非治国不可，这是君主世袭制度所造成的人治论者的致命打击。法治论者的缺点和人治论者一样，以法为治固然是天经地义，问题是如何使君主守法。过去的儒家、法家都曾费尽心力，用天变来警告，用人言来约束，用谏官来谏诤，用祖宗成宪来劝导。可是这些方法只能诱引中才以上的君主，使之守法，对那些庸愚刚愎的下才，就无能为力了。法无废君之条，历史上偶尔有一两个例子，如伊尹放太甲，霍光废昌邑，都是不世出的惊人举动，为后来人所不敢效法。君主必须世袭，而世袭的君主不必能守法，虽有法而不能守，有法等于无法，法治论者到此也技穷而无所措手足了。

这两派持论的弱点到这世纪算是解决了，解决的枢纽是君主世袭制度的废除。就人治论者说，只要有这片地，就可以找出一个最合于开发这片地的条件的治人，办法是选举。选出的人干了几年无成绩或成绩不好，换了再选一个。治人之后必选治人相继，选举治人的全权操在这片地的全数主人手上。法治论者的困难也解决了，由全数主人建立一个治国大法，然后再选出能守法的治人，使之依法管理。这被选人如不守法，可由全数主人的公意撤换，另选一个能守法的继任。以人治亦以法治，治人受治于法，治法运用于治人；由治法而有治人，由治人而励行法治，人治论者和法治论者到此合流了，历史上的争辩告一解决了。

就历史而论，具有现代意义的治法的成文法，加于全国国民的有各朝的法典。法意因时代而不同，其尤著者有唐律和明律。加于治国者虽无明文规定，却有习俗相沿的两句话："国以民为本，民以食为天。"现代的宪法是被治者加于治国者的约束，这两句话也正是过去国民加于治国者的约束。用这两句话来作尺度，衡量历史上的治国者，凡是遵守约束的一定是治人，是治世，反之是敌人，是乱世。这两句话是治法，能守治法的是治人。治人以这治法为原则，一切施政，以民为本，裕民以足食为本，治民以安民为本，事业以国民的利害定取舍从违，因民之欲而欲之，因民之恶而恶之，这政府自然为人民所拥戴爱护，国运也自然炽盛隆昌。

历史上的治人，试举四人作例子说明，第一个是汉文帝，第二是魏太武帝，第三是唐太宗，第四是宋太祖。

汉文帝之所以为治人，是在他能守法和爱民。薄昭是薄太后弟，文帝亲舅，封侯为将军，犯法当死，文帝绝不以至亲曲宥，流涕赐死，虽然在理论上他是有特赦权的。邓通是文帝的弄臣，极为宠幸，丞相申屠嘉以通小臣戏殿上大不敬，召通诘责，通叩头流血不解，文帝至遣使谢丞相，并不因幸臣被屈辱而有所偏护。至于对人民的爱护，更是无微不至，劝农桑，敦孝悌，恭俭节用，与民休息，达到了海内殷富、刑罚不用的境界。

魏太武帝信任古弼，古弼为人忠慎质直，有一次为了国事见太武帝面奏，太武帝正和一贵官围棋，没有理会。古弼等得不耐烦，大怒。起� 揍贵官头，掣下床，搏其耳，殴其背，数说朝廷不治，都是你的罪过。太武帝失容，赶紧说，都是我的过错，和他无干。忙谈正事，古弼请求把太宽的苑囿，分大半给贫民耕种，也满口答应。几月后太武帝出去打猎，古弼留守，奉命把肥马做猎骑，古弼给的全是瘦马，太武帝大怒说："笔头奴敢克扣我，回去先杀他（古弼头尖，太武帝形容为笔头）。"古弼却对官属说，打猎不是正经事，我不能谏止，罪小。军国有危险，没有准备，罪大。敌人近在塞外，南朝的实力也很强，好马应该供军，弱马供猎，这是为国家打算，死了也值得。太武帝听了，叹息说："有臣如此，国之宝也。"过了几日，又去打猎，得了几千头麋鹿，兴高采烈，派人叫古弼征发五百乘民车来运。使人走后，太武帝想了想，吩咐左右曰，算了吧，笔公一定不肯，还是自己用马运吧。回到半路，古弼的信也来了，说正在收获，农忙，迟一天收，野兽鸟雀风雨侵耗，损失很大。太武帝说，果不出我所料，笔公真是社稷之臣。他不但为民守法，也为国执法，以为法是应该上下共守，不可变易，明于刑赏，赏不遗贱，刑不避亲。大臣犯法，无所宽假，节俭清素，不私亲戚，替国家奠定下富强的基础。

唐太宗以武勇定天下，治国却用文治。内举不避亲，外举不避仇。长孙无忌是后兄，王珪、魏徵都是仇敌，却全是人才，一例登用，无所偏徇顾忌。忧国爱民，至公守法。《唐史》记："上以选人多诈冒资荫，敕令自首，不首者死。未几有诈冒事觉者，上欲杀之，大理少卿戴胄奏据法应流。上怒曰，卿欲守法而使朕失信？对曰，敕者出于一时喜怒，法者国家所以布大信于天下也。陛下忿选人之多诈，故欲杀之，而即知其不可，复断之以法，此乃忍小忿而全大信也。上曰，卿能执法，朕复何忧。"又："安州都督吴王恪数出畋猎，颇损居人，侍御史柳范奏弹之，恪坐免官，削户三百。上曰，长史权万纪事吾儿，不能匡正，罪当死。柳范曰，房玄龄事陛下，犹不能止畋猎，岂得独罪万纪。上大怒，拂衣而入。久之，独引范谓曰：何面折我！对曰，陛下仁明，臣敢不尽愚直？上悦。"前一事他能捐一时之喜怒，听法官执法。后一事爱子犯法，也依法削户免官，且能容忍侍臣的当面折辱。法平国治，贞观之盛的基础就建筑在守法这一点上。

宋太祖出身于军伍，也崇尚法治，《宋史》记："有群臣当迁官，太祖素恶其人，不与。宰相赵普坚以为请，太祖怒曰，朕固不为迁官，卿若如何？普曰：刑以惩恶，赏以酬功，古今通道也。且刑赏天下之刑赏，非陛下之刑赏，岂得以喜怒专之！太祖怒甚起，普亦随之。太祖入宫，普立于宫门口，久之不去，太祖卒从之。"皇后弟杀人犯法，依法处刑，绝不宽贷，群臣犯赃，诛杀无赦。

从上引四个伟大的治人的例子，说明了治人之所以使国治，是遵绳于以民为本的治法，治法之所以为治，是在治人之尊重与力行。治人无常而治法有常。治人或不能守法，即有治法的代表者执法以使其就范。贵为帝王，亲为帝子，元舅后弟，宠幸近习，在尊严的治法之下，都必须奉法守法。行法从上始，风行草偃，在下的国民自然兢兢业业，政简刑清，移风易俗，臻于至治了。

就历史的教训以论今日，我们不但要有治法，尤其要有治人。治人在历史上固不世出，在民主政治的选择下，却可以世出继出。治人之养成，选出罢免诸权之如何运用，是求治的先决条件。使有治法而无治人，等于无法，有治人而无治法，无适应时宜的治法，也是缘木求鱼，国终不治。

治人与治法的合一，一言以蔽之，曰实行民主政治。

特权阶级与礼

为了维持统治权的尊严，历代以来，都费心思规定了一大套生活服用的限制，某些人可以如何，某些人不可以如何如何。可以不可以，全凭人的身份来决定。这些决定，美其名曰礼。正史里每一套都有极其啰唆、乏味的礼志，或者舆服志、仪卫志之类，看了叫人头痛。其实说穿了，正有大道理在。原来上帝造人，极其平等，虽然有高矮肥瘦白黑美丑之不同，原则上，作为具备"人"的条件却是相同的。不管你是地主或农奴，皇帝或小兵，都有鼻子眼睛，都有牙齿耳朵，也都有两条腿，以及其他的一切。脱了衣服，大家都光着身子，一切的阶级区别便会荡然无存。没有穿衣服的光身皇帝，在大街上捡一块破蒲包，遮着身子，立刻变成叫花子。因之，一些特殊的人物为了矫正这天然的平等，便不能不用人为的方式来造成不平等。用衣服冠履，用宫室仪卫，来造成一种尊严显赫以至神秘的景象。使另外一些人感觉不同，感觉异样，以至感觉羡慕、景仰，以为统治者果然是另一种人，不敢生非分之想，一辈子，而且子子孙孙做奴才下去。如此，天下便太平了。

平心而论，做一个皇帝，戴十二旒的冕，累累赘赘地拖着许多珠宝，压得头昏脑涨，穿的又是五颜六色，多少种名目。

上朝时规规矩矩坐在大殿正中死硬正方或长方的蟠龙椅上，实在不舒服。不能随便出门，见人也得板着脸孔，不能随便说笑。作为一个自由人的可爱可享乐处，他都被剥夺了。然而，他还是要耍这一套，为的是，他除开这一套，脱了衣服，他只是一个普普通通的上帝所造的人。

礼乎礼乎，衣服云乎哉，礼乎礼乎，宫室云乎哉！

明白了这一点，就可以明白如今不管什么机关，即使是什么部的什么局的第几军需处的第几服装厂的第几针织部，门口都有一个荷枪的士兵在守卫着的缘故了。

明白了这一点，也就可以明白古代许多陵，埋死人的坟，为什么花这么多钱的理由；也可以明白在北平在上海，阔人们的大出丧，以至公务人员没七天都要做的那一套，以至看电影前那一些不和谐的情调的由来了。

说士

现代词汇中的"军人"一词，在古代叫作士，士原来是又文又武的，文士和武士的分立，是唐以后的事。

在春秋时代，金字塔形的统治阶级，王诸侯大夫以下的阶层就是士，士和以上的阶层比较，人数最多，势力也最大。其下是庶民和奴隶，是劳动者，是小人，应该供养和侍候上层的君子。王诸侯大夫都是不亲庶务的，士介在上下层两个阶级之间，受特殊的教育，在平时是治民的官吏，在战时是战争的主力。就上层的贵族阶级说，是维持治权的唯一动力，王诸侯大夫如不能得到士的支持，不但政权立刻崩溃，身家也不能保全。就下层的民众说，士又是庶政的推动和执行人，他们当邑宰，管理租赋，审判案件（以此，士这名词又含有司法官的意义，有的时候也叫作士师）。维持治安，当司马管理军队，当贾正管理商人，当工正管理工人，和民众的关系最为密切，因之又惯常和民众联在一起。就职业的区分，士为四民之首，其下是农工商。再就教育的程度和地位说，士和大夫最为接近，因之士大夫也就成为代表相同的教育程度和社会地位的一个专门名词。

士在政治上社会上负有特殊任务，在四民中，独享教育的特权。为着适应士所负荷的业务，课程分作六种，称为六艺：礼、乐、射、御、书、数。内中射、御是必修课，其他四种次之。射是射箭和战争技术的训练，御是驾车，在车战时代，这一门功课也是非常重要的。礼是人生生活的规范，做人的方法，礼不下庶人，在贵族社会中，是最实际的处世哲学。乐是音乐，是调剂生活和节制情感的工具，士无故不辍琴瑟。孔子在齐闻韶，三月不知肉味的故事，正可以代表古代士大夫对于音乐的爱好和欣赏的能力。奏乐时所唱的歌词是诗，在外交或私人交际场合，甚至男女求爱时，都可以用歌词来表达自己的意思，这些诗被记录下来，保存到现在的叫《诗经》。书是写字，数是算数，要当一个政府或地方官吏，这两门功课也是非学不可的。

士不但受特殊的教育训练，也受特殊的精神训练。过去先民奋战史迹，临难不惧，见危授命，牺牲小我以保全邦国的可歌可泣的史诗，和食人之禄忠人之事的理论，深深映入脑中。在这两种训练下，养成了他们的道德观念！——忠，忠字的意义是应该把责任看得重于生命，荣誉重于安全，在两者发生冲突时，毫不犹豫牺牲生命或安全，去完成责任，保持荣誉。

在封建时代，各国并立，士的生活由他的主人诸侯或大夫所赐的天地维持，由于这种经济关系，士只能效忠主人。到了秦汉的统一的大帝国成立以后，诸侯大夫这一阶层完全消灭，士便只属于君主与国家，忠的对象也自然转移到对君主对国家了。士分为文武后，道德观念依然不变，几千年以来的文士和武士，轰轰烈烈，为国家为民族而战争，而流血，而牺牲，不屈不挠，前仆后继，悲壮英绝的事迹，史不绝书。甚至布衣白丁，匹妇老妪，补锅匠，卖菜佣，乞丐妓女，一些未受教育的平民百姓，在国家危急时，也宁愿破家杀生，不肯为敌人所凌辱。这种从上到下，几千年来的一贯信念，是我国的立国精神，是我中华民族始终昂然永存，历经无数次外患而永不屈服，终能独立自主的真精神。

士原来受文事武事两种训练，平时治民，战时治军，都是本分。春秋时代列国的卿大夫，一到战时便统帅军队作战，前方后方都归一体（晋名将郤縠以敦诗书礼乐见称，是个著例）。到战国时代，军事渐趋专业化，军事学的著作日益增多，军事学家、战术家、战略家辈出，文官和军人渐渐开始分别，可是像孟尝君、廉颇、吴起等人，也还是出将入相，既文且武。汉代的大将军、车骑将军、前将军、后将军都是内廷重臣，遇有征战时，将军固然应该奉命出征，外廷的大臣如御史大夫和九卿也时常以将军号统军征伐。而且文武互用，将军出为外廷文官，外廷文臣改为将军，不分畛域。末年如曹操、孙权都曾举孝廉，曹操横槊赋诗，英武盖世，诸葛亮相蜀，行军时则为元帅。虽然有纯粹的职业军人如吕布、许褚之流，纯粹的文人如华歆、许靖之流，在大体上仍是文武一体。一直到唐代的李林甫当国以前，还是边帅入为宰相，宰相出任边帅，内外互用，文武互调。

李林甫做宰相以后，要擅位固宠，边疆将帅多为胡人。胡人不识汉字，虽然立功，也只能从军阶爵邑上升迁，不能入主中枢大政。从此，文武就判为两途。安史乱后的郭子仪，奉天功臣李晟，虽然名义上都是宰相，都是汉人，都通文义，却并不与闻政事，和前期李靖、李勣出将入相的情形完全不同了。经过晚唐五代藩镇割据之乱，宋太祖用全力集权中央，罢诸将军权，地方守令都以文士充任，直隶中枢，文士治国，武士作战，成为国家用人的金科玉律。由之文士地位日高，武士地位日低，一味重文轻武的结果，使宋朝成为历史上最不重武的时代。仁宗名将狄青南北立功，做了枢密使，一些文士便群起攻击，逼使失意而死。南宋初年的岳飞致力恢复失地，也为宰相秦桧所诬杀。文武不但分途，而且成为对立的局面。明代文武的区分更是明显，文士任内阁部院大臣，武士任官都督府卫所。遇着征战，必以文士督师，武士统军陷阵。武士即使官为将军总兵，到兵部辞见时，对兵部尚书必须长跪。能弯八石弓，不如识一丁字，一般青年除非科举无望，岂肯弃文就武。致武士成为只有技勇膂力而无智识教养的人，在社会上被目为粗人，品质日低，声誉日降，偶尔有一两个武士能通文翰吟咏，使群相惊诧，以为儒将。偶尔有一两个武士发表对当前国事的意见，便群起攻击，以为干政。结果武士自安于军阵，本来无教养学识的，以为军人的职责只是作战，不必求学识。这种心理的普遍化，使上至朝廷，下至闾巷，都以武士不文为当然，为天经地义。武士这名词省去了下一半，武而不士，只好称为武人了。

近百年来的外患，当国的文士应该负责，作战的武士，亦应该负责。七年来的艰苦作战，文士不应独居其功，大功当属于前线流血授命的武士。就史实所昭示，汉唐之盛之强，宋明之衰之弱，士的文武合一和分立，殆可解释其所以然。古代对士的教育和训练，应加以重视，尤其应该着重道德观念——对国家对民族尽责的精神的养成。提高政治水准，为什么而战和有所不为，彻头彻脑明白战争的意义。要提高士的社会地位，必须文事和武事并重，必须政治水准和社会地位提高，这是今后全国所应全力以赴的课题。

"社会贤达"考

"社会贤达"这一名词是颇为有趣的，仔细想想，会使人好笑。因为，第一，似乎只有在社会上才有贤达，那么，在政府里的诸公算是什么呢？第二，社会"贤达"如王云五先生之流者居然做了官了，人不在社会而在政府，上面两字安不上，下面"贤达"两字是不是也跟着勾销呢？如虽入政府而仍为"贤达"，何以并没有创立"政府贤达"这一名词呢？第三，"社会"这一词的定义，到底算是和政府的对称呢，还是民间和政府的桥梁呢？如是前者，有几位"贤达"身在江湖，心悬魏阙，和政府本是一家，强冠以"社会"之谥，未免牛头不对马嘴。如是后者，干脆叫半官或次官好了，用不着忸怩作态，害得有几位贤达在若干场合"犹抱琵琶半遮面"，好不难为情也。

不管怎样，这一名词已经成为历史的了。有历史癖的我，很想做一番历史上"社会贤达"的考据，替许多未来的新贵找一历史的渊源。

想了又想，历史上实在没有"社会贤达"这东西。勉强附会，以"贤达"而得官，或虽为"贤达"而毕生志业仍在做官，甚至闹到喜极而泣，"庙堂初入泪交流"的境界，或则"头在外面"，时蒙召宴垂询之荣，生前可以登报，死后可以刻入墓志铭者，比之于古，其惟"隐士""山人"之流乎？

首先想起的是终南捷径的故事。

《旧唐书》卷九十七《卢藏用传》："卢藏用字子潜，度支尚书承庆之侄孙也。父璥，有名于时，官至魏州司马。藏用少以辞学著称，初举进士选不调，乃著《芳草赋》以见意。寻隐居终南山（新书作与兄微明偕隐终南少室二山），学辟谷练气之术。长安中（701—705）征拜左拾遗……景龙中（707—709）为吏部侍郎。藏用性无挺特，多为权要所逼，颇坠公道。又迁黄门侍郎，兼昭文馆学士，转工部侍郎尚书右丞。先天中（712）坐托附太平公主，配流岭表（新书作附太平公主，主诛，玄宗欲捕斩藏用，顾未执政，意解，乃流新州）。开元初起为黔州都督府长史兼判都督事，未行而卒（新书作卒于始兴）。藏用工篆隶，好琴棋，当时称为多能之士（新书作藏用善蓍龟九宫术，工草隶大小篆八分，善琴，弈思精远，士贵其多能）。然初隐居之时，有贞俭之操，往来于少室终南二山，时人称为随驾隐士。及登朝，趋赶诡佞，专事权贵，奢靡淫纵，以此获讥于世。"（新书作："始隐山中时，有意当世，人目为随驾隐士。晚乃拘权利，务为骄纵，素节尽矣。司马承祯尝召至阙下，将还山，藏用指终南曰，此中大有嘉处，承祯徐曰，以仆视之，仕宦之捷径耳！藏用惭。"）

这故事是非常现实的。叔祖做过大官，父亲也做地方小官，学会了诗词歌赋，又会卜卦算命写字，加上琴呀，棋呀，样样都会，够得上是名士了。偏偏官星不耀，做不了官，于是写一篇赋，自比为芳草，哀哀怨怨，搔首弄姿，怪没有识货的来抬举。

不料还是白操心，于是只好当隐士了。隐得太远太深，怕又和朝堂脱了节，拣一个靠近长安的，"独上高山望帝京"。再拣一个靠洛阳的，以便皇帝东幸时跟着走。"随驾隐士"一词实在妙不可言，其妙相当于现在的上海和庐山，两头总有一个着落。隐了几年，跟了几年，名气有了，盛朝圣世是应该征举遗逸的，于是得了"社会贤达"之名而驰马奔命，赶进京师"初入朝堂"了。

苦了几年，望了几年，不料还是小官，于是只好奔走权贵，使出满身解数，巴上了太平公主，从此步步高升，要不是闹政变，眼见指日拜相执政了。

临了，被司马承祯这老头开了一个玩笑，说终南山是仕宦捷径。其实卢藏用也真不会在乎，他不为仕宦，又上终南山去则甚？编《旧唐书》的史官，也太过糊涂了，似乎他以为卢藏用在作"随驾隐士"时颇有贞俭之操，到做了官才变坏，其实并不然。反之，"趦趄诡佞，专事权贵，奢靡淫纵"，才是他的本性。在山中的"贞俭"是无可奈何的，试问在山中他不贞俭，能囤积松木、泉水不成？而且，如不贞俭，又如何能得社会贤达之名，钻得进朝堂去？

从这一历史故事看，"社会贤达"一词和"终南捷径"正是半斤八两，铢两悉称。

卢藏用这一招灵了，到宋朝种放也照样来一套。

《宋史》卷四五七《种放传》："种放名逸，河南洛阳人也。……每往来嵩华间，慨然有山林意。……独放与母俱隐终南豹林谷之东明峰，结草为庐，仅庇风雨。以讲习为业，从学者众，得束脩以养母。母亦乐道，薄滋味……粮糗乏绝，止食芋粟……自豹林抵州郭七十里，徒步与樵人往返。"可见他原来是穷苦人家。可是到了隐居成名，又做大官，又兼隐士的差的时候，便完全不同了。"太宗嘉其节，诏京兆赐以缗钱，使养母不夺其志，有司岁时存问。咸平元年（998）母卒，诏赐钱三万，帛三十匹，米三十斛以助其丧。四年……赍装钱（旅费）五万……赐帛百匹，钱十万。又赐昭庆坊第一区，加帷帐什物，银器五百两，钱三十万。还山后仍特给月奉。"钱多了，立刻成大地主，《宋史》说他："……晚节颇饰舆服，于长安广置良田，岁利甚博。亦有强市者，遂至争讼。门人族属，依倚恣横。徙居嵩山，犹往来终南，按视田亩，每行必给驿乘，在道或亲诟驿吏，规算粮具之直。"简直是个土豪劣绅了。

种放之移居嵩山，是被当地地方官王嗣宗赶走的。《宋史》卷二百八十七《王嗣宗传》："嗣宗知永兴军府（长安）。时种放得告归山，嗣宗逆于传舍，礼之甚厚。放既醉，稍倨。嗣宗怒，以语讥放。放曰，君以手博得状元耳，何足道也！初嗣宗就试讲武殿，搏赵昌言帽擢首科，故放及之。嗣宗愧恨，因上疏言，所部兼并之家，侵渔众民，凌暴孤寡，凡十余族，而放为之首。放弟侄无赖，据林麓樵采，周回二百余里，夺编氓厚利。愿以臣疏下放。赐放终南田百亩，徙放嵩山。疏辞极于诟辱，至目放为魑魅。真宗方厚待放，令徙居嵩阳避之。"嗣宗极为高兴，把他生平所做的事——掘邠州狐穴，发镇州边肃奸贼，和徙种放为除三害。

种放比卢藏用高明的地方，是又做大官，又保留隐士的身份。他的老朋友陈尧叟在朝执政，陈家是大族，脚力硬，想做官时求陈尧叟向皇帝说一声，来一套征召大典，风风光光去做官。过一阵子又说不愿做官了，还是回山当隐士。于是皇帝又大摆送行宴，送盘缠服装。到山后，地方官还奉命按时请安，威风之至。再过一阵子，官瘾又发了，又回朝，隔一晌又还山。反正照样拿薪水，并不折本。而且，还山一次再回朝，官就高一次，又何乐而不为！凑上宋真宗也是喜欢这一套，弄个把隐士来点缀盛世。一唱一和，大家都当戏作，这中间只害了老实人王嗣宗，白发一顿脾气。

从这一历史故事看，做官和做隐士并不冲突，而且相得益彰。当今的社会贤达，已经上了戏台的和正在打算上戏台彩排的，何妨熟读读此传，隔天下台了，还可以死抱住"社会贤达"的本钱不放，哇啦啦大喊，一为社会贤达，生死以之，海可枯，石可烂，此名不可改。

言官与舆论

清同治四年（1865），方宗诚在《光禄大夫吏部右侍郎王公（茂荫）神道碑》中曾指出咸丰朝的政治情形说：

时天下承平久，吏治习为粉饰因循，言官习为唯阿缄默，即有言多琐屑，无关事务之要。其非言官，则自以为吾循分尽职，苟可以寡过，进秩而已，视天下事若无与于己而不敢进一词，酿为风气，军国大事，日即于颓坏而莫之省。

言官是过去历史上一种特殊制度，代表着士大夫——统治集团的舆论，专门照顾主子和这一集团的共同利益。从旧制度崩溃以后，代替皇帝做主子的是人民，代替言官任务的是报纸，对象改变了，自然，报纸所发表的舆论应该是照顾人民的利益。然而，今天的情况依然和咸丰朝一样，方宗诚的记载依然适合，试转为今典：

时天下乱久，吏治习为粉饰因循，官与民争利，军需民为卫，幅壤日窄，而衙署日多，诛求之术，日精月进。桔梏之法，如环无端，钞币日增，民生日困，而报章习为唯阿缄默，巧为圆融传衍之说，即有言多琐屑，无关事务之要。其甚者则移于赇赂，惕于刑诛，不惜自绝于民。以逢迎弥缝诏媚摇尾应声之态，为妻子儿女稻菽衣食之谋。敷粉弄姿，恬不知廉之为何物。其非任言责者，则自以为吾循分安命，明哲保身，俯仰随人，沉浮自适，视国家民族几若无与于己，拔一毛而不为，不愿进一言，不敢进一词，酿为风气，军国大事，日即于颓坏而不之省。呜呼！

冗兵冗吏

北宋这一个时代，就内政说，算是比较像样子的，有见识的政治家都能有充分的言论自由批评政府，指摘的题目之一是冗兵冗吏。

至道三年（997），有一个在政治上失势，被赶到外郡去的地方官，知扬州王禹偁写信给皇帝，指出冗兵冗吏的弊端说："过去三十年间的一切，就我所亲见的说，国初疆域，东未得江浙福建，南未得两湖两广，国家财赋收入不多；可是北伐山西，御契丹，财政不困难，兵威也强，道理在哪里？明白得很，第一，常备兵精而不多；第二，所用的大将专而不疑。其后，尽取东南诸国，山西也收复了，土地增加，收入增加，可是财政反而困难，兵威反而不振，道理在哪里？也明白得很，第一，常备兵多而不精；第二，所用的大将也多而不专。如今的办法，要国富兵强，只有学以前的办法，采用精兵主义，委任好将官，用全国的财力，培养数目不大的精兵，国富兵强自然不成问题。"

接着他举出冗官的实例，他说："我是山东济上人，记得未中进士时，地方只有刺史一人，司户一人，十年以来，政府不曾添过人，地方上也没有什么事办不了。以后又添了一个团练推官。到我中进士回乡时，除了刺史，又有通判，有副使，有判官，有监库，有司理，管卖酒收税的又有四个官，衙门天天增加，官的数目自然也多，可是算算地方收入，比过去反而减少，逃亡的人民呢，反而比过去增多。一州如此，全国可知，冗吏在上消耗，冗兵在下消耗，两头吃国家，国家如何能不穷！"

五十年后，户部副使包拯也告诉皇帝说："五十年前文武官的总数九千七百八十五员，现在是一万七千三百余员，这数目不包括未管差遣京官使臣和候补官在内。比五十年前增加了一倍。全国州郡三百二十，县一千二百五十，平均算来，照定额不过五六千个官就够办事，如今的数目恰好多了三倍。而且三年一开贡举，每次考取二千多人，再加上中央机关的小吏，加上大官的儿孙荫序，再加上出钱买官的，总共算来，逐年增加的新官又不止三倍！做官的一天天增多，种田的一天天减少，国家如何能不穷，民力如何能不竭！"

在承平时代，有如此公开的指摘，过了九百年，到了我们的时代，有史以来国难最严重的时代，我们读了这两个文件，有点惘然！

乡绅

见任官作恶于外，乡绅——乡官和绅衿——则作恶于乡里。赵翼曾说：前明一代风气，不特地方有司私派横征，民不堪命。而缙绅居乡者亦多倚势恃强，视细民为鱼肉，上下相护，民无所控诉也。

在农业社会的家族集团之下，乡绅的身份不但是荫及子孙，并且荣及祖考，一人及第，举族登天。其所以敢于作恶，第一，因为他们是统治阶级的中坚分子，有法律上的特殊而且多方面的保障。第二，因为乡官多半是显宦，他的政治地位必然高于地方守令，举、贡、生员则为将来之显宦，地方官也不敢或不愿得罪。谢肇淛论吏治与巨室说：今之仕者，宁得罪于朝廷，无得罪于官长；宁得罪于小民，无得罪于巨室。得罪朝廷者，竟冒批鳞之名；得罪于小民者，可施弥缝之术。惟官长、巨室，朝忤旨而夕报罢矣。欲吏治之善，安可得哉！赵南星也说：夫吏于士者，不过守令。而乡官之中多大于守令者，是以乡官往往凌虐平民，肆行吞噬，有司稍稍禁戢，则明辱暗害，无所不至。第三，明人重年谊和乡谊，科举的同榜构成师生和同年的政治关系，同一乡里则又构成同乡关系。这两种关系在政治上的表现，是党争；在地方的反映，是利用在朝的座主、同年、同乡来控制地方守令，使其顾惜前途，不敢加以钤制。尤其是父兄或子弟在朝的乡绅，更是势焰熏赫，奴使守令，成为地方政府的太上政权。

乡绅作恶于乡里，方面很多。第一是包揽词讼，嘱托官府。举例说：永乐二十年（1422）八月壬寅，皇太子谓吏部、刑部、都察院臣曰：比年各处闲吏群聚于乡，或起灭词讼，扰揽官府，虐害平民，为患不少。

陶奭龄记：今寒士登第……谒选之官……及其罢官归休，则恣横于乡党，居间请托，估计占夺，无所不至，安得国有廉吏，乡有端人？

刘宗周《责成巡方职掌疏》说：江南冠盖辐辏之地，无一事无绅衿孝廉把持，无一时无绅衿孝廉嘱托，有司惟力是视，有钱者生。且亦有苹起琐亵，而两造动至费不资以乞居间之牍，至辗转更番求胜，皆不破家不已。甚至或径行贿于问官，或假抽丰于乡客，动盈千百，日新月盛。

顾公燮记明季缙绅云：明季缙绅……尤重师生年谊，平昔稍有睚眦，即嘱抚按访挐。甚至门下之人，遇有司对簿将刑，豪奴上禀主人呼唤，立即扶出，有司无可如何。其他细事，虽理曲者亦可以一帖弭之。

甚至以理学自命，正襟危坐者，也要干涉官府，艾南英《复陈怡云公祖书》：敝乡理学之盛，无过吉安。嘉隆以前，大概质行质言，以身践之。近岁自爱者多，而亦不无仰愧前哲者。田土之讼，子女之争，告讦把持之风，日有见闻，不肖视其人皆正襟危坐以持论相高者也。

第二是隐庇徭役，靠损小民。顾亭林说：天下之病民者有三：曰乡官，曰生员，曰吏胥，是三者法皆得以复其户而无杂泛之差，于是杂泛之差乃尽归于小民。今之大县至有生员千人以上者，比比也。且如一县之地有十万顷，而生员之地五万，则民以五万而当十万之差矣。一县之地有十万顷，而生员之地九万，则民以一万而当十万之差矣。民地愈少，则诡寄愈多；诡寄愈多，则民地愈少，而生员愈重。富者行关节以求为生员，而贫者相率而逃且死。故生员之于其邑人，无丝毫之益，而有丘山之累。然而一切考试科举之费，犹皆派取于民，故病民之尤者生员也。

钱谦益《谭公墓志铭》：吴中士大夫……田连阡陌，受请寄，避繇役，贻累闾里。

至于一般地主，子弟太不成才，无法进学校，则以金钱营充中外各机关吏役。英宗正统七年（1442）应天府尹李敏奏：本府上元、江宁二县富实丁多之家，往往营充钦天监、太医院阴阳、医生，各公主府坟户，太常、光禄二寺厨役及女户者。一户多至一二十丁，俱避差役，负累小民。或审名府县为隶卒：奸民避役者，率役司府为隶卒，主者纳其赂而庇之。多者百余人，少者亦七八十人。

第三是豪夺田宅，有同白著，试以英宗朝事为例：正统元年（1436）十月戊寅，命监察御史李彝、于奎往南京，赐之敕曰：比者南京有等权豪之人，不畏公法，侵凌军民，强夺田亩，占据市肆，隐匿军囚，种田看庄小人依附为非，良善被其扰害。彝等廉得中官外戚所占田地六万二千三百五十亩。房屋一千二百二十八间。

景泰二年（1451）户部所议宽恤条例中说：顺天、河间等府县地土，多被官豪朦胧奏讨，及私自占据，或为草场，或立庄所，动计数十百顷，间接小民纳粮地亩，多被占夺，岁赔粮草。

成化十年（1474）蒋琬上言：大同、宣府诸塞腴田无虑数十万，悉为豪右所占。畿内八府良田半属势要家，佃民失业。

弘治（1488—1505）时外戚王源占夺民产至二千二百余顷：外戚源赐田初止二十七顷，乃令其家奴别立四至，占夺民产至二千二百余顷。及贫民赴告，御史刘乔徇情曲奏，致源无忌惮，家奴益横。

世宗时夏言《奉敕勘报皇庄及功臣国戚田土疏》说：近年以来，皇亲侯伯凭借宠昵，奏讨无厌，而朝廷眷顾优隆，赐予无节，其所赐地土多是受人投献，将民间产业夺而有之。如庆阳伯受奸民王政等投献，奏讨庆都、清苑、清河三县地五千四百余顷。如长宁伯受奸民魏忠等投献，奏讨景州东光等县地一千九百余顷。如指挥金事沈傅、吴让受奸民马仲名等投献，奏讨沧州静海县地六千五百余顷，以致被害之民，构讼经年，流离失所，甚伤国体，大失人心。

景恭王于嘉靖四十年（1561）之国，多请庄田，其他土田湖泊侵入者数万顷。潞王在京邸时王店王庄遍畿内，居藩田多至四万顷。福王之国时，诏赐庄田四万顷，中州腴土不足，取山东、湖广田益之，尺寸皆夺之民间，伴读、承奉诸官假履亩为名，乘传出入，河南北齐楚间所至骚动。假如照人口和土地的比率，平均每一小农耕种十亩的话，那明末一个亲王就国，以法令所占夺的田土，够四十万个小农家的生活，再以每家平均五口计算，一亲王夺田四万顷，就有二百万农民饿死。

第四是擅役乡民，广兴造作。例如武宗朝之焦芳：芳居第宏丽，役作劳数郡。松江之钱尚书：松江钱尚书治第，多役乡人，砖甓亦取给于役者。有老佣后至，钱责之，对曰：某担自黄瀚坟，路远故迟耳。钱益怒，答曰：黄家坟亦吾所筑，其坟亦取自旧冢，勿怪也。

世宗朝之严世蕃：世蕃得罪后，与罗龙文日诽谤时政，其治第役众四千。

第五是营放收息，重利盘剥。方孝孺记：洪武初，宁海及邻县饥，里中富人以麦贷贫乏者，每斗责谷二斗三升，乘时取倍获之息。

成祖朝宗室有以取息虐民遭戒敕者：永乐十年（1412）敕靖江之辅国将军赞亿曰：监察御史言尔交通卫卒，以钱货民，多取利息，至系人妻孥，逼胁鬻居以偿所负，国家旧制四品以上官不得与民争利，汝宗室之亲，乃恣肆如此乎？

宣宗朝政府且指出高利贷为贫民流移之一因：宣德五年（1430）九月戊申，上谕掌行在户部事兵部尚书张本曰：闻各处细民，多因有司失于抚宇，及富豪之家施贷取息过虐，以致贫窘，流移外境。

英宗朝至重申权豪势要违例收息之禁：正统五年（1440）四月乙未，严违例收息之禁。先是驸马都尉石璟家奴诉领璟银钞借与卫军，取索不还，乞为追理。上命行在户部检例言，洪武旧制,凡公侯内外文武四品以上官不得放债。永乐中亦尝禁约。今璟家奴放债而欲官追,于法有违。上命行在都察院执问惩治,仍揭榜申明旧制,严加禁约,有权豪势要仍前故违,及有司听嘱同害百姓者俱罪不宥。

但此禁例,亦显然只是具文,观下引一事可知:(外戚)孙忠家奴贷子钱于滨州民,规利数倍。有司望风奉行。民不堪,诉诣朝,言官交章劾之,命执家奴戍边,忠不问。

至各地方则更毫无忌惮,以为兼并蚕食之手段:正统十三年(1448)六月甲申,浙江按察使轩言:各处豪民私债,倍取利息,至有奴其男女,占其田产者,官府莫敢指斥,小民无由控诉。

小民无力偿纳,往往破产,吴宽记:民岁漕粟输纳多不足,豪家利以金贷,比比破产。或则以田产典质,无力取赎,产去而税存:正统元年(1436)六月戊戌,湖广辰州府沅陵县奏:民多因赔纳税粮,充军为事贫乏,将本户田产,典借富人钱帛,岁久不能赎,产去税存,衣食艰难。

或则以房屋抵押,无力取赎,即被没收:正统六年(1441)五月甲寅,直隶淮安府知府杨理言:本府贫民以供给繁重,将屋宅典与富民,期三年赎以原本,过期即立契永卖。以是贫民往往趁食在外,莫能招抚。

或借则以银,而偿则以米,取数倍之息。顾炎武记:日见凤翔之民,举债于权要,每银一两,偿米四石,此尚能支持岁月乎?

政府虽明知有这种兼并情形,也只能通令私债须等丰收时偿还，期前不得追索。可是结果这一仕宦阶级就因此索性不肯借贷，农民在春耕时，修理农具，准备种子，收购肥料，在在需钱。平时则或有疾病死亡，苛税力役，都非钱不办，一遇天灾兵祸，更是一筹莫展。政府不能救济，乡绅地主又拒绝借贷，贫农更是走投无路。政府只好又自动把这法案取消，让地主得有法律上允许的自由兼并的机会：景泰二年（1451）八月癸巳，刑部员外郎陈金言：军民私债，例不得追索，俟丰稔归其本息。以此贫民有急，偏叩富户，不能救济。宜听其理取。从之。

第六是擅抽私税，扰苦商民。宣德八年（1433）顺天府尹李庸言：比奉命修筑桥道，而豪势之家，占据要路，私搭小桥，邀取行人，榷取其利，请行禁革。上曰：豪强擅利至此，将何所不为？命行在都察院揭榜禁约，不悛者具以名闻。

英宗时驸马都尉焦敬至私科商税，为有司举发，奉特旨赦罪：正统元年（1436）十二月甲申，驸马都尉焦敬令其司副李昶于文明门外五里建广鲸店，集市井无赖，假牙行名，诈税商贩者钱，积数十千。又于武清县马驹桥遮截磁器鱼枣数车，留店不遣。又令阁首马进于张家湾溧阳闸河诸通商贩处诈收米八九十石，钞以千计。事觉下刑部，昶等俱引伏。尚书魏源上其罪，请执敬治之。上曰：姑赦敬、昶等，征其赃，人杖八十释之。

宪宗时著令严治，入律正条：成化十五年（1479）七月二十二日节该，钦奉宪宗皇帝圣旨，管庄佃仆人等占守水陆关隘，抽分揞取财物，挟制把持害人的，都发边卫永远充军。钦此！

但到世宗时，犯者仍不过输赎：嘉靖二十年（1541）言官劾勋爵权豪家置店房，科私税。惠安侯张镧亦预，输赎还爵。

第七是经营商业，和民争利，如行商中盐，例如成祖朝之蔡福：永乐八年（1410）十月乙未，行在都察院左副都御史李庆言：公侯都督往往令家人子弟行商中盐，凌轹运司及各场官吏，倍数多支。朝廷申明旧制，四品以上官员之家，不许与民争利。已令罢支，今都督蔡福等妄行奏请，既付于法，其公侯有犯者，亦宜鞫治。上曰：姑勿治。令户部榜谕禁止。

宪宗朝之赵阳：成化十七年（1481）中官赵阳等乞两淮盐十万引，帝已许之。户部左侍郎潘荣等言，近禁势家中盐，诏旨甫颁，而阳等辄违犯，宜正其罪。帝为切责阳等。

这一阶级以其雄厚之财力，政治之背景，独占市场，操纵物价，小商人因之失业破产，弊不可言。英宗时曾敕户部指出这一弊端：正统九年（1444）四月壬辰，敕户部曰：朝廷令人易纳马草，开中盐场，本期资国便民。比闻各场纳草之人，多系官豪势要及该管内外官，贪图重利，令子侄家人伴当，假托军民，出名承纳。……各处所中盐粮亦系官豪势要之家占中居多，往往挟势将杂糙米上仓，该管官司畏避权势，辄与收受，以致给军，多不堪用。及至支盐，又嘱管盐官搀越关支，倍取利息，致无势客商，守支年久不能得者有之。丧资失业，嗟怨莫伸，其弊何可胜言！

如开行列肆，例如世宗朝之郭勋：翊国公郭勋被劾下狱，有司勘勋京师店舍多至千余区。

周能父子：周瑛嗣封庆云伯，封殖过于父。嘉靖中于河西务设肆邀商贷，虐市民，亏国课……周寿尝奉使道吕梁洪，多挟商艘，主事谢敬不可。寿与关，且劾之，敬坐落戳。

楚中宗室之开帛店：楚宗错处市廛者甚多，经纪贸易与市民无异。通衢诸帛店俱系宗室。间有三吴人携负至彼开铺者，亦必借王府名色。吴中士大夫之急于货殖，黄省曾记：自刘氏、毛氏创起利端，为鼓铸囤房，王氏债典，而大村名镇必张开百货之肆，以榷管其利，而村镇之负担者俱困，由是累金百万。至今吴中缙绅仕夫，多以货殖为急，若京师官店六郭开行债典兴贩盐酤，其术倍克于齐民。

至福建则以地势濒海，豪绅巨室多投资于海外贸易，在禁海时期，称为通蕃。何乔新《福建按察司副使辛公（访）墓表》：（访）奉敕巡视海道。濒海大姓私造海舰，岁出诸番市易，因相剽杀。公捕其党渠，没入其舰，事连达官，穷治甚急。其家讼于御史，诬公激变良民。或劝公少缓其狱，公奋曰：吾宁报法而死，不思卖法而生也。于是奸民屏息，海道肃清。

蔡清《椒丘先生（何乔新）传》记福清薛氏：福清薛氏以所居濒海，岁出诸蕃互市，事觉，遂聚众欲为乱。先生掩其不备，尽获其渠，海道以宁。

海上风涛险恶，一有亏折，便掳掠行旅，成为海盗，张燮说：闽在宋元俱设市舶司，国初因之，后竟废。成弘之际（1465—1505），豪门巨室，间有乘巨舰贸易海外者，奸人阴开其利窦，而官人不得显收其利权，初亦渐享赢，后乃勾引为乱，至嘉靖而弊极矣。

甚或加入倭寇，为之向导，为虎作伥。由此当时的仕宦阶级以利害不同分裂为两派相对立，在内地兼并农民寄生于土地的主张禁海，片帆不许出港，绝通蕃即所以绝倭寇；在沿海经营海外贸易寄生于海洋的，就主张开放海禁，重设市舶司，以为海通后贸易发达，人民生计优裕，海盗自然绝迹。这两派的争论甚至影响国策和政局，嘉靖时朱纨的自杀就是一个著例：

朱纨长洲人……嘉靖二十六年（1547）七月倭寇起，改提督浙闽海防军务巡抚浙江。初明祖定制，片板不许入海。承平久，奸人阑出入勾倭人及佛郎机（葡萄牙）诸国入互市。闽人李克头、歙人许栋据宁波之双屿，司其质契。势家护持之，漳、泉为多，或与通婚姻。假济渡为名，造双桅大船，运载违禁物，将吏不敢诘也。或负其直，栋等即诱之攻剽，负直者胁将吏捕逐之，泄师期令去，期他日偿，他日至，负如初，倭大怨恨，益与栋等合……纨巡海道……谓不革渡船，则海道不可清；不严保甲，则海防不可复。上疏具列其状，于是革渡船，严保甲，搜捕奸民。闽人资衣食于海，骤失重利，虽士大夫家亦不便也，欲沮坏之……势家既失利，则宣言被擒者皆良民，非贼党，用摇惑人心……纨执法既坚，势家皆惧……纨且曰：去外国盗易，去中国盗难；去中国濒海之盗犹易，去中国衣冠之盗尤难。闽浙人益恨之……吏部用御史闽人周亮及给事中叶镗言，奏改纨巡视以杀其权……中朝士大夫先入浙闽人言，亦有不悦纨者矣……纨语复侵诸势家。御史陈九德遂劾纨擅杀，落纨职，命兵科都给事中杜汝祯按问。纨闻之，慷慨流涕曰：吾贫且病，又负气不任对簿，纵天子不欲死我，闽浙人必杀我，吾死，自决之，不须人也。制圹志作绝命词，仰药死……未几海寇大作，毒东南者十余年。

这是一次大陆和海洋的斗争，也是农业和商业的斗争，朱纨代表内地的农业地主的利益，周亮、叶镗、陈九德等闽浙人则代表沿海的新商业资本家的利益。我国祖先从西北向东南发展，到十四五世纪已发展到尽头，尤其是闽浙人多地狭，向南发展到海洋本是一个自然的趋势，明初的禁海令是反时代潮流的。朱纨的死，正说明是这反时代潮流的必然的牺牲。也说明这时代的新商业资本家在政治上和社会上的力量。

第八是抑买货物，占夺水利，例如明初之番禺土豪：番禺土豪数十人，遇闾里珍货，辄抑价买之，稍不如意，即诬以钞法，人莫敢谁何。明末之温体仁：御史毛九华劾体仁居家时，以抑买商人物，为商人所诉，赂崔呈秀以免。弋阳官陂之碓磨：正统八年（1443）十二月戊戌，吏部听选官胡秉贤言：臣原籍江西弋阳县，有官陂二所，民田三万余亩，借其灌溉。近年被沿陂豪强之人，私创碓磨，走泄水利，稍有旱暵，民皆失望。西湖菱芡之利：杭州西湖傍近，编竹节水，可专菱芡之利，而惟时有势力者可得之。故杭人有俗谣云：十里湖光十里笆，编笆都是富豪家，待他十载功名尽，只见湖光不见笆！顺德之占沙抢割，陈邦彦《中兴政要书·保民篇》第三《禁侵渔》：臣乡田多近海，或数十年辄有浮生。势豪之家，以承饷为名，而影占他人已成之税田，认为己物，业户畏之而不敢争，官司闻之而不能直，此所谓占沙也。及至秋稼将登，豪家招募打手，驾驶大船，列刃张旗，以争新占之业。其后转相模仿，虽夙昔无因者，亦皆席卷而有之，耕者之少不敌抢者之多，或杀越折伤而不能问，此所谓抢割也。斯二者小民积怨深怒，皆归怒于乡绅……去冬寇犯彬、桂，民言至有愿寇之来与乡绅俱毙者。

"时日曷丧，予与汝偕亡。"这两句话正可做明代农民对乡绅的怨恨的注脚。

第九是淫虐杀人，无恶不作。例如杨稷：杨士奇子稷居乡，尝横暴杀人，言官交劾。朝廷不加法，以其章示士奇。又有人发稷横虐数十事，乃下之理。梁次摅：梁储子次摅为锦衣百户。居家与富民杨端争民田，端杀田主，次摅遂灭端家二百余人。武宗以储故，仅发边卫立功。

这两个都是阁臣的儿子，在家当乡绅，前一个到杨士奇死后才正法，后一个则仅发边卫充军了事。又如衍圣公案：成化丙戌（1466）三月癸卯，衍圣公孔弘绪坐奸乐妇四十余人，杀无辜四人，法当斩，以宣圣故，削爵为民，以弟洪泰代官。

同一年的张真人案：四月戊午，正一嗣教大真人张元吉坐僭用器物，擅易制书，强夺子女，先后杀平人四十余人，至有一家三人者。法当凌迟处死，下狱禁锢。寻杖一百戍铁岭，而子亥庆得袭。元吉竟以母老放归。

这一对又因为是孔子和张道陵的子孙，是几千年来的老牌乡绅，虽然是穷凶极恶的杀人犯，也竟可以逍遥法外，并且其地位还许其子弟承袭！又如程峋至公开和地方士民相杀，彭孙贻记：永平荐绅程峋蓄苍头健儿数百，为害里党。士民揭竿与角，相杀亡算。甚至以理学自命的正人君子，也私法杀人：罗伦里居，立乡约以整顿风俗，其法甚严，莫敢不遵，独有强梁二人不服，且屡违教令，乃命其徒共执投水中。

此外如王应熊任首辅，其弟王应熙在乡作恶的罪状至四百八十余条，赃一百七十余万。温体仁、唐世济的族人，甚至作盗，为盗窝主。汤一泰倚从子汤宾尹之势，强夺已字之女，逼之至死。文学家茅坤的家人也倚仗主势，横行乡里。陈于泰、陈于鼎的兄弟在乡作恶，致引起民变。国法不论是非，但论社会阶级，议亲则裙带，议贵则家族，有钱有势有地位的都可无所不为，无恶不作，农民无所控诉，只好造反：白莲贼徐鸿儒薄胜县，民什九从乱。知县姬文允徒步叫号，驱吏卒登陴不满三百，望贼辄走，存者才数十。问何故从贼，曰：祸由董二。董二者，故延绥巡抚董国光子也，居乡贪暴，民不聊生，故从贼。

替乡绅作恶的爪牙是豪奴悍仆。奴仆的来源，一是价买，例如杨继盛遗嘱所说：曲钺他若守分，到日后与他地二十亩，村宅一小所。若是生事，心里想回去，你就令你两个丈人商议告着他……原是四两银子买的他，放债一年，银一两得利六钱，按著年问他要，不可饶他，恐怕小厮们照样行，你就难管。一是投靠，如顾公燮所记：明季缙绅，豪奴悍仆，倚势横行，里党不能安居，而市井小民，计惟投身门下，得与此辈水乳交融，且可凭为城狐社鼠，由是一乡一邑之地，挂名僮仆者十有二三。尤其是一般小农，稍有田产，仅可生活，经不起苛税和里役的剥削，唯一的办法是投靠乡绅之门为奴，借以逃避对国家的负担。徐阶是嘉靖朝的名相，家人多至数千，大半都是由投靠而来。于慎行说：华亭家人多至数千，有一籍记之，半系假借。海（瑞）至相君第，请其籍削之，仅留数百以供役使，相君无以难也。

二者都立有身契，世世子孙不能改，奴倚主以避税避役，横行作恶；主则利用奴作爪牙，作敲诈的工具，如明后期娄东情形：娄风俗极重主仆，男子入富家为奴，即立身契，终身不敢雁行立。有役呼之，不敢失尺寸，而子孙累世不得脱籍，间有富厚者以多金之，即名赎而终不得与等肩，此制驭人奴之律令也。然其人任事，得因缘上下，累累起家为富翁，最下者亦足免饥寒，更借托声势，外人不得轻相呵，即有犯者，主人必极力卫捍，此其食主恩之大略也。

如黄尊素所记宛刘氏事：宛有刘氏者登戊戌第，其先世济恶。父以一日杀太平夫妇三人系狱，子登第得脱。刘自戊午自上江道罢秩，即蓄仆从数百人，养陆博酒徒数十辈，田宅之美者，子女之少者皆钩致之，以罄其所有，或把其阴事，或因其怨家，名谓投献。以是膏腴厌丰国中，民间百舍中产无不失业。诉于道府，置不为理。

和平民不同的是不许读书应试和通婚。谢肇淛说：长乐（奴庶）之禁甚厉。为人奴者，子孙不许读书应试，违者必群击之。及之新安，见其俗不禁出仕而禁婚姻。主奴的关系纯由金钱造成，用法律保障。一到社会局面改变的时候，秩序扰乱，法律无灵。十七世纪中叶，遂发生普遍的奴变。

廷杖

杖，这一字，拿清朝官吏惯说的话来翻译，是"打板子"。打老百姓的板子，自然不足为奇，可是打官吏就奇，打小官也罢了，如果打的是大官，是政府中要人就更奇。打的是大官，喝打的人，却是皇帝或太监，打的地方，就在殿廷，这就叫廷杖。廷杖这名词最流行的时期是明代，可是，创造制度的，却不是明太祖。蒙古人早已用这手段，对付他的文武大臣了。试引数例作证，《元史·桑哥传》：至元二十四年（1287）十一月，桑哥言：臣前以诸道宣慰司及路府州县官吏，稽缓误事，奉旨遣人遍笞责之。

这一次打的是地方长官，虽然没有指明是哪一些地方的长官，可是从"诸"字看来，大概挨板子的一定不少。打了以后，并没罢官，大概是将息了几天，就起来办事。据同书《赵孟頫传》，也记有同样的事件：至元二十四年诏遣尚书刘宣与孟頫，驰驿至江南，问行省丞相慢令之罪，凡左右司官及诸路官，则径笞之。孟頫受命而行，比还，不笞一人，丞相桑哥大以为谴。

这事和《桑哥传》所记时月相同，主使人也相同，可是罪案不同，也许不是同一件事。那么，从此看来，可见那时期的政府，是时常派使臣出去打地方官吏的板子的。最妙的是，赵孟頫被派去打人，他不肯打，后来却自己挨了一顿打，只因为迟到几分钟的关系。同传：

桑哥钟初鸣时即坐省中，六曹官后至者则笞之。孟頫（兵部郎中）偶后至，断事官遽引孟頫受笞。孟頫入诉都堂右丞叶李曰：古者刑不上大夫，所以养其廉耻，教之节义。且辱士大夫，是辱朝廷也。桑哥亟慰孟頫使出，自是所笞，惟曹史以下。

可是比起周戭来，孟頫总算便宜。《陈天祥传》：左司郎中周戭因议事微有可否，（卢）世荣诬以沮法，奏令杖一百，然后斩之。

后来越打越手滑，即使是最小的过失，也照例打一顿。《阎复传》记：元贞三年（1297）疏言：古者刑不上大夫，今郡守以征租受杖，非所以厉廉隅。

《韩镛传》：至正七年（1347），有旨以织币脆薄，遣使笞行省臣及诸郡长吏，独镛无预。

史臣竟因韩镛侥幸免打，而特笔记这件事，可见官吏挨打，在当时真到家常便饭的地步了。

上引一些例，打的不过都是小臣，打的地方，都不在殿廷内。现在试引一件打的是宰相，又是在殿内打的史料。据《张珪传》：延祐二年（1315），拜中书平章政事……失列门传皇太后旨，召珪切责，杖之。珪创甚，舁归京师，明日遂出国门。

这可以说是明代廷杖的师范。同样，外面的最高地方长官，也有挨打的。《史弼传》：

至元二十九年（1292），拜荣禄大夫福建等处行中书省平章政事，往征爪哇……朝廷以其失亡多，杖七十，没家赀三之一。

以上所记的，都不过是挨打而已，末年，竟有故意打死人的惨剧。《成遵传》：至正十九年（1359），用事者承望风旨，诬遵与参政赵中、参议萧庸等六人皆受赃。遵等竟皆杖死。据《铁失传》，蒙古人也同样地挨打：至治二年（1322）十月，江南行台御史大夫脱脱以疾请于朝，未得旨辄去职。铁失奏罢之，杖六十七，谪居云南。《杨朵儿只传》：江东、西奉使斡来不称职，权臣匿其奸，冀不问。朵儿只劾而杖之，斡来愧死。这倒是一个血性汉子，比汉人有骨气多了。

从此看来，廷杖并不是国粹，是蒙古人传下来的习惯，他们过去在蒙古是不是动不动就用板子打人，我不知道。可是，在中国据上面所记的看来，确然是常常打无疑，明朝的皇帝们，绝不能引廷杖的威风为荣，因为打的是汉人，被打的也还是汉人。可是这两个朝代，也还有一个共通的可以自豪的一点，这一点是，凡被打的，都是知识分子，而且大部分是儒生。怪不得明太祖一做皇帝，就立下"寰中士夫不为君用"之条，儒生不肯做官的一律杀头，当时人之所以不肯做官，想也是怕挨板子的缘故。然而明代一代做官的，不论大小，至少有百分之九十，还是儒生，不知道是怕杀头的缘故，还是已经练好挨板子的本领的缘故。

那么，从此看来，建州人入关以后，无论中外官吏，都一律对皇帝自称奴才的理由，是可以解释的了。这理由很简单的，是在清代不很听说有人挨板子。从挨板子而到自称奴才，这是五百年来知识分子的生活缩影。

明代的廷杖，早已脍炙人口，不赘。

新仕宦阶级

明代士庶两阶级的分别，从《大明律·名例》里关于文武官犯私罪一条最可以看出。这条例规定："文武官职，举人，监生，生员，冠带官，义官，知印，承差，阴阳生，医生，但有职役者，犯赃犯奸，并一应行止有亏，俱发为民。"发为民的意思就是褫夺仕宦阶级的特权。

仕宦阶级最重要的特权是免役。士人一入学校，除本身外，并免户内二丁差役。温宝忠的《士民说》里有这样的话："民间二十亩土产，不得一襕袍，则里役立碎。"意思是说小农家如没有人进学校，没有一个青衿作护符，则其家业立为徭役所毁碎。关于见任官的免役，明太祖曾特降诏令说：食禄之家，与庶民贵贱有等。趋事执役以奉上者，庶民之事。若贤人君子，既贵其身而复役其家，则君子野人无所分别，非劝士待贤之道。自今百司见任官员之家有田土者，输租税外，悉免其徭役。著为令。

明代里役之制，以十家为甲，百家为里，每年按甲轮值为官府服役。里长、甲长在原则上以殷户（地主）充当。里役最为庶民所苦，独仕宦阶级可置身事外。明末刘宗周曾疏言其不平，他说：臣生之初，见现年里役，亦止费二三十金，积至五六十金，今遂有赢至百金者。至一承南粮解户，则计亩约费三五两不等而家尽破矣。独宦户偃然处十甲之外，不值现年。

致仕宦家居——乡绅，除免役外，其尊严亦有法令的保障。这法令颁布于洪武十二年（1379）八月辛巳：上谕中书省臣曰：凡士非建功名之为难，而保全始终为难。自今内外官致仕还乡者，复其家终身无所与。其居乡里，惟于宗族叙尊卑如家人礼，若筵宴则设别席，不许坐于无官者之下。如与同致仕者会则序爵，爵同序齿。其与异姓无官者相见，不必答礼。庶民则以官礼谒见，敢有凌侮者论如律。著为令。

甚至有由所在县官送门皂、吏书、承应，体貌一如在官时。其所享受之特权并可庇及宗族。

蓄奴也是次要的特权，反之庶民如存养奴婢，便须受法律制裁。至一般进士、举人、贡生、生员，在法律上亦著有优待之条文，死罪至三宥。《明太祖实录》记：洪武二十年（1387）三月丙辰，常州府宜兴县丞张福生犯法当死，特宥之。先是，上以进士、国子生皆朝廷培养人才，初入仕有即丽于法者，虽欲改过不可得，遂命凡所犯难死罪，三宥之。福生以国子生故得宥。

太祖以后，这一条法令虽然无形取消，但生员如犯刑章，地方官在行文学校褫革其衣襟以前，仍不得加以刑责。如所犯非重罪，也只行文学校当局，薄责了事。其家道寒苦、无力完粮者，并由地方官奏销豁免，因之不但本人免役免赋，甚至包揽隐庇，成为利源。顺公燮记：

明季廪生官给每岁膏火银一百二十两……贫生无力完粮，

奏销豁免。诸生中不安分者，每月朔望赴县恳准词十张，名曰乞恩。又揽富户钱粮立于自名下隐吞。故生员有"坐一百走三百"之语。

这一阶级的居室间数、建筑方式、衣服材料颜色、舆马仪从、相见礼貌，一切都按地位高下，由政府分别予以规定，不许紊越。为保障阶级的尊严，并着令不许和非类为婚，违者置法。例如明初李宜之案：洪武十七年（1384）二月甲申，降江西布政使李宜之为广西思恩县主簿。时宜之在任，以小隶为婿。事闻，故降用之。

进入仕宦阶级的梯子

明太祖既统一了全国，用残杀的恐怖手段，用新的行政机构来集中政权，增强皇帝的威严。洪武十三年（1380）以后，他个人总揽国家庶务，朝廷大臣都成了备位的闲员。历史上记着他在八天内所处理批阅的诸司奏札1660件，计3391事。平均每天有200多件，400多事，真可算是"衡石量书""传餐而食"，和秦始皇、隋文帝鼎足而三了。他拼着命干，不肯放松一点，专凭残杀来救济个人精力所不及。但隔了一两代，娇生惯养的年轻皇帝受不了这苦工，政权便慢慢转移到皇帝的私人秘书——阁臣手上。英宗以后，诸帝多冲年即位，政权又慢慢地从外廷秘书的阁臣，转移到内廷秘书的司礼监手上。阁臣和司礼监——外廷和内廷的政权互为消长，也间或有同流合污的时候，皇帝只是一个傀儡。皇族除了拿禄米，多养孩子，在封地鱼虐平民、肆作威福以外，绝对不能做一点事。中央的政权被宦官、地方的政权被仕宦阶级所把持。他们和他们的宗族戚党同时是大地主，也是大商人，因此这一阶级所代表的也只是这两种人的利益。

皇族指皇家子弟，数量很多，从明太祖起繁衍到明末，这一家系有十几万人。外戚包括帝婿，所谓驸马和皇族的女婿；

最主要的是后妃的家族。这两类人都因血统的结合而取得地位和特权，在政治上不起作用。宦官的产生最简便，经过生理上的改变便可取得资格，在政治上取得大权唯一途径为博得皇帝的欢心，方法不外乎"便嬖柔佞，妾妇之道"。这三类人都纯粹是社会的寄生虫。皇族在明代前期不许参加考试，也不许在政府服务，到末年才开放这两条禁例。外戚和宦官则以其特殊地位，其子弟、宗族、亲戚、门客往往因之而获得科名和官职，间接地产生新官僚地主，影响政治的清明。

至于庶民进入仕宦阶级的主要途径，主要的两条大路，一是科举，二是学校。参加科举和进学校的敲门砖只有一块——八股文。明制参加科举的必须是州府县学的生员和国子监的监生，学校成为科举制度的附庸。因此这两条路其实是一条路。

科举制度分三段：乡试、会试、殿试。生员考试（入学考试）初由地方官吏主持，后特设提督学政官以领之。士子未入学者通谓之童生，入学者谓之诸生（有廪膳生、增广生、附学生之别）。三年大比，以诸生试之直省曰乡试，中试者为举人。次年以举人试之京师曰会试，中试者再经皇帝亲自考试曰殿试。殿试发榜分三甲，一甲只三人，曰状元、榜眼、探花，赐进士及第；二甲若干人，赐进士出身；三甲若干人，赐同进士出身。状元授翰林院修撰，榜眼、探花授翰林院编修，二三甲考选庶吉士者皆为翰林官其他或授给事、御史、主事、中书、行人、评事、太常、国子博士，或授府推官、知州、知县等官。举人、贡生不及第入国子监而选者，或授小京职及州县正官，或州县学教授。明制入内阁办事者必为翰林，而入翰林者又必为进士。宣德（1426—1435）以前政府用人尚参用他途（如税户人才、吏员、征辟等），以后则专用科举。科举和铨选合二为一，一旦及第，便登仕途。由此，全国读书人都以科举为唯一出路，科举之外无出路，科举之外无人才。王鏊曾畅论这一制度的弊端：

古者用人，其途非一，耕钓渔盐版筑饭牛皆起为辅弼，而刍牧贾竖，奴仆降虏，亦皆得为世用。我太祖、太宗之世，亦时时意外用人，若郁新、严震直之流，皆以人才至尚书。取之非一途，故才之大小，纷纷皆得效用于时。降及后世，一惟科目是尚。夫科目诚可尚也，岂科目之外，更无一人乎？有人焉不独不为人知，即举世知之而不见用，非不欲用，不敢用也。一或用焉，则群起而咻诸，亦且自退缩，前后相戒，谨守资格……是故下多遗贤，朝多旷事，仕法之过，端至是哉！

举全国聪明才智之士的精力集中于科举，科举名额有规定，考试规定便日趋严酷，搜检防闲，如对盗贼，祈寒盛暑，苦不可言。艾南英曾描写明代科举的苦况说：试之日，衙鼓三号，虽冰霜冻结，诸生露立门外。督学衣褚坐堂上，灯烛辉煌，围炉轻暖自如。诸生解衣露足，左手执笔砚，右手执布袜，听郡县有司唱名，以次立甬道，至督学前。每诸生一名，搜检军二名，上穷发际，下至膝踵，裸腹赤踝，为漏数箭而后毕。虽壮者无不齿震冻慄，腰以下大都寒冱僵裂，不知为体肤所在。遇天暑酷烈，督学轻绮荫凉，饮茗挥箑自如。诸生什佰为群，拥立尘垒中，法既不敢挥扇，又衣大布厚衣，比至就席，数百人夹坐，蒸薰腥杂，汗流浃背，勺浆不入口，虽有供茶吏，然率不敢饮，饮必朱钤其牍，疑以为弊，文虽工，降一等，盖受困于寒暑者如此。

既试，东西立瞭望军四名，诸生无敢仰视四顾。离立伸欠、倚语侧席者，则又朱钤其牍，以越规论，文虽工，降一等。用是腰脊拘困，虽溲溺不得自由，盖所以縶其手足便利者又如此。所置坐席取给工吏，吏大半侵渔所费，仓卒取办，临时规制，狭迫不能舒左右肱。又薄脆疏缝，据坐稍重，即恐折仆。而同号诸生，常十余人，率十余坐，以竹联之。手足稍动，则诸坐皆动，竟日无宁时，字为跛踦。

中叶以后，士风日替，怀挟抢替，成为习惯。徐学谟说：会闱自庚戌（嘉靖二十九年，1550年）后，举子多怀挟博进取，有掇大魁者，始犹讳之。至丙辰（嘉靖三十五年，1556年）以来，则明言而公行之矣。此仕进之一大蠹也。

奔竞嘱托，毫无忌惮。陈洪绪记：近时奔竞最甚，无如铨选、考试两端。督学试士，已不免竿牍纷沓。若郡邑之试，请嘱公然，更不复略为讳，至有形之章奏，令童子纳金饷，无使缙绅专利者。

到末年则士子多以关节得第，商人、地主的子弟以金钱换科名：科场之事，明季即有以关节进者。每科五六月间，分房就聘之期，则先为道地，或晋谒，或为之行金贿诸上台，使得棘闱之聘后，分房验取如握券而得也。每榜发不下数十人。

在这制度之下所造成的新官僚，以利进自然以利终，读书受苦是为得科名，辛苦得科名是为做官，做官的目的是发财，由读书到发财成为一连串的人生哲学。黄省曾曾说当时的士人以士为贾：吴人好游托权要之家……家无担石者入仕二三年即成巨富。由是莫不以士为贾，而求入学庠者，肯捐百金图之，以大利在后也。

谢肇淛更指出这制度和吏治的关系，和社会风气的关系，和家庭教育的关系：今之人教子读书，不过取科第耳，其于立身行己不问也。故子弟往往有登膴仕而贪虐恣睢者。彼其心以为幼之受苦，政为今日耳。志得意满，不快其欲不止也。

刘宗周所论士习之坏影响于政治及社会，尤为明切。他说：自科举之学兴而士习日坏，明经取金紫，读易规利禄，自古而然矣。父兄之教，子弟之学，非是不出焉。士童而习之，几与性成，未能操觚，先熟钻刺，一入学校，闯行公庭。等而上之，势分虽殊，行径一辙。以嘱托为通津，以官府为奴隶，伤风败俗，寡廉鲜耻，即乡里且为厉焉，何论出门而往，尚望其居官尽节，临难忘身，一效之君父乎？此盖已非一朝一夕之故矣。

由此可知这个时代的吏治贪污，寡廉鲜耻，是有其历史的背景的。进学校得科名的唯一手段是作制义——八股文，此外的学问都非必要，不妨束之高阁。因此，在这制度下所造成的学风是空疏浅薄的，除八股外，于历史、政治、经济各方面一无所知，哲学、科学更是莫名其妙，这弊病明初学者宋濂即曾痛快地指出。他说：治古之时，非惟道德纯一而政教修明，至于文学之彦，亦精赡弘博，足以为经济之用。盖自童草之始，十四经之文，画以岁月，期于默记。又推之于迁、固、范晔之书，岂直览之，其默记亦如经。基本既正，而后遍观历代之史。察其得失，稽其异同，会其纲纪，知识益且至矣。而又参于秦汉以来之子书，古今撰定之集录，探幽索微，使无遁情。于是道德性命之奥，以至天文、地理、礼乐、兵刑、封建、郊祀、职官、选举、学校、财用、贡赋、户口、征役之属，无所不诣其极。或庙堂之上有所建议，必旁引曲证以白其疑，不翅指诸掌之易也。自贡举法行，学者知以摘经拟题为志，其所最切者，惟四子一经之笺，是钻是窥，余则漫不加省。与之交谈，两目瞪然视，舌本强不能对。呜呼！一物不知，儒者之耻，孰谓如是之学，其能有以济世哉！

中叶时唐顺之也说：经义策试之陋，稍有志者莫不深病之矣……至于以举业为教，则稍有志者亦知深病其陋矣。谢肇淛亦大加攻击：我国家始以制义为不刊之典，士童而习之，白而纷如。文字之变，日异月更，不可穷诘。即登上第取华膴者，其间醇疵相半，瑕瑜不掩。十年之外，便成刍狗，不足以训今，不可以传后，不足以裨身心，不足以经世务，不知国家何故以是为进贤之具也。

末年周顺昌至坦白自悔不多读书，为一不识时务进士：漫以书生当局，其筹边治河大政无论，问以簿书钱谷之数天下几何，茫然不能对。始知书不可不多读。平日止为八股，徒做一不识时务进士，良可叹也。

清吴翌凤记一明巨公故事，虽未免刻薄，却是史实：故明一巨公致政家居，偶过友人书塾，询其子弟所读何书，曰《史记》。问何人所作，曰司马迁。又问渠是何科进士，曰汉太史令，非进士也。巨公取其书略观之，即掩卷曰亦不见得。

在这制度下的这个时代，学术思想的贫乏，是必然的，也是应该原谅的，因为他们根本不许有思想。政治家、财政家的寥寥可数，也是有其社会背景的，有其特别的原因的，因为那个时代根本没有培养这类人才的专门教育。学校原来是育人才之所，明制乡里有社学，府州县有府学、州学、县学，卫所有卫学，南北两京则有国子监。《明史》说：盖无地而不设之学，无人而不纳之教，庠声序音，重规叠矩，无间于下邑荒徼，山陬海涯，此明代学校之盛，唐宋以来所不及也。

表面看似乎真是极一代之盛，"唐宋以来所不及"。然而事实上恰好相反，我们先看社学的情形。明太祖曾严斥官吏以社学扰民：社学一设，官吏以为营生，有愿读书者，无钱不许入学。有三丁四丁不愿读书者，受财卖放，纵其愚顽，不令读书。有父子二人，或农，或商，本无读书之暇，却乃逼令入学。有钱者又纵之，无钱者虽不暇读书亦不肯放，将此凑生员之数，欺诳朝廷。此后便无声无息，名实都亡了。至于府州县学，以明制诸生入仕必由科举，学校失去独立培养人才的地位，在开国后即已不为社会所重视。宋濂曾说：近代以来，急于簿书期会，而视教民为悠缓。司学计者以岁月序迁，豪右海商，行贿觅荐，往往来倚讲席。虽有一二君子获厕其中，孤薰而群莸，一鼓吻，一投足，辄与之枘凿。惟彼饮食是务，号称子游氏之贱儒者，日夕与居，是故稍励廉隅者不愿入学，而学行章章有闻者，未必尽出于弟子员。

中叶以后，则学校竟如废寺，无复生徒肄业。陆容记：作兴学校，本是善政。但今之所谓作兴，不过报选生员，起造屋宇之类而已。此皆末务，非知要者……况今学舍屡修，而生徒无复在学肄业，入其庭不见其人，如废寺然，深可叹息。

两京国子监也日渐废弛，学生品质不齐，人才日下。郭明龙任国子监祭酒,《条陈雍政疏》说: 臣初试士, 举人仅五七人, 其文理优长, 考在前列者, 尽选贡耳。向非选贡一途, 太学几无文字矣。臣窃叹天下府州县学之士, 尽皆属文, 而太学之士, 乃半居写仿。又府州县学之士, 不无以文理被黜而来, 不无以行谊被黜而来, 与夫商贾之挟重糈重, 游士之猎厚藏者, 皆得入焉。是古之太学, 诸侯进其选士、造士, 最优最上者贡之天子; 而今之太学, 郡邑以其被谤被黜、无文无行者纳之辟雍, 良可叹也。郭去, 刘幼安代之, 朱国桢为司业。刘每叹曰: "成甚国学, 朝廷设此骗局, 骗人几两银子, 我为长, 兄为副, 亦可羞也。"这是明代的国立中央大学校长告诉他的教务长的老实话。

在这一套的教育组织下, 自然谈不到培养人才。而且, 国子监从景泰元年(1450)开纳粟之例以后, 豪绅、地主、商人的子弟都可因纳粟纳马而入监, 称为例监。末年地方学也因军费的需要逼切, 可以用钱买取, 有辽生、饷生、赞生种种名目。包汝楫记: 自军饷烦兴, 开辽生之例, 每名输银百两有奇, 给授衣巾, 愿考试者学臣一体黜陟, 不与考者青衿终身, 尚有限制也。楚中协济黔饷, 别有饷生之例, 每名仅二十两, 亦滥极矣。武陵、桃沅间又有所谓赞生, 纳银五六两, 县给札付, 专司行香拜贺赞礼, 服色与诸生同混, 见道府州邑, 称谓、起居一如诸生礼节, 昂步街市, 人不敢呵, 此亦学官一站也。

因之, 一般商人和地主的子弟, 虽目不识丁, 亦相率掉臂而入学校, 避赋役, 列缙绅, 俨然是社会上的上层人物了。反之, 家徒四壁的寒士只要一入学校, 取得学校的制服——青衿以后, 其地位便已超出庶民, 作威乡里。等到一中了举, 情形更是煊赫,通谱的、招婿的、投拜门生的、送钱的，都争先恐后地来包围了。顾公燮记明人中举情形：明季缙绅，威权赫奕。凡中式者，报录人多持短棍，从门打入，厅堂窗户尽毁，谓之改换门庭；工匠随行，立即修整，永为主顾。有通谱者、招婿者、投拜门生者，承其急需，不惜千金之赠，以为长城焉……出则乘大轿，扇盖引导于前。生员则门斗张油伞前导。婚丧之家，绅衿不与齐民同坐，另构一堂名曰大宾堂，盖徒知尚爵而不知尚德尚齿矣。

清人吴敬梓所作《儒林外史》，穷秀才范进中举一段绝妙文字，正是顾公燮所记这情形的绝妙注脚。

而且，不但社会地位改变了，连经济地位也改变了。一旦中了举，中了进士，或做了官以后，一般困于徭役的小自耕农，自然会把田土投靠在一批新贵的门下，避免对国家的负担。因此，这一批新仕宦阶级，同时也就是大地主。反之，大商人、大地主的子弟可以拿金钱换取科第甚至官位，以此，这两种剥削者同时也成为新仕宦阶级。新仕宦阶级有地位，有大量的土地和金钱，剩余的财货的投资目标是兼并土地和经营商业，因此，他们同时又是大商人。官僚、地主、商人三位一体的仕宦阶级，是有明一代政治、社会、经济、文化的重心，也是大明帝国政权所寄托的基础。

碰头和御前会议

　　清末大学士瞿鸿禨的《傪直》《遇恩》，《圣德纪略》和金梁（息侯）的《四朝见闻》《光宣小纪》两书，有许多地方可以互相印证。

　　在瞿中堂的书里，所见到的满纸都是碰头，见皇上碰头，见太后碰头，上朝碰头，索荷包碰头，赐宴碰头再碰头。碰头大概和请安不同，据金息侯的记载，请安是双膝跪在地下，两手垂直的，而碰头似乎还得弯腰把额角碰在地面上吧。《汉书》上邓通见丞相申屠嘉首出血不解，大概是清人所谓碰响头，碰得额角坟起，以至出血。古书上所谓"泥首"，大概也是以首及泥的意思。不过，虽然碰头于古有据，而碰头之多、之为人津津乐道，满纸都是，则未可以为渊源于古，只能说是清代的特色。

　　清人做官的秘诀，相传有六个字："多碰头，少说话。"年老的官僚多半要做一个护膝，即在膝盖上特别加上一块棉质的附属品，以为长跪时保护膝盖之用。

　　左宗棠有一次在颐和园行礼，跪久了，腰酸向前伏了一会，立时被弹劾，以为失仪。军机大臣朝见两宫议事，一顺溜跪在拜垫上，有几个便殿地方窄，挤成一团，名位低的军机跪得比较远，什么也听不见，议是谈不上的。

照例，一大堆文件，皇太后翻过了，出去上朝，在接见第一批臣僚的短短时间内，军机大臣几人匆匆翻了一下，到召见时，有的事接头，大部分都莫名其妙。两个坐着，一群人跪着，首班跪近，还摸得着一点要说什么，其余的便有点不知所云了。往往弄得所答非所问，丈二和尚摸不着头脑。说了一阵子，国家大事小事便算定局。

议政王大臣会议也是这个作风，小官说不了话，大臣不敢说话，领班的亲王不知道说什么话，讨论谈不上，争辩更不会有。多半是亲王说如此如此，大家点头，散会。以后再由属员拟稿，分送各大臣签署奏报。

金息侯叹气说："这真是儿戏！"其实儿戏又何可厚非，小孩子到底天真，这批老官僚的天真在哪里？道道地地的官僚作风而已，儿戏云乎哉！

国子监

中国历史上是否有大学呢？以前有国子监或称国子学，有人便把它当作大学的前身。为什么两者可以拿来相对比较呢？因有今日所指是国立大学。它，一、是政府办的。二、多在政府的中心地。三、经费由政府支出。四、还有什么我不知道。而过去的国子学或国子监也正是如此。那时也有各种补助金。相当于今日的"学术研究补助费"，也有发米发布的，相当于今日的"配给物品"。因此两个名字便连在一起了。我只拿十四世纪中叶至十五世纪初年这期间国子监的情形研究一下，看看有哪些与今日相同或不相同之处。

今天的大学门口，往往有两个杆子，一个挂国旗，一个挂党旗。过去虽然还没有国旗，但是门前的杆子，也有一根。在南京国子监，这根杆子竖立的时间有一百二十二年。它是挂学生的脑袋用的。我们可以从它看出明太祖办学校的目的。再说到学制、待遇等问题，这里面最重要最值得我们注意的一项便是学规。

首先，我想说那时朱元璋为何办学校。他常提到"教育"两个字，但意义和现在大不相同。他也是教育人才，但教育了这些人才干什么？简单的答案是训练官僚，可以叫作"官僚养成所"。为什么呢？因为他自己出身低微，是一个拿枪杆子的出身，没有多少学识，他的那帮功臣也是一样。要建立一个稳定的政治机构，却不是这帮只知道杀人放火的武将搞得来的。因为有很多事情，尤其是公文程式上，不是官所能够懂的，非用这一帮胥吏不可。但是朱元璋和他的那些功臣早年都是吃过吏的亏的，不敢用。于是只好找读书人替他做事了。但这些当时叫读书人的知识分子都有一个毛病，他们要看准了才肯做。当朱元璋称帝的时候，离北平还远，福建两广也是他人天下，云南更不必说。很多知识分子觉得他的政权还不稳当，怕上当，不肯干。另外一种是祖先做过大官的，看不起朱元璋，也不干。朱命地方官压迫他们，还是不行。于是订出法令，不干就砍头。然而，还是不行，不得已，只好照历史的旧轨道办国子监，制造官僚人才，而美其名曰"教育"。

初办的时候规模很小，一百五十人中"官生"（官家子弟）占三分之二，"民生"只有五十人，后来很发达，在明太祖时最多就到过九十多人。但实际上官僚子弟不必读书就可以做官，所以来国子监的并不多。于是又办府学县学，那里面的学生可以不经考试而保送入国子监。经过地方官吏的保送，再经过翰林院通过，才能入国子监。这种入国子监的方法，不是自愿的，而是选拔的。

讲到国子监的组织，第一个人就是祭酒，四品官，相当于今日的大学校长。另外有一个管理学生的官叫监丞，位不过八九品，但权力很大，学生犯了过失，有四种处罚，第一种是打板子，第二种是记过，再严重的就是充军。不但剥夺个人的公民权利，有时连他的全家也要充军。更严重的就要砍脑袋了。所以这个官相当于今日的训导长，只是他的职权不仅是训导学生，而且也训导先生，监督先生。

这种学校就是一个衙门。今日提倡"学校机关化，机关学校化"，那时却根本不是什么化不化的问题。它本身就是如此。

然则又念些什么书呢？根据学规：一、御治大诰，翻成现代语就是皇帝训词。二、大明律。三、汉朝留下的《说苑》，相当于今日小学内专讲修身的公民。四、四书五经。但经过朱元璋自己的研究，觉得孟子的思想很有问题，例如孟子书中有"民为贵，君为轻，社稷次之""君视民如草芥，则民视君如寇仇"，等等，他都觉得不好。但是自己又弄不太通，便组织了一个"审察委员会"，把《孟子》删去了八十五条，剩下一百多条，另编成书。这还不算，他还把孟子的牌位从孔庙中搬出，开除了孟子的学籍。经过很多人的反对，他自己想想，孟子的书既然消了毒，他本身上大概也消了毒，让他复学算了；这才把孟子的牌位搬回孔庙，让他复了学。

从史料中我们可以找出两次学潮。第一次是洪武十八年(1385)。在那时，每天几乎都有学生饿死，有些饿得受不了就只好上吊。于是国子监又成了集中营。学生被学规限制了，不敢说话。这次学潮结果杀了吏部尚书和六七个同情学生的教授，这是第一次学潮。

第二次发生在洪武二十七年(1394)，用现代话说应该说是"壁报风潮"。当时有个学生赵麟批评国子监的不好。事情败露后，按规定是只应该打一百下再充军的，结果是砍了头。

这些太学生训练出来干什么呢？主要是做官。

这样一个国子监，如果我们用"大学"或"教育"这些现代名词来说明它们，我觉得是侮辱了这些名词，对不起这些名词。

我们毋宁用我开头讲的"官僚养成所"这些名称。那么可以明了为什么中国历史几千年，却没有一个几千年历史的大学。这和什么校董会是没有什么关系的，因为皇帝老子便是校董。因此我又想到今天中国有些问题之所以成问题，最要紧的原因是中国的文字发生了问题。好多新东西没有新的字可用，不能不拿一些旧字旧名词来代表它们，于是一切的名词的意义便搅混了。这些混乱情形，我今天所说的虽不过是"统治教育的史例"，但这也是一个"滥用名词"的史例。因此我今天便有如此的一个结论：今天有许多人所说的那一套，也许和实际情形往往是完全不相干的。

古代的斗将

两军对垒，将和将斗，叫作斗将。我国的武打戏有悠久的传统，武打戏中的斗将，突出地集中地表现了勇士们的英勇气概，更是受人欢迎。其实，不只是今天的人们喜欢看斗将的戏，古代人也是喜欢的。例如司马光编《资治通鉴》，态度很严肃，取材极谨慎，但写晋将陈安的战斗牺牲，却十分寄予同情。

公元 323 年 7 月，晋将陈安被赵主刘曜打败，帅精骑突围，出奔陕中。

刘曜遣将军平先等追击陈安。

陈安左手挥七尺大刀，右手运丈八蛇矛，近则刀矛俱发，一杀就是五六个人，远则左右驰射，边打边逃。平先也勇捷如飞，和陈安搏斗，打了三个回合，夺掉陈安的蛇矛。

到天黑了，下着大雨，陈安和几个亲兵只好丢掉马，躲在山里。第二天天晴了，赵军追踪搜索，陈安被擒牺牲。

陈安待将士极好，和将士共甘苦。死后，陇上人民很想念他，为他作壮士之歌，歌词道：

陇上壮士有陈安，躯干虽小腹中宽，爱养将士同心肝，驫骢父马铁锻鞍。七尺大刀奋如湍，丈八蛇矛左右盘，十荡十决无当前，白骑俱出如云浮，追者千万骑悠悠。战始三交失蛇矛，十骑俱荡九骑留，弃我驌骦窜岩幽，天大降雨追者休，为我外援而悬头；西流之水东流河，一去不还奈子何！

为我外援而悬头，这是陈安被陇上人民长久思念的道理。司马光在北宋对辽和西夏的战争中，怀念古代孤军抗敌的民族英雄，闻鼙鼓而思将帅，怕也是有所寄托吧。

宋曾公亮《武经总要》也记了几件斗将的故事。一是史万岁。隋将宝荣定将兵击突厥，史万岁到辕门要求参军，宝荣定早听说史万岁勇敢的声名，一见大喜。派人告诉突厥，各选一壮士决胜负。突厥同意，派一骑将挑战，荣定就派史万岁应战。万岁驰出，斩敌骑而回。突厥大惊，立刻退军。

一件是白孝德的故事。史思明攻河阳，使骁将刘龙仙率铁骑五千临城挑战。龙仙健勇，骄傲轻敌，把右脚放在马鬃上，破口嫚骂。

唐军元帅李光弼登城，看敌人情况，对诸将说："谁能去干掉他。"大将仆固怀恩报了名，光弼说："这不是大将干的事，看还有谁去？"大家都推白孝德。

光弼问白孝德要多少兵，孝德说，我一个人就行了。光弼很称赞他的勇气，还问需要什么，孝德只要五十个骑兵，大军鼓噪助威。

孝德手挟两个蛇矛，骑马过水，刘龙仙见他只一个人，不以为意，还是把脚放在马鬃上。稍近，龙仙刚要动弹，孝德摇摇手，好像叫他别动，龙仙不知其意，也就不动了。孝德对他说："侍中（光弼官称）叫我来讲话，没有别的。"龙仙退却几步，还是破口大骂。孝德勒住马，瞪着眼说："狗贼，你认得我吗？"龙仙说："谁啊？"孝德说："我是大将白孝德。"龙仙骂："是什么猪狗！"孝德大叫一声，持矛跃马便刺，城上一齐鼓噪，五十骑也跟着冲锋，龙仙来不及射箭，只好沿堤乱转，孝德追上，斩首而回。

一是王敬荛，说他多力善战，所用的枪、箭都用纯铁制成。枪重三十多斤，摧锋破敌，都以此取胜。

阵图和宋辽战争

在古代，打仗要排阵，要讲究、演习阵法。所谓阵法就是野战的战斗队形和宿营的防御部署；把队形、部署用符号标识，制成作战方案，叫作阵图。

根据阵图在前线指挥作战或防御的带兵官，叫作排阵使。

从历史文献看，如郑庄公用鱼丽阵和周王作战，到清代的太平军的百鸟阵，无论对外对内，无论是野战、防御，都要有阵法。没有一定的组织形式，几千人几万人一哄而上，是打不了仗的，要打也非败不可。其最为人所熟知的是诸葛亮的八阵图，"功盖三分国，名成八阵图"的诗句，一直为后人所传诵。正因为如此，小说戏剧把阵图神秘化了，如宋辽战争中辽方的天门阵，杨六郎父子虽然勇敢，但还得穆柯寨的降龙木才能破得了。

穆柯寨这出戏虽然是虚构的，但是就打仗要排阵说，也反映了一点历史的真实性。从公元976年到1085年，这一百一十年中，北宋历朝的统治者特别重视阵图。（无论是在这时期以前或以后，关于阵图的讨论、研究、演习、运用，对前线指挥官的控制，和阵图在战争中的作用，都比不上这个时期。）从这一时期的史料分析，北宋的统治者是用阵图直接指挥前线部队作战的，用主观决定的战斗队形和防御部署，指挥远在几百

137

里以至千里外的前线部队。敌人的兵力部署、遭遇的地点、战场的地形、气候等，都凭主观的假设决定作战方案，即使作战方案不符合实际情况，前线指挥官也无权改变。

照阵图排阵打了败仗，主帅责任不大；反之，不按阵图排阵而打了败仗，那责任就完全在主帅了；败军辱国，罪名极大。甚至在个别场合，机智一点而又有担当的将领，看出客观情况不利，不按阵图排阵，临机改变队形，打了胜仗，还得向皇帝请罪。

宋辽战争的形势，两方的优势和劣势，989年熟悉北方情况的宋琪曾做具体分析，并提出建议。他说："每蕃部南侵，其众不啻十万。契丹入界之时，步骑车帐，不从阡陌，东西一概而行。大帐前及东西面差大首领三人各率万骑，支散游奕，百十里外，亦交相侦逻，谓之栏子马……未逢大敌，不乘战马，俟近我师，即竞乘之，所以新羁战蹄，有余力也。且用军之术，成列而不战，俟退而乘之。多伏兵断粮道，冒夜举火，土风曳柴，馈饷自资。退败无耻，散而复聚，寒而益坚，此其所长也。中原所长，秋夏霖霪，天时也。山林河津，地利也。枪突剑弩，兵胜也。败丰士众，力张也。"契丹以骑兵冲锋为主，宋方则只能凭气候、地利取守势。以此，他建议"秋冬时河朔州军，缘边砦栅，但专守境"。到戎马肥时，也"守陴坐甲，以逸待劳……坚壁固守，勿令出战"。到春天新草未生，陈草已朽时，"蕃马无力，疲寇思归，逼而逐之，必自奔北"。最后，还提出前军行阵之法，特别指出，要"临事分布，所贵有权"。宋太宗采纳了他一部分意见，沿边取守势，做好防御守备，但要集中优势兵力，大举进攻。至于授权诸将，临事分布，则坚决拒绝了。

由于宋辽的军事形势不同，采取防御战术，阻遏骑兵冲击的阵法便成为宋代统治者所特别关心的问题了。在平时，和大臣研究、讨论阵图。如987年并州都部署潘美、定州都部署田重进入朝，宋太宗出御制平戎万全阵图，召美、重进及崔翰等，亲授以进退攻击之略。997年又告诉马步军都虞候传潜说："布阵乃兵家大法，小人有轻议者，甚非所宜。我自做阵图给王超，叫他不要给别人看。王超回来时，你可以看看。"1000年，宋真宗拿出阵图三十二部给宰相研究，第二年又和宰相讨论，并说："北戎寇边，常遣精悍为前锋，若捍御不及，即有侵轶之患。今盛选骁将，别为一队，遏其奔冲。又好遣骑兵出阵后断粮道，可别选将领数万骑殿后以备之。"

由此可见这些阵图也是以防御敌骑奔冲和保卫后方给养线为中心思想的。1003年契丹入侵，又和宰相研究阵图，指出："今敌势未辑，尤须阻遏，屯兵虽多，必择精锐，先据要害以制之。凡镇、定、高阳三路兵，悉会定州，夹唐河为大阵。量寇远近，出军树栅，寇来坚守勿逐，俟信宿寇疲，则鸣鼓挑战，勿离队伍，令先锋、策先锋诱逼大阵，则以骑卒居中，步卒环之，短兵接战，亦勿令离队伍，贵持重而敌骑无以驰突也。"连远在河北前线部队和敌人会战的地点以及步外骑内的战斗部署都给早日规定了。景德元年（1004）八月出阵图示辅臣，十一月又出阵图，一行一止，付殿前都指挥使高琼等。1045年宋仁宗读《三朝经武圣路》，出阵图数本以示讲读官。又赐辅臣及管军臣僚临机抵胜图。1054年赐近臣御制攻守图。1072年宋神宗赐王韶御制攻守图、行军环株、战守约束各一部，仍令秦凤路经略司抄录。1074年又和大臣讨论结队法，并令五路安抚使各具可用阵队法，及访求知阵队法者，陈所见以闻，出攻守图二十五部赐河北。1075年讨论营阵法，郭固、沈括都提出意见，宋神宗批评当时臣僚所献阵图，以为皆妄相惑，无一可取，并说："果如此辈之说，则两敌相遇，须遣使预约战日，择一宽平之地，仍夷阜塞壑，诛草伐木，如射圃教场，方可尽其法耳。以理推之，知其不可用也决矣。"否定当时人所信从的唐李筌《太白阴经》中所载阵图，以为李筌的阵图止是营法，是防御部署，不是阵法。而采用唐李靖的六花阵法，营阵结合，止则为营，行则为阵，以奇正言之，则营为正，阵为奇，定下新的营阵法。沈括以为"若依古法，人占地二步，马四步，军中容军，队中容队，则十万人之队，占地方十余里。天下岂有方十里之地，无丘阜沟涧林木之碍者！兼九军共以一驻队为篱落，则兵不可复分，如九人共一皮，分之则死，此正孙武所谓靡军也"。可见宋神宗的论断，是采取了沈括的意见的。宋代统治者并以阵法令诸军演习，如宋仁宗即位后，便留心武备，令捧日、天武、神卫、虎翼四军肄习战阵法。1044年韩琦、范仲淹请于鄜延、环庆、泾原路各选三军，训以新定阵法；于陕西四路抽取曾押战队使臣十数人，更授以新议八阵之法，遣往河北阅习诸军。这个建议被采纳了，1045年遣内侍押班任守信往河北路教习阵法。到命将出征，就以阵图约束诸将，如979年契丹入侵，命李继隆、崔翰、赵延进等将兵八万防御，宋太宗亲授阵图，分为八阵，要不是诸将临时改变阵法，几乎打大败仗。1070年李复圭守庆州，以阵图授诸将。遇敌战败，复圭急收回阵图，推卸责任，诸将以战败被诛。

在宋代统治者讲求阵法的鼓励下，诸将纷纷创制阵图。如1001年王超援灵州，上二图，其一遇敌即变而为防阵，其一置资粮在军营之外，分列游兵持劲弩，敌至则易聚而并力。1036年洛苑使赵振献阵图。1041年知并州杨偕献龙虎八阵图。青州人赵宇献大衍阵图。1045年右领军卫大将军高志宁上阵图。1051年泾原经略使夏安期上弓箭手阵图。1055年并代钤辖苏安静上八阵图。1074年定州路副都总管、马步军都虞候杨文广献阵图及取幽燕之策。这个杨文广就是宋代名将杨六郎的儿子，也就是为人所熟知的穆柯寨里被俘的青年将领杨宗保。

在作战时，选拔骁将做排阵使。如976年攻幽州，命田钦祚与郭守文为排阵使，钦祚正生病，得到命令，喜极而死。1002年周莹领高阳关都部署，为三路排阵使。1004年澶渊之役，石保吉、李继隆分为驾前东西都排阵使，等等。

由于皇帝事先所制阵图不可能符合客观实际情况，统军将帅又不敢违背节制，只好机械执行，结果是非打败仗不可。1075年宋神宗和朝廷大臣研究对辽的和战问题，张方平问宋神宗，宋和契丹打了多少次仗，其中打了多少次胜仗，多少次败仗，宋神宗和其他大臣都答不出来。神宗反问张方平，张说："宋与契丹大小八十一战，惟张齐贤太原之战，才一胜耳。"

八十一仗败了八十次，虽然失于夸大，但是，大体上败多胜少是没有疑问的。打败仗的原因很多，其中之一是主观主义

141

的皇帝所制阵图的罪过。

　　相反，不凭阵图，违背皇帝命令的反倒可以不打败仗。道理是临机应变，适应客观实际情况。例如979年满城之战，李继隆、赵延进、崔翰等奉命按阵图分为八阵。军行到满城，和辽军骑兵遭遇，赵延进登高瞭望，敌骑东西两路挺进，连成一片，不见边际。情况已经危急了，崔翰等还在按图布阵，阵相去百步，把兵力分散了，士卒疑惧，略无斗志。赵延进、李继隆便主张改变阵势，把原来"星布"的兵力，集中为两阵，前后呼应。崔翰还怕违背节制，万一打败仗，责任更大。赵延进、李继隆拍胸膛保证，如打败仗，由他两人负责。这才改变阵势，兵力集中了，士卒忻喜，三战大破敌军。这里应该特别指出，赵延进的老婆是宋太宗尹皇后的妹子，李继隆则是宋太宗李皇后的兄弟，两人都是皇帝亲戚，所以敢于改变阵图，转败为胜。另一例子是1001年威虏军之战。镇、定、高阳关三路都部署王显奉诏于近边布阵和应援北平控扼之路。但辽军并没有根据宋真宗的"作战部署"行事，这年十月入侵，前锋挺进，突过威虏军，王显只好就地迎击。刚好连日大雨，辽军的弓以皮为弦，雨久潮湿，不堪使用，王显乘之大破敌军。虽然打了胜仗，还是忧悸不堪，以违背诏令，自请处分。宋真宗亲自回信慰问，事情才算结束。

　　前方将帅只有机械地执行皇帝所发阵图的责任，在不符合实际客观情况下，也无权临机应变，以致造成屡战屡败，丧师辱国的局面，当时的文臣武将是很深切了解这一点的，多次提出反对意见，要求不要再发阵图，给前方统帅以机动作战的权力。例如 989 年知制诰田锡上疏说："今之御戎，无先于选将帅，既得将帅，请委任责成，不必降以阵图，不须授之方略，自然因机设变，观衅制宜，无不成功，无不破敌矣。……况今委任将帅，而每事欲从中降诏，授以方略，或赐以阵图，依从则有未合宜，专断则是违上旨，以此制胜，未见其长。"999 年，京西转运副使朱台符上疏说："夫将帅者王之爪牙，登坛授钺，出门推毂，阃外之事，将军裁之，所以克敌而制胜也。近代动相牵制，不许便宜。兵以奇胜，而节制以阵图，事惟变适，而指踪以宣命，勇敢无所奋，知谋无所施，是以动而奔北也。"1040 年三司使晏殊力请罢内臣监军，不以阵图授诸将，使得应敌为攻守。同时王德用守定州也向宋仁宗指出真宗时的失策："咸平景德（时）边兵二十余万，皆屯定武，不能分扼要害，故敌得轶境，径犯澶渊。且当时以阵图赐诸将，人皆谨守，不敢自为方略，缓急不相援，多至于败。今愿无赐阵图，第择诸将，使应变出奇，自立异功，则无不济。"话都说得很透彻，但是，都被置之不理，像耳边风一样。其道理也很简单，一句话就是统治者对爪牙的不信任。最好的证据是以下一个例子。922 年盐铁使李惟清建议慎擢将帅，以有威名者俾安边塞，庶节费用。宋太宗对他说私话："选用将帅，亦须深体今之几宜。……今纵得人，未可便如古委之。此乃机事，卿所未知也。"由此看来，即使将帅得人，也不能像古代那样授权给他们，而必须由皇帝亲自节制，阵图是节制诸将的主要手段，是非要不可的。

王安石和宋神宗曾经几次讨论宋太宗以来的阵图问题，并且比较了宋太祖、太宗兄弟两人的御将之道，说得十分清楚。

一次是在熙宁五年（1072）八月：

神宗论太宗时用兵，多作大小卷（阵图）付将帅，御其进退，不如太祖。

王安石曰：太祖知将帅情状，故能得其心力。如言郭进反，乃以其人送郭进，此知郭进非反也，故如此。所以如进者皆得自竭也。其后郭进乃为奸人所摧，至自杀。杨业亦为奸人所陷，不得其死。将帅尽力者乃如此，则谁肯为朝廷尽力？此王师所以不复振，非特中御之失而已。

神宗曰：祖宗时从中御将，盖以五代时士卒或外附，故惩其事而从中御。

王安石曰：太祖能使人不敢侮，故人为用，人为用，故虽不中御，而将帅奉令承教无违者，此所以征则强，守则固也。

指出从中御将，颁赐阵图是惩五代之事，是怕士卒叛变，怕将帅割据，指出宋太祖虽不中御，而将帅奉令惟谨。反面的话也就是宋太宗和他以下的统治者，不能使人不敢侮，因之也就越发不放心，只好从中御将，自负胜败之责了。

另一次讨论在第二年十一月：宋神宗问先朝何以有澶渊之事。

安石曰：太宗为傅潜奏防秋在近，亦未知兵将所在。诏付两卷文字，云兵数尽在其中，候贼如此，即开某卷，如彼，即开某卷。若御将如此，即惟傅潜，王超乃肯为将。稍有才略，必不肯于此时为将，坐待败衄也。但任将一事如此，便无以胜敌。

连兵将所在、兵数多少也不知道的前方统帅，只凭皇帝所发阵图作战。这样的统帅，这样的御将之道，要打胜仗是绝对不可能的。这是宋辽战争中宋所以屡战屡败,不能收复幽燕的原因之一。这也是宋代著名将帅如广大人民所熟知的杨业,所以遭忌战死,狄青做了枢密使以后,被人散布谣言去职忧死的原因。因为这些人都不像傅潜、王超那样,而是有才略、有决断、有经验、有担当的。

同时,这一事实也反映了宋代统治阶级内部的深刻矛盾。

第
三
编

老百姓的日常生活——从小处看大局

历史上的国民身份证

一

今天在各地所施行的国民身份证制度，尽管立法的人是自以为学的"先进"国家的衣钵，其实，仔细研究一下，形式虽欧化，骨子里的精髓，却道道地地是东方的。这有其历史上的根源，我的意思是说，这一套办法确是两千年来的统治术的复活，旧内容、新形式。

我愿意以历史学者的立场，对这问题加以历史的探索。

从历史上来考研身份证制度，这东西汉代叫作传，唐代叫作过所，宋代称为公凭，明代则名为路引。凡外国人入境，本国人从甲地到乙地，都必须随身携带，证明他的身份职业、行李多少和旅行目的，尤其是年龄。在征兵制度下，合于兵役年龄的壮丁，是不许可无故离开所属的兵役区的。没有身份证的，不是罪犯，便是逃兵，关津不许通过。君权的支柱之一是军队，身份证是保障兵源的重要措施。君权的永固必须铲除异己的力量，无论是思想上或行动上的反对者，身份证恰恰保证了这一点。明代军民分开，路引制度的重点就特重在防闲人民，把人民圈禁在土地上，使之不能动弹。

二

　　王国维《简牍简署考》："传信有二种，一为出入关门之传，郑氏《周礼注》所谓若今过所文书是也。"《周礼·地官·司徒》郑注："传如今过所文书，当载人年几及物多少，至关至门，皆别写一通入关家门家，乃案勘而过，其内出者义亦然。"崔豹《古今注》记传之形制说："凡传皆以木为之，长五寸，书符信于上，又以一板封之，皆封以御史印章，所以为信也，如今之过所也。"《汉书·文帝纪》："十二年三月（前168）除关无用传。"注："张晏曰：传，信也，若今过所也。如淳曰：两行书帛，分持其一，出入关合之乃得过，谓之传也。李奇曰：传，棨也。师古曰：张说是也。古者或用棨，或用缯帛，棨者刻木为合符也。"由此知古代之传，即后代之过所，传有两种，一种用木，一种用帛，都有正副两份。

　　汉代的传，或用或废，前后不一，文帝十二年废传，景帝时复置，武帝初年又废。《汉书·窦婴传》说："文帝时除关无用传，景帝四年（前153）以七国反复置。武帝时窦婴为丞相，复除之。"婴死后，又恢复了。《终军传》说："年十八选为博士弟子，从济南当诣博士，步入关，关吏予军繻，军问以此何为？吏曰：为复传。还当以合符。军曰：大丈夫西游，终不复传还，弃繻而去。军为谒者，使行郡国，建节东出关，关吏识之曰：此使者乃前弃繻生也。"窦婴以汉武帝建元元年为丞相，元光四年死（前140至前131），除传当是这十年内的事。终军年十八为博士弟子，元朔五年（前124）六月置博士弟子五十八。死时年二十余，故世谓之终童。军入关至长安上书言事，拜为谒者给事中，从上幸雍，祠五畤，获白麟一角而五蹄，由是改元为元狩（前122）。军入关时已复用传，知复传当在元朔五年以前。《汉书》注："张晏曰：繻音须，繻，符也。书帛裂而分之，若券契矣。苏林曰：绢，帛边也。旧关出入皆以传，传烦，因裂繻头，合以为符信也。"复传，师古注曰："复，返也，谓返出关，更以为传。"由此知汉武帝复传以后，传的形制渐趋简单化，过关才用，管传的便是关吏。又知平民出入关用传，朝廷使者仗节出入，便用不着了。这制度似乎到东汉还因仍旧贯，《后汉书·郭丹传》说："后从师长安，买符入函谷关。乃慨然叹曰：'丹不乘使者车，终不出关。'"注："符即繻也，买符非真符也。《东观纪》曰：丹从宛人陈洮买入关符，既入关，封符乞人也。"和终军的故事一样，所不同的是终军是地方保送到长安受学的博士弟子，有官方的证明文件，关吏无条件予繻。郭丹则是以私人身份入关，而入关是要证明的，得想法从宛人陈洮买繻。从"买"字说，必定得付一笔钱，也是可想而知的。

隋代叫传作公验，《隋书·文帝纪》："开皇十八年（598）九月庚寅敕，客舍无公验者，坐及刺史、县令。"

唐代叫作过所，定制最为详密。《旧唐书·职官志》："尚书刑部司门郎中、员外郎（各一人）之职，掌天下诸门及关出入往来之籍，赋而审其政。关所以限中外，隔华夷，设险作固，闲邪正禁者也。凡关呵而不征。凡度关者，先经本部本司请过所，在京则省给之，在州则州给之，而虽非所部，有来文者，所在亦给（出塞逾月者给行牒，猎手所过给长籍，三月一易）。"括弧内用《新唐书·百官志》补。地方则有户曹司户参军，专掌户籍计账，道路过所。关有关令，凡行人车马出入往来，必据过所以勘之。《唐律疏议·卫禁》："诸私度关者徒一年，越度者（不由门为越）加一等。疏议曰：水陆等关，两处各有关禁。行人来往，皆有公文，谓驿使验符券，传送据递牒，军防丁夫有总历，自余各请过所而度。若无公文私从关门过，合徒一年。越度者谓关不由门，津不由济而度者，徒一年半。诸不应度关而给过所（取而度者亦同），若冒名请过所而度者，各徒一年。疏议曰：不应度关者，谓有征役番期及罪谴之类，皆不合辄给过所，而官司辄给，及身不合度关而取过所度者，若冒他人名请过所而度者，徒一年。"过所必须本人执用，如家人相冒，杖八十。主司及关司知情，各与同罪。甚至家畜出入亦需请过所。诸关津度人，无故留难者，一日主司笞四十，一日加一等，罪止杖一百。若军务急速而留难不度，致稽废者，自从所稽废重论。诸私度有他罪重者，主司知情，以重者论。疏议曰：或有避死罪逃亡，别犯徒以上罪，是各有他罪重，关司知情者，以故纵罪论，各得所度人重罪。到宝应元年（762），因军务关系，又令骆谷、金牛、子午等路，往来行客所将随身器仗，今日以后，除郎官御史诸州都统进奉等官，任将器械随身，自余私客等，皆须过所上具所将器械色目，然后放过。如过所上不具所将器械色目数者，一切于守捉处勒留。

唐过所形制，据日本《三善清行智证大师传》所录圆城寺所藏圆珍过所，依原来的款式，移录如下：

越州都督府

日本国内供奉敕赐紫衣僧圆珍年四十三行者丁满年五十驴两头并随身经书衣钵等

上都已来路次检案内人二驴两头并经书衣钵等

得状称仁寿三年七月十六日离本国大中七年九月十四日到唐国福州至八年九月二十日到越州开元寺听习今欲

略往两京及五台山等巡礼求法却来此听读恐

所在州县镇铺关津堰寺不练行由伏乞给往

还过所勘得开元寺三纲僧长泰等状同事须给过所者准给者此已给讫幸依勘过

大中九年三月十九日给

仁寿是日本文德天皇年号，仁寿三年当唐宣宗大中七年，公元 853 年。

唐末扰乱，政府统治力量一天比一天弱，过所制度也自然而然地破坏了。梁开平三年（909），政府想重新整顿，加强控制，特派宰相专管。《五代会要·司门》："十月敕，过所先是司门郎中员外郎出给，今寇盗未平，恐漏奸诈，宜令宰臣赵光逢专判。凡出给过所，先具状经中书点检判下，即本司郎中据状出给。"到后汉乾祐元年（948）又敕："左司员外郎卢振奏，请应有经过关津州府诸色人等，并须于司门请给公验，令所在辨认，方可放过，宜依所陈，颁示天下。"据《旧五代史·杨邠传》："邠即专国政……自京师至诸州府行人往来，并须给公凭。所由司求请公凭者，朝夕填咽。旬日之间，民情大扰，行路拥塞，邠乃止其事。"公凭《新五代史》作过所。

乾祐上距开平，不过四十年，乾祐的办不通，那么，开平的怕也是纸面文章吧。宋代继承杨邠的办法，也叫公凭。使用的人似乎以商旅为最多。李焘《续资治通鉴长编》一〇六："天圣六年（1028）九月癸丑，益州钤辖刘承颜言：商旅入川无凭者，多由葭萌私路往，请如剑门置关，仍令逐处给公凭，至者察验之，谓从其请。"便是一例。

从汉唐两代的制度推测，据《唐律》，有征役番期及罪谴之人，皆不合给过所，可以知道过所的主要作用，是防止军士或后备军的逃亡，附带的才是罪人或逃犯的度越。汉行征兵制，唐行府兵制，传或过所必须载明身份、年龄、籍贯，为的是防止合龄壮丁军伍的逃匿，是保障兵源的重要手段。汉末征兵制度破坏，代以募兵，唐后期藩镇割据，朝廷和藩镇都以募兵作战，由此，也可以了解从汉末到魏晋南北朝这一段和唐末到元这一时期，关于身份证制度记载不详的原因了。

三

公凭在明代叫作路引，军民往来，必凭路引，违者关津擒拿，按律治罪。

假如汉唐的传和过所，目的是偏重在保障兵源的话，那么，明代的路引，用意是偏重在钳制、束缚、管辖和镇压人民。

要明白明代路引制度的作用，最好用创立这制度的人自己的话来说明。明太祖在洪武十九年（1386）颁行的《御制大诰续编》里几次提到路引。他要四民各安其业，特别指出要互知丁业，也就是互相监视。训词说："先王之教，其业有四，曰：

士农工商。昔民从教，专守四业，人民大安。异四业而外乎其事，未有不堕刑宪者也。朕本无才，曰先王之教，与民约告，诰出，凡民邻里，互相知丁，互知务业，俱在里甲。县府州务必周知，市村绝不许有逸夫。若或异四业而从释道者，户下除名。凡有夫丁，除公占外，余皆四业，必然有效。若或不遵朕教，或顽民丁多，及单丁不务生理，捏巧于公私，以构患民之祸，许邻里亲戚诸人等，拘拿赴京，以凭罪责。若一里之间，百户之内，见诰仍有逸夫，里甲坐视，邻里亲戚不拿其逸夫者，或于公门中，或在市间里，有犯非为，捕获到官，逸夫处死，里甲四邻，化外之迁的不虚示！"人人都安于四业，才好统治。

所谓逸夫，是不务四业之人，专会煽惑鼓动，不说"明王出世"，就喊"弥勒降生"，像元末传播革命的彭莹玉、韩山童、郭子兴和他自己，都是好例子。要清除这类危险分子，必须知丁，如何知丁？"知丁之法，某民丁几，受农业者几，受士业者几，受工业者几，受商业者几。"也就是调查户口，这一项他已经花了十几年工夫，调查停当，作了户帖（户口卡片）和黄册（户口调查清册），并且把户口编成里甲，十户为甲，十甲为里。甲有甲长，里有里长，头头是道了。问题是如何才能保证每一丁都是安分良民呢？一个方法是互相监视，"且欲士者志于士，进学之时，师友某氏，习有所在，非社学则入县学，非县必州府之学，此其所以知士丁之所在。已成之士为未成士之师，邻里必知生徒之所在，庶几出入可验，无异为也。"学生是有学籍的，先生有人看着，也不会有异为。至于农民，"农业者不出一里之间，朝出暮入，作忌之道互知焉。"大家都彼此知道的，可以放心。这两类人假如要出门，离家百里之外，就必得有路引来证明身份。至于工人和商人，流动性较大，"专工之业，远行则引明所在，用工州里，往必知方，巨细作为，邻里探知。巨者归迟，微者归疾，出入有不难见也。商本有巨微，货有重轻，所趋远迩水陆，明于引间，归期艰限其业，邻里务必周知。若或经年无信，二载不归，邻里当觉之询故，本户若或托商在外非为，邻里勿干"。工商人外出，引上是载明远近和水陆路程的，邻里有责任调查明白，过期要向官府报告，才脱得了干系。为什么要这样做呢？是怕"使民恣肆冗杂，构非成祸，身堕刑宪，将不得其死者多矣"。一句话，复杂得很，危险得很。接着他又提出辨验丁引的诰词："此诰一出，自京为始，遍布天下，一切臣民，朝出暮入，务必从容验丁。市村人民舍客之际，辨人生理，验人引目相符而无异。然犹恐托业为名，暗有他为，虽然业兴引合，又识重轻巨微贵贱，倘有轻重不伦，所赍微细，必假此而他故也。良民察焉。"验商引物："今后无物引老者（引老是引已过期者），虽引未老，无物可鬻，终日支吾者，坊厢村店拿捉赴官，治以游食，重则杀身，轻则黥窜化外。设若见此不拿，为他人所获，所安（住）之处，本家邻里罪如上。"凡是良民，都要自动辨验生人的引目，要注意引和人相符，和货相符，如有问题，要立刻擒拿赴官，否则，要处连坐之罪。这样一来，就构成了一个全体四民的天罗地网，人人都是侦察调查的对象，"逸夫"就无所逃于天地之间，皇基也就永固了。

根据这原则制定的法律，《弘治会典》一一三："凡军民人等往来，但出百里者，即验文引。凡军民无文引，及内官内使来历不明，有藏匿寺观者，必须擒拿送官，仍许诸人首告。得实者赏，纵容者同罪。"又"凡天下要冲去处，设立巡检司，专一盘诘往来奸细，及贩卖私盐，犯人逃军逃囚，无引面生可疑之人，须要常加捉提督。"《明律·兵律》："凡无文引私度关津者，杖八十。关不由门，津不由渡而越度者，杖九十。若越度缘边关塞者，杖一百，徒三年，因而出外境者绞。若军民出百里之外不给引者，军以逃军论，民以私度关津论。"法意和《唐律》相同，但把军民的活动范围，限于百里之内，也就是把人民的生活圈禁在生长的土地上，法律造成了无形的百里宽广的监狱，则又比汉唐严酷得多了。

这制度就许多史料看来，在明代是被严格执行着的。如《大续编》第二十二《粮长瞿仲亮害民》："上海县粮长瞿仲亮拘收纳户各人路引，刁蹬不放回家。"由这例子，可见纳粮户没有路引，是不能回家的。如《明太祖实录》八十三："洪武六年（1373）六月癸卯，常州府吕城巡检司盘获民无路引者，送法司论罪。问之，其人以祖母病笃，远出求医，急，故无验。上闻之曰：此人情可矜，勿罪释之。"这一例子又说明了请引要用相当时间。如祝允明《前闻记》："洪武中，朝旨开燕脂河，大起工役，先曾祖焕文与焉。时役者多死，先曾祖独生全。工满将辞归，偶失去路引，分该死。"则替政府服役也要路引，失路引且有死罪。《明英宗实录》四十四："正统三年（1438）七月甲申，湖广襄阳府宜城县知县廖仕奏：诸处商贾给引来县生理，因见地广，遂留恋不归，甚至娶妻生子，结党为非。窃恐天下地广人稀之所，似此不少，宜加禁防。事下行在户部，以为宜督责归家，其有愿占籍于所寓以供租赋者，听从之。"
陆楫《兼葭堂杂著》："宗人有欲商贾四方以自给者，亦听从
有司关给路引以行，回籍之日，付本府长史司验引发落，有司
附册填注，以凭抚案刷卷类查。"前一例是普通商贾，后一例
则是皇家商人了。陆容《菽园杂记》十："成化末年（1478）
京师多盗，兵部尚书余公议欲大索京城内外居民，乃差科道部
属等官五十员，分投街巷，望门审验。时有未更事者，凡遇寄
居无引者悉以为盗，送系兵马司。"大索即大检查户口，也可
译为户口普查。寄居无引者都被捕送官，则可见在原则上，当
时的外籍侨寓人也必须有引了。朱国桢《涌幢小品》卷二十"万
里寻亲"记："万历乙亥（1575）云南大理府太和县人赵重华
请路邮于郡太守以出，从丹阳过毗陵，被盗攫其资去，所遗者
独胸囊路邮耳。"又卷十二："陈淡，江都人，尝按云南，遣
人诣其家文书匣检阅，有江西贩客路引。"张居正《张文忠公
集·书牍十二·答台长陈楚石》："巡检官职虽卑，关系甚重，
此官若得其职，则诘盗查奸，功居地方有司之半，非浅鲜也。
况近奉旨清查路引，严关隘，则此官尤当加意者，亟宜题请修复。"
从这三个例子看来，一直到十六世纪后期，路引制度还是明朝
政府所奉行的控制人民的统治术，张居正做宰相，甚至还着实
地整顿了一下。

　明代的引也像汉代一样，是要付钱买的。《大诰》第
二十一《勾取逃军》："兵部勾取逃军，其布政司府州县贪图
贿赂，不将正犯解官，往往拿解同姓名者……父母妻子悲啼送
礼……有司刁蹬，不与引行。既而买引，沿途追赶。"得引不

容易，管引的官也有拿卖引生利的。《大诰续编》第三十八《匿奸卖引》："南城兵马指挥赵兴胜，警巡坊厢，路引之弊赃多，凡出军民引一张，重者（钞）一锭，中者四贯，下者三贯，并无一贯两贯引一张者。其引纸皆系给引之人自备。兴胜却乃具文关支，三年间一十五万有奇，已往七年不追，止追十八年半年纸札，其钞已盈万计。"

因为有引便可保证行旅的安全，关津的查诘，因之就发生空引（空白路引）的问题，不能不用严刑取缔。《大诰三编》第五《空引偷军》："所在官民，凡有赴京者，往往水陆赴京，人皆身藏空引。及其至京，临归也，非盗逃军而回，即引逃囚而去。此弊甚有年矣。今后所在有司，敢有出空引者、受者皆枭，令籍没其家。关津隘口及京城各门盘获空引者赏钞十锭，赍引者罪如前，拿有司同罪。"

唯一例外，不需路引的是到京都去告密的地主豪绅。《大诰》第四十六《文引》："凡布政司府州县耆民人等赴京而奏事务者，虽无文引，同行人众，或三五十名，或百十名，至于三五百名，所在关津把隘关去处，问知而奏，即时放行，毋得阻挡。阻者，论如邀截实封律。"

除了大量的军队镇压，除了层层的官僚统治，除了大规模的屠杀，除了锦衣卫和东、西厂的特务恐怖，明代还应用自古以来从传到过所这一套制度，把它发展，严密地组织。以人民为假想敌，强迫人民互知（互相侦察）举发，没有一丝漏洞，构成了窒杀人民、囚禁人民的天罗地网，来维持朱家万世一系专制、独裁、昏淫、残暴的统治，这就是明代的路引制度。

有了这一套，洪武十五年（1382）明太祖安心地叫户部榜谕两浙江西之民说："为吾民者当知其分。田赋力役出以供上者乃其分也。能分其分，则保父母妻子，家昌身裕，为仁孝忠义之民，刑罚何由及哉！近来两浙江西之民，多好争讼，不遵法度，有田而不输租，有丁而不应役，累其身以及有司，其愚亦甚矣！曷不观中原之民，奉法守分，不妄兴词讼，不代人陈诉，惟知应役输租，无负官府，是以上下相安，风俗淳美，共享太平之福。以此较彼，善恶昭然。今将谕尔等，宜速改过迁善，为吾良民，苟或不悛，则不但国法不容，天道亦不容矣。"人民出粮出丁是本分，不出，不但国法不容，连天道也不容。至于为什么要出粮出丁，出了能得什么好处，不但明太祖和他的子孙没有说过，连想也从来没有想到过。

古人的坐、跪、拜

年轻时候看旧戏，老百姓见官得跪着，小官见大官得跪着，大官见皇帝也得跪着，跪之不足有时还得拜上几拜，心里好生纳罕，好像人们长着膝盖就是为着跪、拜似的。为什么会有这种礼节呢？

后来读了些书，证明戏台上的跪、拜确是反映了古代人们的生活礼节。例如清末大学士瞿鸿禨的日记上就记载着清朝的宰相们和皇帝、皇太后谈话的时候都一溜子跪在地上，他们大多数人都年纪大了，听觉不好，跪在后边的听不清楚皇帝说的什么，就只好推推前边跪的人问到底说的是什么。有的笔记还记着这些年老的大官怕跪久了支持不住，特地在裤子中间加衬一些东西，名为护膝。而且不只是宫廷、官府如此，民间也是这样的。如蔡邕《饮马长城窟行》："长跪读素书，书上竟何如？"古诗："上山采蘼芜，下山逢故夫。长跪问故夫，新人复何如？"《后汉书·梁鸿传》说孟光嫁给梁鸿，带了许多嫁妆，过门七天，梁鸿不跟她说话，孟光就跪在床下请罪。《孔雀东南飞》："府吏长跪答，伏维启阿母。"可见妇女对男子、儿子对母亲也是有长跪的礼节的。这到底是什么缘故呢？

原来古代人是席地而坐的，那时候没有椅子、桌子之类的家具，不管人们在社会上地位的高低，都只能在地上铺一条席子坐在地上。例如汉文帝和贾谊谈话谈到夜半，谈得很投机，文帝不觉前席，坐得靠近贾谊一些听取他的意见。至于三国时代管宁和华歆因为志趣不同割席的故事，更是尽人皆知不必细说了。正因为人们日常生活学习也罢工作也罢都是坐在地上的，所以跪、拜就成为表示礼节的方式了。宋朝朱熹对坐、跪、拜之间的关系有很好的说明。他说："古人坐着的时候，两膝着地，脚掌朝上，身子坐在脚掌上，就像现在的胡跪。要和人打招呼，肃拜就拱两手到地；顿首呢，是把头顿于手上；稽首则不用手而以头着地，像现在的礼拜。这些礼节都是因为跪、坐着而表示恭敬的。至于跪和坐又有小小不同处：跪是膝着地伸腰及股。坐呢？膝着地以臀着脚掌。跪有危义，坐则稍安。"

从朱子这篇文章看来，宋朝人已经弄不清跪、坐、拜的由来了，所以朱熹得做这番考证。

有人不免提出疑问：人们都坐在地上，又怎么能工作和吃饭呢？这也不必担心，古人想出了办法，制造了一种小案放在席上，可用以写字、吃饭。梁鸿和孟光夫妻相敬如宾吃饭的时候，孟光一切准备好了，举案齐眉。把案举高到齐眉毛。这个案是很小、很轻的。要不然像今天一般桌子那样大小，孟光就非是个大力士不可。

因为古代人们都是坐在地上的，所以就得讲清洁卫生，要不然一地的灰尘，成天坐着，弄得很脏，成何体统？

到了汉朝后期，北方少数民族的一种家具——胡床传进来了。行军时使用非常方便，曹操就曾坐在胡床上指挥作战。后来从胡床一变而为家庭使用的椅子。椅子高了就得有较高的桌子，从此人们就离开了席子，不再席地坐，改为坐椅子、凳子了。家庭也罢，机关也罢，内部的陈设也随之而改变了。

人们的生活环境起了很大的变化，但是根据席地而坐滋生的礼节跪和拜却仍旧习惯地继承下来。坐和跪、拜分了家，以此跪和拜也就失去了原来生活上的意义，单纯地成为表示敬意和等级差别的礼节了。

由此看来不是我们的祖先喜爱跪、拜，而是由生活方式、物质条件决定的。辛亥革命以后，不止革了皇帝的命也革了跪、拜的命，不是很好的说明吗？

宋元以来老百姓的称呼

旧戏上小生的道白，常有学名什么，官名什么。足见在封建社会里学生上学起学名，一旦做了官又有官名。那么，没上学，没做官以前，平常老百姓叫什么呢？戏文上凡是旅店里的服务员，一律都叫作店小二。至于一般人，因为史书上很少记载老百姓的事情，多年来也只好阙疑了。

求之正史不得，只好读杂书，读了些年杂书，这个疑算是解决了。原来阶级的烙印，连老百姓起名字的权利也不曾放过。在古代封建社会里，平民百姓没有功名的，是既没有学名，也没有官名的。怎么称呼呢？用行辈或者父母年龄合算一个数目作为一个符号。何以见得？清俞樾《春在堂随笔》卷五说：

徐诚庵见德清蔡氏家谱有前辈书小字一行云：元制庶人无职者不许取名，而以行第及父母年龄合计为名，此于《元史》无征。然证以高皇帝（明太祖）所称其兄之名，正是如此，其为元时令甲无疑矣。见在绍兴乡间颇有以数目字为名者，如夫年二十四，妇年二十二，合为四十六，生子即名四六。夫年二十三，妇年二十二，合为四十五，生子或为五九，五九四十五也。

俞樾又引申徐诚庵之说，指出明初常遇春的曾祖四三，祖

164

重五，父六六。汤和曾祖五一，祖六一，父七一，亦以数目字为名。他又引宋洪迈《夷坚志》所载宋时杂事，有兴国军民熊二，鄱阳城民刘十二，南城田夫周三，鄱阳小民隗六，符离人从四，楚州山阳县渔者尹二，解州安邑池西乡民梁小二，临川人董小七，徽州婺源民张四，黄州市民李十六，仆崔三，鄱阳乡民郑小五，金华孝顺镇农民陈二等等，根据这些例子分析，其一，这些人都是平常百姓，其二，地区包括现在的安徽、浙江、江西、山西、湖北等地，其三，称呼都以排行数字计算，因此，下的结论是"疑宋时里巷细民，固无名也"。

其实，宋代平民姓名见于清明集户婚门的很多，如沈亿六秀，徐宗五秀，金百二秀，黎六九秀之类。明太祖的父亲叫五四，名世珍，二哥重六名兴盛，三哥重七名兴祖，明太祖原来也叫重八，名兴宗，见潘柽章《国史考异》引承休端惠王统宗《绳蛰录》，可见明太祖一家原来都以数字命名的。至于世珍兴宗这一类学名官名性质的名字，大概都是明太祖爬上统治阶级以后所追起的。

明初安徽地区的平民如此，江苏也是如此。例如张士诚原名九四，黄溥《闲中今古录》说："有人告诉朱元璋，张士诚一辈子宠待文人，却上了文人的当。他原名九四，作了王爷后，要起一个官名，有人替他起名士诚。朱元璋说：'好啊，这名字不错。'那人说：'不然，上大当了。'孟子上有：'士，诚小人也。'这句话也可以读作'士诚，小人也。'骂张士诚是小人，给人叫了半辈子小人，到死还不明白，真是可怜。"可见张士诚的名字也是后来起的。

不只是宋、元，明初以及清朝后期的绍兴，甚至到清朝末年以至民国初年，绍兴地方还保留着这个阶级烙印的传统，不信吗？有鲁迅先生的著作为证。他在《社戏》一文中所列举的人名就有八公公、六一公公之类，在另一篇中还有九斤老太呢。

　　上面讲到宋朝的人名下面有带着秀字的，秀也是宋、元以来的民间称呼，是表示身份地位的。明初南京有沈万三秀，是个大财主，让明太祖看中了，被没收家财，还充军到云南。秀之外又有郎，王应奎《柳南随笔》卷五说："江阴汤廷尉公《余日录》云：明初闾里称呼有二等，一曰秀，一曰郎。秀则故家右族，颖出之人，郎则微裔末流，群小之辈。称秀则曰某几秀，称郎则曰某几郎，人自分定，不相逾越。"可见从宋到明，官僚贵族子弟称秀，市井平民则只能称郎，是不能乱叫的。沈万三称秀是因为有钱。另一个例子，送坟地给朱元璋的那个刘大秀则是官僚子弟。光绪《凤阳县志》卷十二："刘继祖父学老，仕元为总管。"继祖排行第一，所以叫作大秀。

　　这样，也就懂得戏文里演的民间故事，男人叫作什么郎的道理了。也就难怪卖油郎独占花魁这个故事，秦小官卖油，就叫作卖油郎的来由了。还有，明、清两代社会上有一句话"不郎不秀"，是骂人不成材，高不成低不就的意思，一直到现代，还有些地区保留这句话，却很少人懂得原来的含意了。

　　从以上一些杂书，可以看出，宋元明以来的平民称呼情况，这类称呼算不算名字呢，不算。也有书可证。明太祖出家时得到过汪刘两家人的帮助。做了皇帝后他封这两家人做官，还送给这两家青年时代的朋友两个名字，《明太祖文集》卷五赐汪文、刘英敕："今汪姓刘姓者见勤农于乡里，其人尚未立名，特赐之以名曰文，曰英。"汪文、刘英的年龄假定和明太祖相去不远，公元1344年约年十七八岁，那么，到洪武初年已经四十多岁了，还没有名字。其道理是做了一辈子农民。可见他们原来的无论行辈或者合计父母年龄的数字符号都不能算名字，没有上过学，没有做过官，也就一辈子做个无名之人。这两个人因为和皇帝有交情，做了署令史官，做官应该有官名，像个官样子，圣旨赐名，才破例有了名字。

这也就难怪正史上从来不讲这个事情的道理了。不但"元史无征"，什么史也是无征的道理了。

古代服饰及其他

在封建社会里，也和今天一样，人人都要穿衣裳。但是，有一点不同，衣裳的质料、颜色、花饰有极大讲究，不能随便穿，违反了制度，就会杀头，甚至一家子都得陪着死。原来那时候，衣裳也是表示阶级身份的。以质料而论，绸、缎、锦、绣、绡、绮等等都是统治阶级专用的，平民百姓只能穿布衣。以此，布衣就成为平民百姓的代名词了。有些朝代还特地规定，做买卖的有钱人，即使买得起，也禁止着用这些材料。以颜色而论，大红、鹅黄、紫、绿等染料国内产量少，得从南洋等地进口，价格很贵。数量少，价钱贵，色彩好看，这样，连色彩也被统治阶级专利了。皇帝穿黄袍，最高级的官员穿大红，大紫，以下的官员穿绿，皂隶穿黑。至于平民百姓，就只好穿白了，以此，"白衣"也成为平民百姓的代名词。至于花饰，在袍子上刺绣或者织成龙、凤、狮子、麒麟、蟒、仙鹤、各种各样的鸟等等，也是按贵族、官僚的地位和等级分别规定的。平民百姓连绣一条小虫儿小鱼儿也不行，更不用说描龙画凤了。不但如此，在统治阶级内部，也有极大讲究。例如龙袍，只有皇帝才能穿；绣着凤的服装，只有皇后才配穿。即便是最大的官僚，如穿这样的服装，就犯"僭用""大逆不道"的罪恶，非死不可。北宋时有一个大官僚，很能办事，也得到皇帝信任。有一次多喝了一点酒，不检点穿件黄衣服，被人看见告发，几乎闯了大祸。明太祖杀了很多功臣，其中有几个战功很大的，被处死的罪状之一是僭用龙凤服饰。本来，贵族、官僚和平民都一样长着眼睛鼻子，一样黄脸皮，黑头发，一眼看去，如何能分出贵贱来？唯一区别的办法是用衣裳的质料、色彩、花饰，构成等级地位的标识。特别是花饰，官员一般在官服的前胸绣上动物图案，文官用鸟，武官用兽，其中又按品级分别规定哪一级用什么鸟什么兽，是一点也不能含糊的。这样，不用看面貌，一看衣裳的颜色和花饰就知道是什么地位的贵族，什么等级的官员了。当然，衬配着衣裳的还有帽子、靴子，例如皇帝的平天冠，皇后和贵族妇女的凤冠，官员的纱帽、朝靴，以及身上佩带的紫金鱼袋或者帽上的翎毛，坐的车饰，轿子的装饰和抬轿的人数，和住的房子的高度，间数多少，用什么瓦之类等等。在北京，许多旧建筑，主要是故宫，不是都盖的是黄琉璃瓦吗？这种房子只有皇帝才能住。再不，就是死去的皇帝，例如帝王庙。神佛也被优待，像北海的天王殿也用琉璃瓦，不过是杂色的。为了确保专用的权利，历代史书上都有舆服志这一类的专门记录，在法律上也有专门的条款。各个阶级的人们规定穿用不同的服装，住不同的房子，使用不同的交通工具，绝对不许乱用。遵守规定的叫合于礼制，反之就是犯法。合于礼制的意思，就是维护封建秩序。但是，也有例外，例如在统治阶级控制力量削弱的时候，富商大贾突破规定，乱穿衣裳，模仿宫廷和官僚家庭打扮，或者索性拿钱买官爵，穿着品官服装，招摇过市。

至于农民起义战争爆发后，起义的人们根本不管这一套，爱穿什么就穿什么，那就更不用说了。今天这些都已经成为历史上的陈迹了。宫殿、王府、大官僚的邸第还可以看到，只是已经变了性质，例如故宫和天王殿都成为博物馆，帝王庙办了中学，成为人民大众游览和学习的场所了。至于服装，除了在博物馆可以看到一些以外，人们还可在舞台上看到。

庶民服饰

在过去，虽然有贵贱尊卑的等差，虽然有贵族庶民的区别，生存的机会倒还算平等，皇帝得活，老百姓也得活。而且，统治者们纵然昏庸腐烂到了极点，至少还剩一点小聪明。他们的生活是建筑在对老百姓的剥削上，"留得青山在，不怕没柴烧"，慢慢地一滴滴地享用，打个长远算盘，竭泽而渔，杀鸡求卵，取快一时，遗臭百世的短命办法，他们是不愿意而且也不敢采取的。因此，历代以来的重农政策，历代以来的救荒赈灾政策，以及士大夫不许与民争利的法令，小恩小惠，以及治河渠，修水利，贷种子，抚流民，种种治国鸿猷，多多少少为老百姓保障一点生存的权利。

剥削老百姓有个分寸，是汉唐宋明所以历年数百的主因。末叶的不肖子孙，剥溜了手，分寸也忘了。官逼民反，是汉唐宋明以及其他朝代之所以崩溃覆灭的原因。

因为有个分寸，老百姓还剩得点饭吃，他们以无比的勤劳刻苦，披星戴月，胼手胝足，少有点积蓄，也就不免润屋润身，装点一下。然而，这一来，又不免使统治者头痛了，他们以为章服居室舆从是所以别贵贱，限尊卑的，一切中看中吃中用的东西都应该为贵者尊者所专利，老百姓发了迹，居然也要闹排场。"唯名与器，不可以假人"，孔子尚在惜繁缨，自命为遵奉孔子道统的君王巨卿，又岂敢不诚惶诚恐地遵守，自绝于名教！以此，历代史乘上不许老百姓这样，不许老百姓那样的法令也就层出不穷了。试举一例，《明太祖实录》卷五十五：

洪武三年（1370）八月庚申，省部定议，职官自一品至九品，房舍车舆器用衣服各有等差。庶民房舍不过三间，不得用斗拱彩色。其男女衣服并不得用金锦绣绮丝绫罗，止用绸绢素纱。首饰钏镯不得用金玉珠翠，止用银，靴不得裁制花样、金线装饰，违者罪之。

卷七十三：

洪武五年(1372)三月乙卯，诏庶民妇女袍衫，止以紫、绿、桃红及诸浅淡颜色，其大红、鸦青、黄色，悉禁勿用，带以蓝绢布为之。

六百年后的今天，贵贱尊卑的等差固然被革命革除。可是，附带的最低的一点老百姓生存的权利也跟着革掉了。跟着买办资本、官僚资本、地主和军阀资本的发展，社会上显然只剩两个集团，一个有钱有势的，一个无钱无势的。靠着战争的赐予，有的愈有，无的愈无；一面是朱门酒肉臭，一面是路有冻死骨；一面是逃囤资金于国外，一面是肘穿踵露，儿女啼饥号寒；一面是荒淫无耻，一面是流徙四方。不但金锦绣绮丝绫罗，被有的集团所专利，就连绸绢素纱也被囤积了，不但金玉珠翠，被有的集团所专利，连银子也运到外国去了，老百姓所剩下的唯一财产就是一条不值半文钱的命。

钱的有无和多少，决定了新的社会阶层，造成了对立的两个阶级，也决定了道德、名誉、人品以至一切的一切。

"法令滋彰，盗贼多有"，在当前的新趋势新社会风气之下，像明太祖所颁发的这一类法令，看来真是多事。

政简刑清，国以大治！

从幞头说起

　　人们自从脱离了原始、野蛮状态，物质生活不断提高，有了文化以后，没有例外，都要穿衣戴帽，这是常识，用不着多说的。但是，应该而且必须注意，随着时代的改变，生活习惯的改变，封建等级制度的建立，人们的服装是具有时代的特征的。不同时代的人们有着不同的服装，不同的民族也有不同的服装，服装是适应人们生活、工作的需要而不断改变的。

　　演出古代历史故事的话剧、电影，历史博物馆里的历史图画和历史人物画像，和以插图为主的历史连环画，附有插图的历史小丛书以及古代人物的塑像，等等，都牵涉到古代人物的服装问题。把时代界限混淆了，颠倒了，把不同历史时期的服装一般化了，都会使观众有不真实的感觉，效果是不会很好的。

　　京戏和昆剧的戏装大体分成两类，一类是清朝的，马褂、补服、马蹄袖、红缨帽等等，表现了满族服装的特征。除此以外，清朝以前的服装则一概是汉人服装，官员戴纱帽，穿红、蓝袍，宽衣大袖；农民则一般都是穿短衣服，戴笠，或小帽；武将戴盔扎靠，这是符合于一般情况的。问题是这种服装把整个清朝以前的历史时期一般化了，不管什么时代的人物，都穿一样的服装。当然，观众也能够理解，这两个剧种的古代服装只能一般化，假如要求他们按每个不同时代的历史，分别制成不同时代的服装，这是不可能的，不合实际的。但是，也还有一个界限，那便是满汉的服装不容混淆，假如让汉、唐、宋、明的人物穿上清朝的服装，那就会哄堂而散，唱不成戏。

话剧、电影等等对服装的要求就要比京戏和昆剧严格些，因为话剧、电影并不像京剧、昆剧那样有固定的服装，而是随故事需要特制的。既然是为了表现历史真实性而特制，那就不可以一般化，或者颠倒时代了。至于历史人物的图画、雕塑等等，根本无须制造服装的费用，标准自然更应该严格一些了。

话剧、电影、历史图画等等的历史人物的服装，必须能够表现某个特定历史时期的特征，这个要求是合理的，不应该有不同意见的。但是，在具体工作中，由于对某个时代的了解不够深，服装的发展、变化缺少研究，也往往出现一些一般化以至颠倒时代的现象。

有关服装的问题很多，不能都谈，这里只举幞头作例。

幞头就是帕头，古代汉人留着长头发，为着生活和工作的方便，用一块黑纱或帛、罗、缯等等裹住头，不让头发露在外面，正像现在河北农民用一块白毛巾包头一样，是上上下下都通行的一种生活习惯。也叫作巾或幅巾或折上巾的。裹头时裹得方方正正，四面有角。到南北朝时，周武帝为了便于打仗，把裹头的方法改进了，用皂纱全幅，向后束发，把纱的四角裁直，叫作幞头。看来有点像现在京戏里太平军的装束。

唐太宗制进德冠，赐给贵臣，并且说：幞头起于周武帝，是为了军中生活的方便的。现在天下太平，用不着打仗了，这个帽子有古代风格，也有点像幞头，可以常用。可是进德冠似乎并不受欢迎，当时人还是用幞头。大臣马周还加以改革，用罗代绢，式样也有所改变，百官和庶民都喜欢戴它。武则天时赐给臣下巾子，叫作"武家样"，又有高头巾子。唐玄宗时有"内样巾子"。裴冕自制巾子，名为"仆射巾"。这些幞头都是软的，太监鱼朝恩做观军容使，嫌软的不方便，斫木做一山（架）子在前衬起，叫作军容头，一时人都学他的样子。

幞头四角有脚，两脚向前，两脚向后。唐朝中期以后，皇帝们弄两根铁线，把前两脚拉平，稍向上曲，成为硬脚，从此，这种样式的幞头，就成为皇帝的专用品，一般官员和平民都不许服用了。宋朝朱熹所见唐玄宗画像，戴的幞头两脚还很短，后来便越来越长了。唐朝末年，在农民大起义的斗争浪潮中，宦官宫娥来不及每天对镜装裹，想出简便的法子，用薄木片做架子，纸绢作衬里，做成固定的幞头，随时可以戴上。五代时帝王多用"朝天幞头"，两脚上翘。各地方军阀称王称帝的也多自创格式，有的两脚翘上又反折于下，有的做成团扇、蕉叶模样，合抱于前。蜀孟昶改用漆纱；湖南马希范的幞头两脚左右长一丈多，叫作龙角；刘知远做军官时，幞头脚左右长一尺多，一字横直，不再上翘，以后的幞头，就以此为规格，变化不大了。

幞头唐末用木胎，到宋朝改用藤织草巾子为里，用纱蒙上，再涂以漆。后来把藤里去了，只用漆纱，用铁平施两脚，便越发轻便了。据沈括的记录，当时幞头分直脚、局脚、交脚、朝天、顺风五种，其中直脚（也叫平脚）一种是贵贱通用的。幞头的脚不管平、交，都是向前的，到北宋末年，又改而向后。到明朝初年，幞头有展脚（即平脚）、交脚两种，成为官员公服所必需的一项东西了。

幞头的出现，是由于现实生活的需要。宋儒胡寅叙述幞头的历史意义说：从周武帝开始用纱幞，成为后代巾、帻、朝冠的起源。古代宾礼、祭礼、丧礼、燕会、行军所戴的帽子各有不同，纱幞一出来，这些帽子便都废了。从用纱到加漆，两带上结，两带后垂，后来又把垂的两带左右横竖，顶则起后平前，变化越来越多了。朱熹也曾和他的学生讨论过幞头的历史发展，并说漆纱是宋仁宗时候开始的。明李时珍则以为幞头是朝服（官员的制服），周武帝始用漆纱制造，到唐朝改成纱帽，一直沿用到明朝。他把幞头和纱帽看成一样东西，从《图书集成》的插画幞头公服，展脚幞头，交脚幞头，乌纱帽对比看来，确是一个系统，李时珍的话是可信的。

幞头的历史发展，从北周到明这一长时间的历史时期，变化是很多的。假如不问青红皂白，颠倒前后，让南北朝以前，周秦两汉魏晋的人们戴上平脚幞头，能够不说是历史错误吗？或者把唐代后期帝王专用的直脚上翘的幞头，混淆为官僚庶民通用，那也是不可以的。

无论历史戏剧，图画，雕塑，当然，最主要的是内容要反映历史时期的真实性。但形式也不可以不讲究，因为内容尽管符合于客观历史实际，但是形式的表现却是虚构的，以后拟前的，一般化的，违背历史实际的，就会收到不好的效果，这一点我看戏剧家们、艺术家们、雕塑家们是必须注意的。

关于古代服装的记载是很多的，流传到今天的古代的人物画、壁画、墓葬壁画、砖画也很不少。组织人力，从事于古代服装发展、变化的研究，进一步建立服装博物馆，用穿着各个历史时期不同的服装的蜡人表演历史故事，对广大人民进行历史教育；为历史话剧、历史电影、历史图画的创作提供参考资料；也为吸取古代优美的文化传统，改进、美化今天人民的服装，提供历史基础，我看是值得做的一件好事。

南人与北人

　　在新式的交通工具没有输入中国以前，高山和大川把中国分成若干自然区域，每一区域因地理上的限制和历史上的关系，自然地形成它的特殊色彩，保有它的方言和习惯。除开少数的商旅和仕宦以外，大部分人都窒处乡里，和外界不相往来。经过长期的历史上的年代，各地的地方色彩愈加浓厚，排他性因之愈强，不肯轻易接受新的事物。《汉书·地理志》记秦民有先王遗风，好稼穑，务本业；巴、蜀民食稻鱼，无凶年忧，俗不愁苦，而轻易淫佚，柔弱褊阸；周人巧伪趋利，贵财贱义，高富下贫，憙为商贾，不好仕宦；燕俗愚悍少虑，轻薄无威，亦有所长，敢于急人；吴民好用剑，轻死易发；郑土狭而险，山居谷汲，男女亟聚会，其俗淫……是说明地方性的好例。

　　到统一以后，各地政治上的界限虽已废除，但其特性仍因其特殊的地理环境而被保留。虽然中间曾经过若干次的流徙和婚姻的结合，使不同地域的人有混合同化的机会，但这也只限于邻近的区域，较远的和极远的人仍是处于截然不同的社会生活。例如吴越相邻，这两地的方言、习惯，及日常生活、文化水准便相去不远，比较能互相了解。但如秦、越则处于"风马牛不相及"的地位，虽然是同文同族，却各有不同的方言，不同的习惯，不同的日常生活，差别极远。以此，在地理上比较接近的区域便自然地发生联系，自成一组，在发生战事或其他问题时，同区域的人和同组的人便一致起而和他区他组对抗。在和平时，也常常因权力的争夺发挥排他性，排斥他区他组的人物。这种情形从政治史上去观察，可以得到许多极好的例证。

依着自然的河流，区分中国为南北二部，南人、北人的名词因此也常被政治家所提出。过去历史上的执政者大抵多起自北方，因之政权就常在北人手中，南人常被排斥。例如《南史·张绪传》：齐高帝欲用张绪为仆射，以问王俭。俭曰："绪少有佳誉，诚美选矣。南士由来少居此职。"褚彦回曰："俭少年或未谙耳。江左用陆玩、顾和，皆南人也。"俭曰："晋氏衰政，未可为则。"同书《沈文季传》：宋武帝谓文季曰："南士无仆射，多历年所。文季曰：南风不竞，非复一日。"可见即使是在南朝，"南士"也少居要路，东晋用南人执政，至被讥为衰政。

北宋初期约定不用南人为相，释文莹《道山清话》：太祖常有言不用南人为相，国史皆载，陶毅《开基万年录》《开宝史谱》皆言之甚详，云太祖亲写南人不得坐吾此堂，刻石政事堂上。《通鉴》亦记：宋真宗久欲相王钦若。王旦曰："臣见祖宗朝未尝有南人当国者。虽古称立贤无方，然须贤士乃可。臣为宰相，不敢阻抑人，此亦公议也。"乃止钦若入相。钦若语人曰："为子明迟我十年作宰相。"

当国大臣亦故意排斥南人，不令得志，《江邻几杂志》记：寇莱公性自矜，恶南人轻巧。萧贯当作状元，莱公进曰："南方下国，不宜冠多士，遂用蔡齐。"出院顾同列曰："又与中原夺得一状元。"《宋史·晏殊传》：晏殊字同叔，抚州临川人，七岁能属文。景德初张知白安抚江南，以神童荐之。帝召殊与进士千余人并试廷中，殊神气不慑，援笔立成。帝嘉赏，赐同进士出身。宰相寇准曰："殊江外人。"帝顾曰："张九龄非江外人耶？"

蒙古人入主中原后，南人仍因历史的关系而被摈斥。《元史·程钜夫传》：至元二十四年（1287）立尚书省，诏以为参知政事，钜夫固辞。又命为御史中丞，台臣言钜夫南人，且年少。帝大怒曰："汝未用南人，何以知南人不可用。自今省部台院必参用南人。"虽经世祖特令进用南人，可是仍不能打破这根深蒂固的南北之见，南人仍被轻视，为北人所嫉妒。同书《陈孚传》：至元三十年（1293）陈孚使安南还，帝方欲置之要地，而廷臣以孚南人，且尚气颇嫉忌之。遂除建德路总管府治中。

《元明善传》说得更是明白：明善与虞集初相得甚欢。后至京师，乃复不能相下。董士选属明善曰："复初（明善）与伯生（集）他日必皆光显，然恐不免为人构间。复初中原人也，仕必当道。伯生南人也，将为复初摧折。今为我饮此酒，慎勿如是。"南人至被称为"腊鸡"，叶子奇《草木子》说：南人在都求仕者，北人目为腊鸡，至以相訾诟，盖腊鸡为南方馈北人之物也，故云。

到明起于江南，将相均江淮子弟，南人得势。几个有见识的君主却又矫枉过正，深恐南人怀私摈斥北士，特别建立一种南北均等的考试制度。在此制度未创设以前，且曾发生因南北之见而引起的科场大案。《明史·选举志》记：初制礼闱取士不分南北。自洪武丁丑（1397）考官刘三吾、白信蹈所取宋琮等五十二人皆南士。三月廷试擢陈䢿为第一，帝怒所取之偏，命侍读张信十二人复按，䢿亦与焉。帝怒犹不已，悉诛信蹈及陈䢿等，戍三吾于边。亲自阅卷，取任伯安等六十一人。六月复廷试，以韩克忠为第一，皆北士也。

　　洪熙元年（1425），仁宗命杨士奇等定取士之额，南人十六，北人十四。宣德正统间分为南、北、中卷，以百人为率，则南取五十五名，北取三十五名，中取十名。南卷为应天及苏松诸府、浙江、江西、福建、湖广、广东。北卷顺天、山东、山西、河南、陕西。中卷四川、广西、云南、贵州，及凤阳、庐州二府，滁、徐、和三州。成化二十二年（1486），四川人万安周弘谟当国，曾减南北各二名以益于中。至弘治二年（1489）仍复旧制。到正德初年（1506），刘瑾（陕西人）、焦芳（河南人）用事，增乡试额，陕西为百人，河南为九十五，山东、山西均九十。又以会试分南、北、中卷为不均，增四川额十名并入南卷，其余并入北卷，南北均取百五十名。瑾、芳败，又复旧制。天顺四年（1460）又令不用南人为庶吉士，《可斋杂记》说：天顺庚辰春廷试进士第一甲，得王䕫等三人。后数日上召李贤谕曰："永荣宣德中咸教养待用，今科进士中可选人物正当者二十余人为庶吉士，止选北方人，不用南人。南方若有似彭时者方选取。"贤出以语时，时疑贤欲抑南人进北人，故为此语，因应之曰："立贤无方，何分南北。"贤曰："果上意也，奈何！"已而内官牛玉复传上命如前，令内阁会吏部同选。时对玉曰："南方士人岂独时比，优于时者亦甚多也。"玉笑曰："且选来看。"是日贤与三人同诣吏部，选得十五人，南方止三人，而江南惟张元祯得与云。

但在实际上，仍不能免除南北之见，例如《朝野记略》所记一事：正德戊辰，康对山海（陕西人）同考会试，场中拟高陵吕仲木柟为第一，而主者置之第六。海忿，言于朝曰："仲木天下士也，场中文卷无可与并者；今乃以南北之私，忘天下之公，蔽贤之罪，谁则当之。会试若能屈矣，能屈其廷试乎？"时内阁王济之（鏊，震泽人）为主考，甚怨海焉。及廷试，吕果第一人，又甚服之。到末年吴、楚、浙、宣、昆诸党更因地立党，互相攻击排斥，此伏彼起，一直闹到亡国。

在异族割据下或统治下，征服者和被征服者的关系愈加尖锐化。如南北朝时期"索虏""岛夷"之互相蔑视，元代蒙古、色目、汉人、南人之社会阶级差异，清代前期之满汉关系及汉人之被虐待、残杀、压迫。在这情形下，汉族又被看作一个整体——南人。在这整体之下的北人和南人却并不因整个民族之受压迫而停止带有历史性的歧视和互相排斥，结果是徒然分化了自己的力量，延长和扩大征服者的统治权力。这在上举元代的几个例证中已经说明了这个具体的事实了。

也许在近百年史中最值得纪念的大事，是新式的交通工具及方法之输入。它使高山大川失却其神秘性，缩短了距离和时间，无形中使几千年来的南北之见自然消除，建设了一个新的、统一的民族。

主奴之间

一

奴才有许多等级，有一等奴才，有二等奴才，也有奴才的奴才，甚至有奴才的奴才的奴才。

我们的人民，自来是被看作最纯良的奴才的。"不可使知之"，是一贯的对付奴才的办法。就是"民为邦本，本固邦宁"，和"民为贵，社稷次之，君为轻"一套话，虽然曾被主张中国式的民主的学者们解释为民主、民权，以至民本等等，其实拆穿了，正是一等或二等奴才替主人效忠，要吃蛋，当心不要饿瘦，或者杀死了母鸡，高抬贵手，留得青山在，不怕没柴烧，图一个长久享用的毒辣主意。证据是"有劳心，有劳力，劳心者食于人，劳力者食人"。老百姓应该养贵族，没有老百姓，贵族哪有饭吃！

老百姓是应该贡献一切，喂饱主人的，其他的一切，根本无权过问，要不然，就是大逆不道。六百年前一位爽直的典型的主子，流氓头儿朱元璋曾毫不粉饰地说出这样的话。《明太祖实录》卷一百五十：

洪武十五年（1382）十一月丁卯，上命户都榜论两浙江西

184

之民曰：为吾民者当知其分。田赋力役出以供上者，乃其分也。能安其分，则保父母妻子，家昌身裕，为仁义忠孝之民，刑罚何由及哉！近来两浙江西之民多好争讼，不遵法度，有田而不输租，有丁而不应役，累其身以及有司，其愚亦甚矣！曷不观中原之民，奉法守分，不妄兴词讼，不代人陈诉，惟知应役输租，无烦官府，是以上下相安，风俗醇美，共享太平之福，以此较彼，善恶昭然。今特谕尔等，宜速改过从善，为吾良民，苟或不悛，则不但国法不容，天道亦不容矣！

"分"译成现代话，就是义务，纳税力役是人民的义务，能尽义务的是忠孝仁义之民。要不，刑罚一大套，你试试看。再不，你不怕国法总得怕天，连天地也不容。可见义务之不可不尽。至于义务以外的什么，现代人所常提的什么民权，政治上的平等，经济上的平等，等等，不但主子没有提，连想也没想到。朱元璋这一副嘴脸，被这番话活灵活现地画出来了。

朱元璋为什么单指两浙江西的人民说，明白得很，这是全国谷仓，人口也最稠密。拿这个比那个，也还是指桑骂槐的老办法。其实，中原之民也不见得比东南更奴化，不过为了对衬，这么说说而已。

二

在古代，主子和奴才的等级很多。举例说，周王是主子，诸侯是奴才。就诸侯说，诸侯是主子，卿大夫又是他的奴才。就卿大夫说，卿大夫是主子，他的家臣是奴才。就家臣说，家臣是主子，家臣的家臣又是奴才。就整个上层的统治者说，对庶民全是主人，庶民是奴才，庶民之下，也还有大量的连形式上都是奴才的奴隶。

主奴之间的关系是剥削关系，一层吃一层，也就是一层养一层。等到奴才有了自觉，我凭什么要白养他，一层不肯养一层，愈下层的人愈多，正如金字塔一样，下面的基础不肯替上层驮起，哗啦一下，上层组织整个垮下来，历史也就走进一个新阶段了。

这时期主奴关系的特征，除了有该尽义务的庶民和奴隶以外，上层的主子（除王以外，同时又是奴才），全有土地的基础，大小虽不等，却都有世世继承的权利。跟着土地继承下来的是政治、社会上法律上的特殊的固定的地位。因之，所谓主奴只有相对的区分，都是土地领主，主子是大领主，奴才是小领主。也就是世仆。一层层互为君臣，构成一个剥削系统。

维护这个剥削系统的理论，叫作忠。一层服从一层，奴才应该养主子。在这个系统将要垮的时候，又提出正名，君君臣臣父父子子，主子永远是主子，奴才永远是奴才。又提出尊王，最上层的主子被尊重了，下几层的主子自然也会同样被尊重，他们的利益就全得到了保障。用现代话说，也就是维持阶级制度，维持旧时的剥削系统。

在这系统下，互为主奴的领主，在厉害上是一致的，因之，主奴的形式的对立就不十分明显。而且，这金字塔式的系统，愈下层基础就愈宽，人数愈多，力量愈大，因之，在政治上，很容易走上君不君臣不臣，诸侯和王对立，卿大夫和诸侯对立，家臣和卿大夫对立的局面。

假如我们抛开后代所形成的君臣的观念，纯粹从经济基础来看，上古时代的剥削系统，可以下这样一个结论，就是那时代的主奴关系，是若干小领主和大领主的关系，大小虽然不同，在领主的地位上说是一样的。而且，因为分割的缘故，名义上最大的领主，事实上反而占有土地最少。因之，他所继承的最高地位是一个权利的象征，徒拥武器。实权完全在他的奴才，分取他的土地的卿大夫手上，家臣手上。因之主奴又易位了，奴才当家，挟天子以令诸侯，陪臣执国政，名义上的奴才是实质上的主人。

　　出主人奴，亦主亦奴，是主而奴，是奴而主，奴主之间，怕连他们自己也闹不十分清楚。

路引

　　明有路引之制，军民往来必凭路引，违者关津擒拿，按律论罪，定制极为严密。《弘治会典》一一三："凡军民人等往来，但出百里者，即验文引。凡军民无文引，及内官内使来历不明，有藏匿寺观者，必须擒拿送官。仍许诸人首告。得实者赏，纵容者同罪。"又："凡天下要冲去处，设立巡检司，专一盘诘往来奸细，及贩卖私盐，犯人逃军逃囚无引面生可疑之人，须要常加提督。"明《太祖实录》八十三："洪武六年（1373）六月癸卯，常州府吕城巡检司盘获民无路引者，送法司论罪。问之，其人以祖母病笃，远出求医，急，故无验。上闻之曰：'此人情可矜，勿罪释之。'"祝允明《前闻记》：洪武中，朝旨开燕脂河，大起工役，先曾祖焕文与焉。时役者多死，先曾祖独生全。工满将辞归，偶失去路引，分该死，莫为谋。其督工百户谓之曰："主上神圣，吾当引汝面奏，脱有生理。"先曾祖从之。既见上，百户奏其故。上曰："既失去罢（遂得无事）。"由此知乡民出百里外，即须路引，以工赴役往来，亦须路引，失引罪至死。至商贾远出经营，更非有路引不可。明《英宗实录》四十四："正统三年（1438）七月甲申，湖广襄阳府宣城县知县廖仕奏：'诸处商贾给引来县生理，因见地广，遂留恋不归，甚至娶妻生子，结党为非。窃恐天下地广人稀之所，似此不少，宜加禁防。'事下行在户部，以为宜督责归家。其有愿占籍于所寓以供租赋者，听从之。"此则以路引仅为通过关津及证明身份之用，如流寓不归则在所寓地为客户，不供租赋，在原籍则又为逃户，逃避租赋。路引非居留证，政府自不能不加以干涉也。据陆楫《蒹葭堂杂著》："宗人有欲商贾四方以自给者，亦听从有司关给路引以行。回籍之日，付本府长史司验引发落。有司附册填注，以凭抚按刷卷类查。仍启王知许，其朝见而退以笃亲亲之义。"比附以论，则平民在出里门日，须请发路引于地方有司，回籍日，必须缴还原发机关可知也。此制可以防奸细利一；禁贼盗利二；阻逃军利三；清户口利四。前代制度之精密如此！

刺配

《水浒传》里梁山泊头领宋江、林冲、武松等都被宋朝政府处过刺配的刑罚，挨脊杖二十或四十，刺配二三千里外牢城。连原来押解林冲去沧州的差人董超、薛霸，因为路上没有能够害死林冲，回开封后也被高俅寻事刺配大名府。《水浒传》第八回说："原来宋时，但是犯人，徒流迁徙的，都脸上刺字。怕人恨怪，只唤做打金印。"一个人犯了法（或被诬陷以法），既要挨打，又要流配，还要在脸上刺字，正是"一人之身，一事之犯，而兼受三刑"（丘浚《大学衍义补》）。三种刑罚连在一起用，在宋以前是没有的。

古时刑法大致分为死、流、徒、杖、笞五等。

马端临《文献通考》卷一百六十八说："流配，旧制止于远徙，不刺面。晋天福中始创刺面之法，遂为戡奸重典。宋因其法。"原来宋代把犯人脸上刺字这种法律是从石敬瑭的晋朝继承而来的。

刺面有大刺、小刺之别。凡是审判官认为犯罪情节严重、犯人"性情凶恶"的，就把字体特别刺大些。所刺文字，除《水浒传》所说"迭配某州（府）牢城"以外，也有把所犯事由、所配地名、军名、服役名色都刺在脸上的。如刺"配某州（府）

屯驻军重役"，是发往该处屯驻部队里服劳役的；刺"龙骑指挥"或"龙猛指挥"，是发到那种番号的军队中当兵的；刺"某州某县钱监"，是发到该处铸钱工厂里当苦工的。南宋时还有一种更野蛮的规定，凡犯强盗罪免死流配的，"额上刺强盗二字，余字分刺两脸"（宋会要一百六十八刑法四）。

受到刺配刑罚的人，到配所后还得服劳役。劳役的名色很多。凡是官营工业（如煮盐，造酒，醋，烧窑，开矿，修造军械等）、交通运输业以及修城修河堤等，都发流配人去做苦工。也有当厢军（主要也是劳役）当水军的。（宋朝的兵都由招募而来，经检验合格后，也要刺面。）所以宋江、武松、杨志都被人骂为"贼配军"。

刺配这条法律，在宋朝统治的三百年间是愈来愈重的。有关刺配的法令，宋真宗祥符（1008—1014）编敕只有四十六条，到宋仁宗庆历（1041—1048）时增至一百七十余条，到南宋孝宗淳熙十一年已达五百七十条之多。刺配的范围越来越广，除了像宋江、武松那样要刺配以外，法律规定犯盗窃罪一贯以上，贩私盐一斤以上的都要杖脊刺配。佃户在地主池塘里捕了一斤半鱼，或者看见别人贩私盐不告发，也要脊杖刺面，还从福建押送开封判罪（《通考》卷一百六十八）。反之，法律又规定地主对佃户犯罪，减凡人一等。地主打死佃户，不刺面，止配邻州近地（《通考》卷一百六十七）。

刺配的法律，辽、金、元、明、清都有。只是内容规定不尽相同（《续文献通考》卷一百三十五、一百三十七，清朝《续文献通考》卷二百四十四）。

宋朝这条杖脊、刺面的法律，从宋神宗熙宁二年（1069）以后，对"命官"就不适用了。"命官"贪赃枉法，止于流配，不杖脊，不刺面。据说理由是"古者刑不上大夫"。"今刑为徒隶，恐污辱衣冠耳。"（《文献通考》卷一百六十七）这样，适用的范围就只限于污辱和镇压人民，特别是冒犯地主阶级利益的佃农和饥寒交迫的穷人了。

度牒

　　《水浒传》第四回写鲁达三拳打死了镇关西以后，从渭州（今甘肃平凉）逃到代州雁门县（今山西雁门），因为官府画影图形，到处张贴榜文，缉捕很急，只好在五台山出家当了和尚，起个法名叫鲁智深。从此，寺院里多了一个和尚，在俗世却少一个犯罪逃亡的军官，打死镇关西这一案子由于无处追查，便此了结。在鲁达出家之前，赵员外对他说："已买下一道五花度牒在此。"照常理说，度牒是出家人的身份证，应该由替他剃度的寺院填给，怎么鲁达在没有出家之前，赵员外的家里就买了一道度牒呢？而且度牒既是出家人的身份证，又怎么可以买卖呢？卖主又是谁呢？原来在宋朝，度牒是可以买卖的，卖主是宋朝中央政府。公元1067年宋朝政府开始出卖度牒，一直卖到宋亡。在这两百年中，卖度牒所得的钱在政府收入中占有重要地位。一道度牒的价格因时因地不等，如宋神宗时官价每道卖钱一百三十千，但在夔州路则卖到三百千，广西路则卖到六百五十千（《宋会要辑稿》卷六十七、卷一百四十）。当时中原一带米价每斗不过七八十文至一百文（李焘《续资治通鉴长编》卷二五一、卷二五二，《宋会要辑稿》卷一二二），每道度牒折合米在一百三四十石以上。南宋时每道度牒卖钱一百二十贯至八百贯，或折米一百五十石至三百石（《宋会要辑稿》卷六十二、卷九十六，朱熹《朱文公集》卷十六）。度牒这样贵，什么人才能买得起？当然只有财主赵员外那样的人了。买了度牒，只能出家当和尚，当道士，有什么好处？花这么多钱出家，说明当时的老百姓，以至部分地主，不如当和尚、道士好。老百姓不必说了，宋代人民负担特别重，和尚道士吃十方，寺院有田产，当了和尚、道士就不必服兵役、劳役，不出身丁钱米和其他苛捐杂税，逃避了政府的剥削，吃一碗现成饭，成为不劳而食的合法的游民。地主呢？虽然对农民来说，他是剥削者，很神气。但在地主阶级内部来说，也有矛盾。因为地主也有官民之分，地主而又做了官的就有权有势，是官户。至于非官户的地主，为了保全身家财产，得想尽一切办法巴成官户。要子弟读书中进士做官，如不行，也得出钱买官告，成为名义上的官户。当时官告也可以用钱买，但比度牒更贵。再不，就买张度牒也好。因为寺院田产是可以免租赋的（赵翼《二十二史札记》卷十九、俞正燮《癸巳类稿》卷十三）。此外，还有许多好处，如和尚、道士在法律上受优待，宋代法律："僧尼道士女冠，文武官七品以下者，有罪许减赎。"（《资治通鉴长编》卷九七）如果犯了杀人大罪，出家便是逃避法律制裁的有效手段。古时候还不会照相，一般人都留长头发，缉拿榜文上只能说这人脸黄脸黑，有须无须，像鲁达那样的军官，剃了头发，胡子，改穿袈裟，离开了本乡本土，外地生人便很难辨认出来了。又如同书武松在鸳鸯楼杀了十五条人命，在十字坡菜园子张青家得了一张年龄相貌相当的度牒，便剪了头发，披在脸上遮盖刺的金印，装作行者模样，一路上二龙山去落草。虽然到处张挂榜文要逮捕他，可是"武松已自做了行者，于路却没人盘诘他"。可见度牒对杀人犯罪来说是很顶事的。正因为如此，宋朝政府就大卖度牒，成为生财之道。不但出卖，有时候还要强迫摊派呢。北宋的度牒是雕版用黄纸印的。到南宋建炎三年（1129）才改用绫绢织造，织造的机关是少府监文思院，和织造官是同一个地方。《水浒传》所说的五花度牒，实际上是南宋的事。从买度牒这一件事来说，《水浒传》是真实地反映了宋代的历史事实的。

当铺

当铺唐、宋时名长生库，僧徒坐拥田园收入至厚，设库质钱，独规厚利。陆游《老学庵笔记》八："今僧寺辄作库质钱取利，谓之长生库，至为鄙恶。予按：梁甄彬尝以束苎就长沙寺库质钱，后赎苎还，于苎束中得金五两，送还之。则此事亦已久矣。"至元名解库或典库、质库，仍为僧寺道观所经营。至大二年 (1309) 山西平遥清虚观圣旨碑："但属宫观的庄田水土园林碾磨解典库店仓铺席浴堂船只竹苇醋曲货不拣甚么差发休要者不拣是谁倚气力者不拣甚么他每的休夺要者"是其一证也。《元史·文宗纪》："至顺元年正月乙亥赐燕铁本儿质库。"《元典章》二十七户部十三有解典条，二十九礼部二有军官解典牌条。通制条格二十七载有解库保护令："至元十六年六月中书省钦奉圣旨石招讨奏：亡宋时民户大本有钱官司听从开解。自归附之后，有势之家方敢开解库，无势之家不敢开库，盖因惧怕官司科扰致阻民家生理。乞行下诸路省会居民从便生理，仍禁戢录事司不得妄行生事敷敛民户。纵有误典贼赃，只宜取索，却不可以此为由收拾致罪。"则在南宋后期已有民户大家开设解库规利者矣。至明则且由政府规定当铺事例，全国各都会，均有当铺，有山陕帮，有徽帮，以徽帮之势力为最大，其营业亦最发达。明艾南英《天傭子集》六壬申（明思宗崇祯五年，西元一六三二年）流贼退至吉安永丰上蔡太尊论战守事宜书：

"当铺事例自南北两直隶至十三省，凡开当铺，例从抚按告给牒文，自认周年取息二分，以二十四月为期，不赎则毁卖原所当物，遇近例，各县有当铺，辽饷则依法输纳，此天下通例也。独抚州当铺不然，其害民甚于流贼。抚州当铺其受当也，首饰衣物直一金者止当五钱，满十月不赎则即取当物毁卖，是以十月而发合倍之；息矣。其依期取赎者，按月三分入息。其放也，每一金轻三四分其取也，每一金昂三四分。其收以晦日，即以晦日为一月，其收以朔日，即以朔日为一月；其书质券也，虽重锦例书破旧，虽赤金例书低淡，即于书券之时预伏将来毁卖以杜其人告官之端。计一岁中当铺四五家，巧取城中民财不下三四千金，所以民间愈损。此风起于近五六年，不过二三市井之徒和集富民，朋收倍息，而时以酒食与乡绅子侄往来为护身之符。为今之计，莫若以辽饷为重，限四门党约，于半年内召请徽商于郡开设，请牒抚按，照依直省通例。小民自趋轻息，而兼并之家自不能行。"

古人读书不易

古代人读书很不容易，因为在印刷术和纸没有发明之前，一般人是读不起书的。书很贵重，得用手抄写在竹简或者木牍上。一片竹简、木牍写不了多少字，几部书装满了好几车子。有人说"学富五车"，说是念的书超过五部车子装的简牍。其实用今天的眼光看，五部车子的书并不怎么多。孔子念书很用功，"韦编三绝"。韦是皮带子，竹简、木牍用皮带子挂起来，才不至于乱。这种书是用绳子编起来的，所以叫作"编"。读得多了，把皮带都翻断了三次，是形容他老人家非常用功，对一部书反复阅读，熟读精读的意思。一句话，这样贵重的书，普通人是读不起的。后来人们把书写到帛上，卷成一卷的，一部书又分作若干卷。帛也很贵，只有有钱人才抄得起。到了纸发明了，虽然便宜些，但是还得手抄，抄一部书很费事，抄很多部书就更麻烦了，一般人还是抄不起。用纸写的书，可以装订成册，册是象形文字，所以书又有"册"的名称。有了书，还得有人教。古代学校很少，只有贵族官僚子弟才能上学。虽然有些私人讲学的，但也交学费，交不起的人还是上不了学。因为书贵，书少，一个学校的学生就不可能人人有书，只能凭老师口授，自己笔记。这样，学习的时间就要长一些，靠劳动才能生活的人们，读书便更不容易了。

总之，由于物质条件的限制，古代人读书，尤其要读很多书是困难的。也正因为这样，读书也有阶级的限制，官僚子弟读书容易，平民子弟读书困难，知识被垄断了，士排列在农、工、商之前，就是这个道理。

到印刷术发明以后，书籍成为商品，可以在书店里买到了，但是，还是有限制，穷人买不起书，更买不起很多书。穷人要读书，得想法借，得自己抄，这是很困难。例如十四世纪时，书已经成万部地印出，各大城市都有书肆，但是穷人要读书，还是非常艰苦。明初有名的学者宋濂，写了一篇《送东阳马生序》，谈他自己读书的艰苦情况说：

"我小的时候，就喜欢研究学问，家里穷，弄不到书，只好到有书的人家借，亲自抄写，约定日子还。大冷天，砚都结冰了，手指冻得弯不过来，还是赶着抄，抄完了送回去，不敢错过日子。因为这样，人家才肯借书给我，也才能读很多书。"

"到成年了，越发想多读书，可是没有好老师，只好赶到百多里外，找有名望的老先生请教，弓着身子，侧着耳朵，听他教诲。碰到他发脾气，我越发恭谨，不敢说一句话。等他高兴了，又再请教。我虽然听得不很明白，但到底还是学了一些知识。"

"当我去求师的时候，背着行李，走过深山巨谷。冬天大风大雪，雪深到几尺，脚皮都裂了也不知道。到了客栈，四肢都冻僵了。人家给喝热水，盖了被子，半天才暖和过来。一天吃两顿，穿件破棉袍，从不羡慕别人吃得好，穿得好，也从不觉得自己寒伧。因为求得知识是最快乐的事情，别的便不理会了。"

宋濂是在这样艰苦的情况下，经过努力，攀登学问的高峰的。他在文章的后面，劝告当时的学生说：

"你们现在在大学上学，国家供给伙食、衣服，不必挨饿受冻了。在大房子里念书，用不着奔走求师了。有司业、博士教你们，不会有问了不答、求而不理的事情了。要读的书都有了，不必像我那样向人借来抄写。有这样的条件，还学不好，要不是天资差，就是不像我那样专心、用功。这样好条件，还学不好，是说不过去的。"

这一段话，我读了很动心。今天，我们学习的条件，比宋濂所劝告的那些学生的时代，不知道要好多少倍，要是不努力，学不好，我看，也是说不过去的。

论汉代之巫风

　　汉代巫风特盛，武帝世巫蛊之祸，是两汉史中的一件大事。

　　在先民的原始信仰中，浑浑噩噩，以为风吹草动，星辰运行，甚至一石一木，都有不可知的神秘在凭借着。由惊奇而恐惧，由恐惧而彷徨，由彷徨无所主而发生一种时常在动摇不定的物的崇拜，渐进而成为信仰，成为原始的宗教。替他们解释这神秘，领导着举行宗教的仪式的便是所谓的巫和觋。担任这职司的人，大抵都属于族中的耆老，因为他们经验多，识见广，逐渐地成为世袭的专业，做一氏族中的指导者。

　　《国语·楚语》："古者民神不杂，民之精爽不携二者，而又能齐肃中正……如此则明神降之，在男曰觋，在女曰巫。"巫的职司是乐神；《说文解字》五："巫，祝也。女能事无形以舞降神者之。"《商书》曰："敢有恒舞于宫，酣歌于室，时谓巫风。"《疏》谓："巫以歌舞事神，故歌舞为巫觋之风俗也。"巫又能前知；《荀子》："知其吉凶妖祥，伛巫跛击之事也。"又长祝诅；《史记·封禅书》："太初元年西伐大宛，丁夫人、雒阳虞初等人以方祠诅匈奴大宛焉。"擅被除求雨之术；《周礼·春官》："女巫掌岁时被除衅沐，旱暵则舞雩。"

　　汉兴，尤重巫祝；《汉书·郊祀志上》："令祝立蚩尤之祠于长安。长安置祠祀官、女巫。其梁巫祠天、地、天社、天水、房中、堂上之属。晋巫祠五帝、东君、云中君、巫社、巫祠、族人炊之属。秦巫祠杜主、巫保、族累之属。荆巫祠堂下、巫先、司命、施糜之属。九天巫祠九天。皆以岁时祠宫中。其河巫祠河于临晋，而南山巫祠南山、秦中。秦中者，二世皇帝也。各有时日。"女巫以国家功令，所祠的对象不伦不类的，什么天、地、山、水、神、鬼、怪物、老巫……一起都被按期举行着古怪的典礼，保存着古代的习尚。

除上述地点以外，齐、陈二地因历史的背景，巫风亦极盛。《汉书·地理志》记齐有巫儿："齐襄公淫乱，姑姊妹不嫁，于是国中民家长女不得嫁，名曰巫儿。为家主祠。嫁者不利其家。民至今以为俗。"（这颇和近代一本反对基督教的书——《辟邪纪略》中所记"玛丽"的教徒习惯相仿。）又云："陈太姬妇人尊贵，好祭祀，用史巫，故其俗巫鬼。"巫是女人，所以能出入宫禁，做压禳诅咒的勾当（《汉书·公孙贺传》《江充传》《戾太子传》）。

明代殉葬制度

明天顺八年（1464）正月英宗大渐，遗诏罢宫妃殉葬。这是明史上一件大事。在此以前，宫妃殉葬是明代的成例。毛奇龄《彤史拾遗记》说："初太祖……四十六妃陪葬孝陵，其中所殉惟宫人十数人。洪武三十一年七月建文帝以张凤……十一人由锦衣卫所试百户散骑舍人带刀舍人进为本所千百户，其官皆世袭，以诸人皆西宫殉葬宫人父兄，世所称朝天女户者也。成祖……十六妃葬长陵，中有殉者。仁宗殉五妃，其余三妃以年终别葬金山。宣宗殉十妃。嗣后皆无殉，自英宗始。惟景泰帝尚以唐妃殉，则天顺元年事在遗诏前。"不但是皇帝，即诸王亦有殉葬例。《明史·周王传》："有燉正统四年薨，无子。帝（英宗）赐书有爝曰：周王在日，尝奏身后务从俭约，以省民力。妃夫人以下不必从死，年少有父母者遣归。既而妃擎氏、夫人施氏、欧氏、陈氏、张氏、韩氏、李氏皆殉死。诏谥妃贞烈，六夫人贞顺。"帝王之薨，由群臣议殉葬，一经指定，立即执行。《彤史拾遗记·唐妃传》："郕王薨，群臣议殉葬及妃。妃无言，遂殉之，葬金山。"

殉葬时的情形，《朝鲜李朝世宗实录》有一段记载："六年（永乐二十二年，1424）十月戊午登极，使臣礼部郎中李琦，通政司参议彭璟言，前后选献韩氏等女皆殉大行皇帝。帝崩宫人殉葬者三十余人。当死之日，皆饷之于庭，饷辍俱引升堂，哭声震殿阁。堂上置木小床，使立其上，挂绳围于其上，以头纳其中，遂去其床，皆雉颈而死。韩氏临死，顾谓金黑曰：娘，吾去！娘，吾去！语未竟，旁有宦者去床，乃与崔氏俱死。诸死者之初升堂也，仁宗亲人辞诀。”韩妃、崔妃俱朝鲜人，金黑为韩妃乳母。宫妃殉葬后，除优恤其家人外，例加死者谥号《明英宗实录》卷三记："宣德十年（1435）三月庚子，赠皇庶母惠妃何氏为贵妃，谥端肃。赵氏为贤妃，谥纯肃。吴氏为惠妃，谥贞顺。焦氏为淑妃，谥庄静。曹氏为敬妃，谥庄顺。徐氏为顺妃，谥贞惠。袁氏为丽妃，谥恭定。诸氏为恭妃，谥贞靖。李氏为充妃，谥恭顺。何氏为成妃，谥肃僖。谥册有曰：兹委身而蹈义，随龙驭而上宾，宜荐徽称，用彰节行。"景泰帝之崩，殉葬宫人除唐妃外，当时并曾提及汪皇后，幸为李贤所救免。《明史·景帝废后汪氏传》："景帝崩，英宗以其后宫唐氏等殉，议及后。李贤曰：妃已幽废，况两女幼，尤可悯。帝乃已。"

　　从英宗以后，明代帝王不再有殉葬的定例。可是，在另一方面，自任为名教代表的仕宦阶级，却仍拥护节烈，提倡殉夫、死节。举一个例，黄宗羲《南雷文案·唐烈妇曹氏墓志铭》："烈妇曹氏，年十九归同邑唐之坦。之坦疾革，谓其夫曰：君死我不独生……除夕得间，取其七尺之余布，自经夫柩之旁，年二十五。许邑侯诣庐祭之，聚观者数千人，莫不为叹息泣下。"

第四编

腐败自古是祸根——烂透了就没救了

论社会风气

宋人张端义在他所著的《贵耳集》中有一段话：古今治天下多有所尚，唐虞尚德，夏尚功，商尚老，周尚亲，秦尚刑法，汉尚材谋，东汉尚节义，魏尚辞章，晋尚清谈，周隋尚族望，唐尚制度文华，本朝尚法令议论。

把每一个时代的特征指出。"尚"从纵的方面，可以说是时代精神，从横的方面，可以说是社会风气。一时代有它的特殊时代精神、社会风气，也就是有所"尚"，这是合乎历史事实的。成问题的是所尚的"主流"，是发端于"治天下者"？是被治的下层民众？是中间阶层的士大夫集团？

就历代所"尚"而说，三代邈远，我们姑且搁开不说。秦以下的刑法、材谋、节义、辞章、清谈、族望、制度文华、法令议论，大体上似乎都和小百姓无干。治天下者的作用也只是推波助澜，主流实实在在发于中层的士大夫集团，加以上层的提倡，下层的随和，才会蔚为风气，磅礴一世。不管历史对所"尚"的评价如何，就主流的发动而论，转变社会风气，也就是所谓移风易俗，只有中层的士大夫集团才能负起责任。

就上述的所"尚"而论，有所"尚"同时也有所弊。社会风气的正常或健全与否，决定这一社会人群的历史命运，往古如此，即在今日也还是如此。例如秦尚刑法，其弊流为诽谤之诛，参族之刑，残虐天下，卒以自灭。东汉尚节义，固然收效于国家艰危之际，可是也造成了处士盗虚声，矫名饰行，欺世害俗的伪孝廉、伪君子。晋尚清谈，生活的趣味是够条件了，其弊流为只顾耳目口腹的享受，忘掉国家民族的安危。王夷甫一流人的死是不足塞责的。周隋尚族望（唐也还未能免此），流品是"清"了，黄散令仆子弟的入仕，都有一定的出身。谱牒之学也盛极一时，可是用人唯论门第，不责才力，庸劣居上位，才俊沉下品，政治的效率和纲纪也就谈不到了。高门子弟坐致三公，尽忠于所事的道德也当然说不上了。宋尚法令议论，史实告诉我们，宋代的敕令格式，一司一局的海行往往一来就是几百千卷，结果是文吏疲于翻检，夤缘为奸。议论更是不得了，当靖康艰危之际，敌人长驱深入，政府群公还在议战议和议守议逃，议论未决，和战未定，敌人已经不费一兵一卒渡过了黄河进围开封了。饶是兵临城下，还是在议论和战，和战始终不决，战也不能战，和也和不了，终于亡国。

史实明明白白地告诉我们，社会风气所尚的正面，给一群特殊人物以方便，尚族望的给高门子弟以仕进的优先权，尚法令议论的给文墨之士以纵横反复的际会。反面呢，寒士拮据一生，终被摈斥于台阁之外，国民杀敌破家，不能于国事置喙一字，他们的血是无代价地被这群人所牺牲了。

从历史上的社会风气的正反面，来衡量近三十年来的变局，也许可以给我们以一个反省的机会。

最近三十年间的变革，不能不归功于致力新文化运动的先辈，他们负起了转移社会风气的责任。举具体的例子来说，他们把人从旧礼教旧家庭之下解放出来，他们打倒了父母之命媒妁之言的买卖式婚姻，妇女再嫁和离婚已不再成为社会的话柄。受之父母的头发给剪掉了，缠足解放了。诘屈难解的文言代替以明白易懂的白话，对于旧的传说和史实重新予以科学的评价，传统的经典也从语言学比较文字学各方面予以新的意义。他们也介绍了西洋的新思想，民主与科学，奠定了新时代的学术风气，综合地说明这时期的社会风气，可以说是所尚在"革"。

反面呢？破坏了旧的以后，新的一套还不曾完备地建设起来，小犊偾辕，前进的青年凭着热情、毅力，百折不回地着手建设所憧憬的乐园，他们不顾险阻，不辞劳瘁，继续前进，要完成新文化运动所启示的后果，结局是遇到障碍，时代落在他们的后面。他们的血汇合起来成为一条大河，滋润后一代人的心灵，给史家以凭吊的资料。

这一转变正在继续迈进中，光明已经在望了，突然爆发了不甘奴役的抗战，前后经过了七年的艰苦挣扎，创造了新的时代精神，前一时期的思想的解放，于此转变为整个民族的解放了。

七年来的抗战，完成了民族统一的伟业，提高了国际地位，就对外的同仇敌忾这一点来说，我们做到了史无前例，全国人民一心一德的地步。可是就对内方面说，似乎过度动荡紧张的情绪，使整个社会失去了常态，"人"重新归纳在民族抗战的前提之下，前一时期所破坏的对象，又以另一姿态出见，另一名词出现了。近几年来随着不正常的物价狂跌，安居乐业的悠闲趣味已被生存问题所威胁，随之社会风气也起了重大的空前的变化。这变化根本改变了个人的思想信仰，变化了的人所做的不正常的活动，也根本促进社会风气的再度变化，循环激荡，互相因果。变化的痕迹有线索可寻，病象也极明白，举目前能够看出来而又可说的大概有几方面：

第一是过去造成社会风气的主流，所谓中层集团的渐趋消灭。这集团包括曾受教育的知识分子和小有产者。在历史上这个集团的政治意识是最保守的，下层民众的叛乱，多由这个集团负责任压制和敉平，元末豪族之抵抗香军，清代后期曾、胡、左、李诸之对抗太平天国即是著例。这七八年来，这集团的人一小部分离开原来的岗位，长袖善舞，扶摇直上，爬到上层去了。大部分人则被自然所淘汰，固定的收入减为战前的百分之四，终日工作所得不及一引车卖浆者流，失去产业，失去过去可以自慰的优越感，鸠形鹄面，捉襟见肘，儿女啼饥号寒，甚至倒毙路旁，冤死床笫，被推落在下层。中间阶层将被肃清了。以后会只剩了上层和下层，一富一贫，形成鲜明的对比。

第二是道德观念的改变。前一时代的社会舆论，所称扬的是有才有能的人（这类人虽然事实上并不很多），并不一定以财富为标准。著名的贪官污吏、军阀劣绅，虽然满足于个人生活的享受，却也还知道清议可畏，不敢用圣经贤传的话来强自粉饰。现在则正好相反，能弄钱和赚钱最多的是合乎生存条件的优胜者，社会并不追问他的钱是由于贪污，由于走私，由于囤积，只要腰缠万贯，即使是过去不齿于乡党的败类，也可遨游都市，号为名流，经商入仕，亦商亦官，无不如意。至于遵守法纪，忠心职业的人，不是被排挤，就是困死病死，即使不死，也永远无声无臭，得不到社会的尊敬，更得不到朋友的同情、乡党的称誉。道德的观念，因社会的变革而需要重新估价了。

第三是职业的混淆与贪污。就几年来的见闻，靠固定收入来维持生活的人，逼于环境，非兼差或兼业不能生存，有人甚至于同时兼任三四个机关给的职务，或者兼管有倍蓰利润的商业，不但学商不分，工商不分，连官商也不分了。东边画卯，西边报到，日夜奔波，以正业为副业，敷衍了事，以兼业为本分，全神贯注，习与性成，以为天经地义，无可非议。不但做事效率无从谈起，单就各行各业各机关的人事异动来说，人人都存三日京兆之心，随时都准备作乔迁之计，人不安业，业也不能择人，社会的国家的损失，在这种职业的混淆和流动之下，简直是不可以数字来计算。更进一步，若干败类借口于收入不足以赡家养身，公开收受贿赂，营私舞弊，破法坏法，贪污成为风气，置国法清议于不顾，大官小官，都成利薮，大事小事，尽是财源，上行下效，惘然不知廉耻之为何物。这种不正常的现象如不纠正，未来的建国大业，恐怕会有无从下手的困难。

就以上所指出的几方面，综合起来，就历史系统而强为归纳，这时期所尚的恐怕是"利"！美名之为拜金主义。这是一个可怕的病态，比敌人的侵略更可怕的病症。目前如不努力设法转变，用社会的力量来移风易俗，则抗战虽然胜利，恐怕我们的损失将会比失败更为可怕。

论贪污

古语说："无敌国外患者国恒亡。"这是历代相传的名言，颠扑不破的真理。其实，征之于过去的史实，这句话还可引申为："内政修明而有敌国外患者国必不亡！""内政不修而无敌国外患者国恒亡。"

内政不修的含义极广，举实例说明之，如政出多门，机构庞冗，横征暴敛，法令滋彰，宠佞用事，民困无告，货币紊乱，盗贼横行，水旱为灾等都是，而最普遍最传统的一个现象是贪污。这现象是"一以贯之"，上述种种实例都和它有母子关系，也可以贪污是因，这些实例是果。有了这些现象才会有敌国外患，反之如政治修明，则虽有敌国外患也不足为患。

贪污这一现象，假如我们肯细心翻读过去每一朝代的历史，不禁令人很痛心地发现"无代无之"，竟是与史实同寿！我们这时代，不应该再讳疾忌医了，更不应该蒙在鼓里夜郎自大了。翻翻陈账，看看历代覆亡之原，再针对现状，求出对症的药石，也许可以对抗建大业有些小补。

一部二十四史充满了贪污的故事，我们只能拣最脍炙人口的大人物举几个例，开一笔账。"豺狼当道，安问狐狸！"下僚小吏，姑且放开不谈。

过去历史上皇帝是国家元首，皇帝的宫廷财政和国家财政向来分开。但是有时候皇帝昏乱浪费、公私不分，以国产为私产，恣意挥霍，闹得民穷财尽，这种情形，史不绝书。最奇的是皇帝也有贪污的，用不正当的方法收受贿赂，例如汉灵帝和明神宗。汉灵帝为侯时常苦贫，及即位后，每叹桓帝不能作家居，曾无私钱，故卖官聚钱，以为私藏。光和元年（178）初开西邸卖官，二千石二千万，四百石四百万，公千万，郎五百万，富者先入钱，贫者到官然后倍输。崔烈入钱五百万拜司徒，拜日天子临轩，百僚毕会。灵帝忽然懊悔，和左右说，这官卖得上当，那时只要稍为掯勒一下，他会出一千万的。大将如段颎、张温虽然有功，也还是用钱买，才能做三公。又收天下之珍货，每郡国贡献，先输内廷，名为导引费。又税天下田亩什钱修宫室，内外官迁除都先到西园讲价钱，大郡至二三千万，付了钱才能上任，关内侯值钱五百万。他把国库的金钱缯帛取归内府，造万金堂贮之，藏不下的寄存在小黄门常侍家。黄巾乱起，卒亡汉社。无独有偶，一千四百年后的明神宗也是爱钱胜过爱民的皇帝。他要增殖私产，到处派太监榷税采矿。大珰小监，纵横绎骚，吸髓饮血，以供进奉。有的称奉密旨搜金宝，募人告密，有的发掘历代陵寝，豪夺民产，所至肆虐，民不聊生。大小臣工上疏谏止的一概不理，税监有所纠劾的却朝上夕报，立得重谴。结果内库虽然金银山积，民间却被逼叛乱四起。所遣税监高淮激变于辽东，梁永激变于陕西，陈奉激变于江夏，李奉激变于新会，孙隆激变于苏州，杨荣激变于云南，刘成激变于常镇，潘相激变于江西。瓦解土崩，民流政散。甚至遣使到菲律宾采金，引起误会，侨民被杀的至二万五千人。国库被挪用空乏，到了外患内乱迭起，无可应付时，朝臣请发内库存金，却靳靳不肯，再三催讨，才勉强发出一点敷衍面子。他死后，不过二十多年，明朝就亡国了，推原根本，亡国的责任应该由他的贪污行为负责。

皇后贪污亡国的，著名的例子有五代唐庄宗的刘后。刘后出身寒微，既贵，专务蓄财，薪蔬果茹，都贩鬻充私房。到了做皇后时，四方贡献，分作两份，一上天子，一上中官。又广收货赂，营私乱政，宫中宝货山积。皇后的教令和皇帝的制敕并行，藩镇奉之如一。邺都变起后，仓储不足，军士有流言，政府请发内库金帛给军，庄宗要答应，她却说自有天命，不必理会。大臣再三申论，她拿出妆具和三个银盆。又叫三个皇子出去说，人家说宫中蓄积多，不知都已赏赐完了，只留下这些，请连皇子卖了给军士罢。到庄宗被弑后，她却打叠珍宝驮在马鞍上，首先逃命。余下带不走的都被乱军所得。

大臣贪污乱国的更是指不胜屈，著例如唐代的杨国忠、元载，宋代的秦桧、贾似道，明代的严嵩，清代的和珅。史书记元载籍没时，单胡椒一项就有八百斛，钟乳五百两。严嵩的家产可支全国军饷数年，籍没时有黄金三万余两，白金二百余万两，其他珍宝不可胜计，隐没未抄的不可计数。和珅的家产可以供给全国经费二十年，只要半数就够付清庚子赔款。

太监得君主信任的，财产的数目也多得惊人。例如明代的王振，籍没时有金银六十余库，玉盘百，珊瑚高六七尺者二十余株。刘瑾擅权不过六七年，籍没时有大玉带八十束，黄金

214

二百五十万两，银五千万余两，其他珍宝无算。

一般官僚的贪污情形，以元朝末年作例。当时上下交征，问人讨钱，各有名目。所属始参曰拜见钱，无事白要曰撒花钱，逢节曰追节钱，生辰曰生日钱，管事而索曰常例钱，送迎曰人情钱，勾追曰赍发钱，论诉曰公事钱。觅得钱多曰得手，除得州美曰好地，补得职近曰好窠。遇事要钱，成为风气，种下了亡国的祸根。

武人的贪污在历史上也不能例外，有个著名的故事说，五代时有一个军阀被召入朝，百姓喜欢极了，说是从今拔去眼中钉了。不料这人在朝廷打点花了大钱，又回旧任，下马后即刻征收"拔钉钱"。又有一军阀也被召入朝，年老的百姓都摸摸胡子，会心微笑，这人回任后，也向百姓要"摸胡子钱"。

上下几千年，细读历史，政简刑清，官吏廉洁，生民乐业的时代简直是黄钟大吕之音，少得可怜。史家遇见这样稀觏的时代，往往一唱三叹，低回景仰而不能自已。

历朝的政治家用尽了心力，想法子肃清贪污，树立廉洁的吏治。不外两种办法，第一种是厚禄，他们以为官吏之所以不顾廉耻，倒行逆施，主要原因是禄不足以养廉，如国家所给俸禄足够生活，则一般中人之资，受过教育的应该知道自爱。如再违法受赃，便是自暴自弃，可以重法绳之。第二种是严刑，国家制定法令，犯法的立置刑章，和全国共弃之。前者例如宋，后者例如明初。

宋代官俸最厚，京朝官有月俸，有春冬服（绫、绢、绵），有禄粟，有职钱，有元随傔人衣粮、傔人餐钱。此外又有茶酒厨料之给，薪蒿炭盐诸物之给，饲马刍粟之给，米面羊口之给。外官则别有公用钱，有职田。小官无职田者别有茶汤钱。给赐优裕，入仕的人都可得到生活的保障，不必顾念身家，一心一意替国家做事。一面严刑重法，凡犯赃的官吏都杀无赦。太祖时代执法最严，中外官犯赃的一定弃市。太宗时代也还能维持这法令，真宗时从轻改为杖流海岛。仁宗以后，姑息成风，吏治也日渐腐败，和初期的循良治行不可同日而语了。明代和宋代恰好相反，明太祖有惩于元代的覆败，用重刑治乱国，凡贪官污吏重则处死，轻也充军或罚做苦工，甚至立剥皮之刑，一时中外官吏无不重足屏息，奉公畏法。仁宣两代继以宽仁之治，一张一弛，倒也建设了几十年的清明政治。正统以后，情形便大不相同了。原因是明代官俸本来不厚，洪武年代还可全支，后来便采用折色的办法，以俸米折钞，又以布折俸米，朝官每月实得米不过一二石，外官厚者不过三石，薄的一石二石。其余都折钞布，钞价贬值到千分之二三，折算实收，一个正七品的知县不过得钱一二百文。仰无以事父母，俯无以蓄妻子，除了贪污，更无别的法子可想。这情形政府当局未尝不了解，却始终因循敷衍，不从根本解决，上下相蒙，贪污成为正常风气，时事也就不可问了。

由于上述两个例子，宋代厚禄，明初严刑，暂时都有相当效果，却都不能维持久远（但是比较地说，宋代一般的吏治情形要比明代好一点）。原因是这两个办法只能治标，对贪污的根本原因不能发生作用。治本的唯一办法，应该从整个历史和社会组织去理解。

一直到今天为止，我们的政治，我们的社会组织，我们的文化都是以家族为本位的。在农村里聚族而居，父子兄弟共同劳作，在社会上工商也世承其业，治国平天下的道理也从修身齐家出发。孝友睦姻是公认的美德，几代同居的大家族更可以夸耀乡党。做官三辈爷，不但诰封父母，荫及妻子，连亲戚乡党也鸡犬同升。平居父诏其子，兄诏其弟以做官发财，亲朋也以此相勉，社会也以此相钦羡，"个人"在这环境下不复存在。一旦青云得路，父族妻族儿女姻戚和故旧乡里都一拥而来，禄薄固不能支给，即禄厚又何尝能够全部应付。更何况上官要承迎，要人要敷衍，送往迎来，在在需钱！如不贪污，非饿死冻死不可！固然过去也有清官，清到儿女啼饥号寒，死后连棺材也买不起的。也有做官一辈子，告休后连住屋也没有一间的。可是这类人并不多，一部正史的循吏传，也不过寥寥十数人而已。而且打开天窗说亮话，这些人之所以做清官，只是用礼法勉强约束自己。有一个故事说某一清官对人说钱多自然我也喜欢，只是名节可畏，正是一个好例。

　　根据这个理解，贪污的根绝，治本的办法应该是把"人"从家族的桎梏下解放出来。个人生活的独立，每一个人都为工作而生存，人与人之间无倚赖心。从家族本位的社会组织改变为个人本位的社会组织，自然，上层的政治思想文化也都随而改变。"人"能够独立存在以后，工作的收入足够生活，法律的制裁使他不愿犯禁，厚禄严刑，交互为用。社会上有公开的舆论指导监督，政府中有有力的监察机关举劾纠弹，"衣食足而后知荣辱"，贪污的肃清当然可操左券。

贪污史的一章

吏治的贪污在我国整个历史上，是一个最严重最值得研究的问题。

两个月前作者曾略举历史的例证，撰《论贪污》一文，发表于《云南日报》。在这短文中曾指出："贪污这一现象，假如我们肯细心翻读过去每一朝代的历史，不禁令人很痛心地发现'无代无之'，竟是与史实同寿！我们这时代，不应该再讳疾忌医了，更不应该蒙在鼓里夜郎自大了。翻翻陈账，看看历代覆亡之原，再针对现状，求出对症的药石，也许可以对抗建大业有些小补。"结论是，"治本的办法应该是把'人'从家族的桎梏下解放出来，个人生活的独立，每一个人都为工作而生存，人与人之间无倚赖心。从家族本位的社会组织改变为个人本位的社会组织，自然，上层的政治思想文化也都随而改变。"人"能够独立存在以后，工作的收入足够生活，厚禄严刑，交互为用。社会有公开的舆论指导监督，政府中有有力的监察机关举劾纠弹，"衣食足而后知荣辱"，贪污的肃清当然可操左券。所说多属通论，意犹未尽，现在专就一个时代研究贪污的现象和背景，作为贪污史的一章。

我所挑选的一个代表时代是明朝，因为这时代离我们近，史料也较多。《明史·循吏传序》说："明太祖……下逮仁宣，抚循休息，民人安乐，吏治澄清者百余年。英武之际，内外多故，而民心无土崩瓦解之虞者，亦由吏鲜贪残，故祸乱易弭也。嘉隆以后，资格既重……庙堂考课，一切以虚文从事，不复加意循良之选，吏治既已日偷，民生由之益蹙。"陈邦彦在他的《中兴政要》书中也说："嘉隆以前，士大夫敦尚名节，游宦来归，客或询其囊橐，必唾斥之。今天下自大吏与百僚，商较有无，公然形之齿颊，受铨天曹，得膏地则更相庆，得瘠地则更相吊。宦成之日，或垂囊而返，则群相讥笑，以为无能。士当齿学之初，问以读书何为，皆以为博科第，肥妻子而已。一行作吏，所以受知于上者非贿赂不为功，而相与文之以美名曰礼。"检《明史·循吏传》所记循吏一百二十五人，从开国到正德（1368—1521）一百五十三年中有一百二十人，从嘉靖到明亡（1522—1644）一百二十四年只有五人！清儒赵翼赞叹明代前期的吏治说："崇尚循良，小廉大法，几有两汉之遗风。"

其实这只是一种比较的说法，事实上嘉隆以前的贪污现象并未绝迹。例如洪武时代的勾捕逃军案，兵部侍郎王志受赃二十二万，盗粮案户部侍郎郭桓侵吞至千万，诸司官吏系狱至数万人。成祖朝纪纲之作恶，方宾之贪赃，宣宗朝刘观之黩货，英宗朝王振之贿赂蝟集，逮杲门达之勒贿乱政，宪宗朝汪直尚铭，武宗朝刘瑾、江彬、焦芳、韩福、张綵之权震天下，公然纳贿，几乎没有一个时代是不闹得乌烟瘴气的。和嘉靖以来的严嵩、魏忠贤两个时代比较，只是程度上的差异而已。假如像《循吏传》所说，前后两时期真有截然不同之点，那就是陈邦彦所指出的，前一时期，社会尚指斥贪污为不道德，一般士大夫还知道守身自爱，后一时期则贪污成为社会风气，清廉自矢的且被斥为无能。这一风气的变化是值得今日士大夫思之重思之的。

　　明代吏治的贪污如上举诸例，都已为学人所谂知，不必赘及，现在要说明的是一般的情形。前期如宣德朝可说这朝代的全盛时期，吏治最修明的一阶段了。宣德三年（1428）敕谕说："比者所司每缘公务，急于科差，贫富困于买办，丁中之民服役连年，公家所用十不二三，民间耗费，常数十倍。加以郡邑宦鲜得人，吏肆为奸，征收不时，科敛无度，假公营私，弊不胜纪，以致吾民衣食不足，转徙逃亡，凡百应输，年年逋欠，国家仓廪，月计不足。"十年后，英宗初政，三杨当国，有人上书政府，叙述地方吏治情形说："今之守令，冒牧民之美名，乏循良之善政，往往贪泉一酌而邪念顿兴，非深文以逞，即钩距之求，或假公营私，或诛求百计，经年置人于犴狱，滥刑恒及于无辜。甚至不任法律而颠倒是非，高下其手者有之，刻薄相尚而避己小嫌入人大辟者有之。不贪则酷，不怠则奸。或通吏胥以贾祸，或纵主案以肥家，殃民蠹政，莫敢谁何。"到七年后王振用事，公开的纳贿，公开的勒索，连政府仅存的一点纪纲都扫地而尽了。

　　到后期上下贪污相蒙，互相援引，辇毂赂遗，往来如织，民苦贪残者宦称卓异，不但不为察典所黜，而且连连升擢。地方官司捕者以捕为外府，收粮者以粮为外府，清军者以军为外府，长吏则有科罚，有羡余，刑驱势逼，虽绿林之豪，无以复加。

搜括聚敛，号为常例，公开声说这钱为朝觐为考课之用，上言之而不讳，下闻之而不惊，驯至国家颁一法令，地方兴建事业，都成为官吏的利薮。以搜刮所得经营升调，"以官爵为性命，以钻刺为风俗，以贿赂为交际，以嘱托为当然，以循情为盛德，以请教为谦厚"。萧然而来，捆载而去。即使被铨司察黜，最多也不过罢官。即使被抚按弹劾，最多也不过为民。反正良田大宅，歌儿舞女，不但自己受用，连子孙的基业也已打好，区区一官，倒也无足留恋了。

入仕必由科第，科场的关节，用钱买题目的技术也发现了。做官要做宰相，行贿入阁也成公开的秘密了。科名和辅相都可用金钱取得，其他的情形当然类推可知。

纳贿的技术也随时代而进步。前期孝宗时太监李广惧罪自杀，他家登载文武大臣行贿数目的账簿被查出，明载某人送黄米若干石，某人白米若干石。孝宗一看吓呆了，说李广能吃多少？后来才知道黄米代表金，白米代表银。后期改以雅称，号为书帕。外官和京官交际，公开有科（给事中）三道（御史）四的比例。开头还假托小书名色，列束投递标书十册二十册，袖手授受，不让人见，有点忌讳。后来渐渐公开，由白银而黄金而珠玉，数目也逐渐增多。外官和京官出使回来的都以书帕为人情，免不得买一些新书，刻几种新书来陪奉金银珠宝。明代后期刻书之多之滥，就是这个道理。

滔滔者举世皆是也！如饮狂泉，如膺痼疾，上下男女老幼都孜孜矻矻唯利是图，唯钱是贵，不但国家民族的利益谈不到，即是家人父子夫妇兄弟朋友的感情，也以钱来决定其是否持续。

这种风气是怎样造成的？我们最好用当时人的话来说明。

第一是社会教育。读书受苦是为得科名，辛苦得科名是为做官，做官的目的是发财。由读书到发财成为一连串的人生哲学。黄省曾在《吴风录》中说："吴人好游托权要之家，家无担石者入仕二三年即成巨富。由是无不以士为贵。而求入学庠者肯捐百金图之，以大利在后也。"谢肇淛《五杂俎》更说得明白："今之人教子读书，不过取科第耳，其于立身行己不问也。故子弟往往有登仕而贪虐恣睢者，彼其心以为幼之受苦，政为今日耳。志得意满，不快其欲不止也。"刘宗周也说："士习之坏也，自科举之学兴而士习日坏。明经取金紫，读易规利禄，自古而然矣。父兄之教，子弟之学，非是不出焉。士童而习之，几与性成，未能操觚，先熟钻刺，一入学校，闯行公庭。等而上之，势分虽殊，行径一辙。以嘱托为通津，以官府为奴隶，伤风败俗，寡廉鲜耻，即乡里且为厉焉，何论出门而往？尚望其居官尽节，临难忘身，一效之君父乎？此盖已非一朝一夕之故矣。"

贪污在这种社会风气之下，习与性成，诚然，非一朝一夕之故矣！

第二是社会环境。一般读书人在得科名的一天，也就是开始负债的一天。吴应箕在他的《拟进策》里说："士始一窭人子耳。一列贤书，即有报赏宴饮之费，衣宴舆马之需，于是不得不假贷戚友，干谒有司。假贷则期报以异日，谒见则先丧其在我。黠者因之，而交通之径熟，圆巧之习成。拙者债日益重，气日益衰，盖未仕而所根抵于仕者已如此矣。及登甲榜，费且数倍，债亦如之。彼仕者即无言营立家私，但以前此之属债给于民，能堪之乎？"甚至一入仕途，债家即随之赴任，京债之累，使官吏非贪污不可。陶奭龄说："今寒士一旦登第，诸凡舆马仆从饮食衣服之类，即欲兴膏粱华腴之家争为盛丽，秋毫皆出债家。谒选之后，债家即随之而至，非盗窃帑藏，朘削闾阎，何以偿之？"周顺昌在做官后，被债主所逼，向他的亲戚诉苦说："诸亲友之索债者填门盈户，甚至有怒面相詈者。做秀才时艰苦备历，反能以馆谷怡二人，当大事。今以滥叨之故，做一不干净人，五年宦游，不能还诸债主，官之累人也多矣。"这是一个不合时代的书呆子，难怪他日后死于魏忠贤之手。

第三是政治环境。皇帝要进献，得宠的内官要贿赂，内阁要，吏部也要，有关的京官也要，上层的抚按要，知府更非多送不可，层层贿赂，层层剥削。钱一本说："以远臣为近臣府库，以远近之臣为内阁府库。"刘宗周说："一令耳，上官之诛求，自府而道，自道而司，自司而抚而按，而过客，而乡绅，而在京之权要，递而进焉，肆应不给……"举实例如刘瑾用事时，凡入觐出使官，皆有厚献。给事中周钥勘事归，以无金自杀。令天下巡抚入京受敕，输瑾赂，延绥巡抚刘宇不至，逮下狱；宣府巡抚陆完后至，几得罪，既赂乃令试职视事。上下左右都是贪污的环境，如不照样行贿，不但做不成官，反要得罪，教人如何能不贪污！

第四是政治制度。明代官俸之薄，是有史以来所少见的。宣德时朝臣月薪止给米一石，外官不过三石，原来的俸钞，因为贬值，每贯止实值二三钱。举例说，正一品官月俸米八十七石，七品官米七石五斗。洪武时代官俸全给米，有时以钱钞折支，照物价钞一贯钱一千抵米一石，到后钞价日落，才增定每石米折钞十贯。正统时又规定五品以上，米二钞八，六品以下，米三钞七。后又改在外官月支本色米二石，其余俱支折色。照比例推算，正一品月俸得米十七石四斗，余折钞五百九十六贯，以贯值三钱计，合钱一千七百八十八文。外任正七品官知县实得米二石，得钞五十五贯，合钱一百六十五文。结果内外官都无以为生，朝官至于放遣皂隶，责以薪炭。正统元年（1436）副都御史吴讷要求增俸，举出一实例说："洪武年间京官俸全支，后因营造减省，遂为例，近小官多不能赡。如广西道御史刘准，由进士授官，月支俸米一石五斗，不能养其母妻子女，贷同官俸米三十余石，去年病死，竟负无还。"六年巡按山西监察御史曹春也上奏说："今在内诸司文臣，去家远任，妻子随行。然禄厚者月给米不过三石，禄薄者不过一石二石而已。其所折钞，急不得济。九载之间，仰事俯蓄之具，道路往来之费，亲故问遗之需，满罢闲居之用，其禄不赡，则不免移其所守，此所以陷于罪者多也。"他要求廷臣会议，酌量加俸，使其足够养廉。俸额提高以后，如仍有贪污冒法者，立置重典。可是户部以为定制难改，竟不理会。此后几十年，改折的办法虽然稍有调整，但是离生活水准还是很远，中叶以后钞已成废纸，不值一钱，政府收入的款项改为银子，但官员的薪俸折色，却还是照定制发钞，一直未改。除去上述一切情形，单就官俸说，明代的官吏贪污也是实逼使然，是环境造成的。

224

晚明仕宦阶级的生活

晚明仕宦阶级的生活，除了少数的例外（如刘宗周之清修刻苦，黄道周之笃学正身），可以用"骄奢淫逸"四字尽之。田艺蘅《留青日札》记："严嵩孙严绍庚、严鹄等尝对人言，一年尽费二万金，尚苦多藏无可用处。于是竞相穷奢极欲。"《明史·严嵩传》记鄢懋卿之豪奢说："鄢懋卿持严嵩之势，总理两浙两淮长芦河东盐政，其按部尝与妻偕行，制五彩舆，令十二女子舁之。"万历初名相张居正奉旨归葬时："真定守钱普创为坐舆，前舆后室，旁有两庑，各立一童子供使令，凡用舁夫三十二人。所过牙盘上食味逾百品，犹以为无下箸处。"这种闹阔的风气，愈来愈厉害，直到李自成、张献忠等起来，这风气和它的提倡者同归于尽。

其实，说晚明才有这样的放纵生活，也不尽然。周玺《垂光集·论治化疏》说："中外臣僚士庶之家，靡丽奢华，彼此相尚，而借贷费用，习以为常。居室则一概雕画，首饰则滥用金宝，倡优下贱以绫缎为裤，市井光棍以锦绣缘袜，工匠役之人任意制造，殊不畏惮。虽朝廷禁止之诏屡下，而奢靡僭用之习自如。"周玺是弘正时人（？—1508），可见在十六世纪初期的仕宦生活已经到这地步。风俗之侈靡，自上而下，风行草偃，渐渐地浸透了整个社会。堵允锡曾畅论其弊，他说："冠裳之辈，怡堂成习，厝火忘危，膏粱文绣厌于口体，宫室妻妾昏于志虑，一簋之费数金，一日之供中产，声伎优乐，日缘而盛。夫缙绅者士民之表，表之不戒，尤以成风。于是有纨绔子弟，益侈豪华之志以先其父兄，温饱少年亦竞习裘马之容以破其家业，挟弹垆头，吁庐伎室，意气已骄，心神俱溃，贤者丧志，不肖倾家，此士人之蠹也。于是又有游手之辈，习谐媚以蛊良家子弟，市井之徒，咨凶谲以行无赖之事，白日思群，昏夜伏莽，不耕不织，生涯问诸傥来，非士非商，自业寄于亡命，狐面狼心，冶服盗质，此庶人之蠹也。如是而风俗不致颓坏，士民不致饥寒，盗贼不致风起者，未之有也。"

二

大人先生有了身份有了钱以后，饱食终日，无所用心，自然而然会刻意去谋生活的舒适。于是营居室，乐园亭，侈饮食，备仆从。再进而养优伶，召伎女，事博弈，蓄姬妾。雅致一点的更提倡玩古董，讲版刻，组文会，究音律，这一集团人的兴趣，使文学、美术、工艺、金石学、戏曲、版本学等部门有了飞跃的进展。

八股家幸而碰上了机会，得了科第时，第一步是先娶一个姨太太（以今较昔，他们的黄脸婆还有不致被休的运气）。王崇简《冬夜笔记》："明末习尚，士人登第后，多易号娶妾。故京师谚曰：改个号，娶个小。"第二步是广营居室，做大官

226

的邸舍之多，往往骇人听闻。田艺蘅记严嵩籍没时之家产，光是宅第房屋一项，在江西原籍共有六千七百四间，在北京共一千七百余间。陆炳当事时，营别宅至十余所，庄园遍四方。郑芝龙田园遍闽粤，在唐王偏安一隅的小朝廷下，秉政数月，增置仓庄至五百余所。

　　士大夫园亭之盛，大概是嘉靖以后的事。陶奭龄说："少时越中绝无园亭，近亦多有。"奭龄是万历时代人，可见在嘉隆前，即素称繁庶的越中，士大夫尚未有经营园亭的风气。园亭的布置，除自己出资建置外，大抵多出于门生故吏的报效。顾公燮《消夏闲记》卷上说："前明缙绅虽素负清名者，其华屋园亭佳城南亩，无不揽名胜，连阡陌。推原其故，皆系门生故吏代为经营，非尽出己资也。"王世贞《游金陵诸园记》记南京名园除王公贵戚所有者外，有王贡士杞园、吴孝廉园、何参知露园、卜太学味斋园、许典客长卿园、李象先茂才园、汤太守熙召园、陆文学园、张保御园等。《娄东园亭志》仅太仓一邑有田氏园、安氏园、王锡爵园、杨氏日涉园、吴氏园、季氏园、曹氏杜家桥园、王世贞弇州园、王士骐约园、琅玡离园、王敬美澹园等数十园。园亭既盛，张南垣至以叠石成名："三吴大家名园，皆出其手。其后东至于越，北至于燕，召之者无虚日。"

　　对于饮食衣服尤刻意求精，互相侈尚。《小柴桑喃喃录》卷上记："近来人家酒席，专事华侈，非数日治具，水陆毕集，不敢轻易速客。汤饵肴，源源而来，非惟口不给尝，兼亦目不周视，一筵之费，少亦数金。"平居则"耽耽逐逐，日为口腹谋"。张岱《陶庵梦忆》自述："越中清馋无过余者，喜啖方物。

北京则苹婆果、黄鼠、马牙松；山东则羊肚菜、秋白梨、文官果、甜子；福建则福橘、福橘饼、牛皮糖、红腐乳；江西则青根、丰城脯；山西则天花菜；苏州则带骨鲍螺、山查丁、山查糕、松子糖、白圆、橄榄脯；嘉兴则马交鱼脯、陶庄黄雀；南京则套樱桃、桃门枣、地栗团、窝笋团、山查糖；杭州则西瓜、鸡豆子、花下藕、韭芽、元笋、塘栖蜜橘；萧山则杨梅、莼菜、鸠鸟、青鲫、方柿；诸暨则香狸、樱桃、虎栗；嵊则蕨粉、细榧、龙游糖；临海则枕头瓜；台州则瓦楞蚶、江瑶柱；浦江则火肉；东阳则南枣；山阴则破塘笋、谢橘、独山菱、河蟹、三江屯蛏、白蛤、江鱼、鲥鱼、里河。远则岁致之，近则月致之，日致之。"衣服则由布袍而为绸绢，由浅色而改淡红。范濂《云间据目钞》记云间风俗，虽然只是指一个地方而言，也足以代表这种由俭朴而趋奢华的时代趋势。他说："布袍乃儒家常服，周年鄙为寒酸，贫者必用绸绢色衣，谓之薄华丽。而恶少且从典肆中觅旧段旧服翻改新起，与豪华公子列坐，亦一奇也。春元必用大红履，儒童年少者必穿浅红道袍，上海生员冬必穿绒道袍，暑必用绉巾绿伞，虽贫如思丹，亦不能免。稍富则绒衣巾，盖益加盛矣。余最贫，尚俭朴，年来亦强服色衣，乃知习俗移人，贤者不免。"明代制定士庶服饰，不许混淆，嘉靖以后，这种规定亦复不能维持，上下群趋时髦，巾履无别。范濂又记："余始为诸生时，见朋辈戴桥梁绒线巾，春元戴金线巾，缙绅戴忠靖巾。自后以为烦俗，易高士巾素方巾，复变为唐巾晋巾汉巾褊巾。丙午（1606）以来皆用不唐不晋之巾，两边玉屏花一双，而年少貌美者加犀玉奇簪贯发。"他又很愤慨地说："所可恨者，大家奴皆用三镶宦履，与士官漫无分别，而士官亦喜奴辈穿著，此俗之最恶者也。"

三

士大夫居官则狎优纵博，退休则广蓄声伎。宣德间都御史刘观每赴人邀请，辄以妓自随。户部郎中肖翔等不理职务，日惟挟妓酣饮恣乐。曾下饬禁止："宣德四年八月丙申，上谕行在礼部尚书胡濙曰：祖宗时文武官之家不得挟妓饮宴。近闻大小官私家饮酒，辄命妓歌唱，沉酣终日，怠废政事。甚者留宿，败礼坏俗。尔礼部揭榜禁约，再犯者必罪之。"妓女被禁后，一变而为小唱。沈德符说："京师自宣德顾佐疏后，严禁官妓，缙绅无以为娱，于是小唱盛行，至今日几如西晋太康矣。"实际上这项禁令也只及于京师居官者，易代之后，勾栏盛况依然。《冰华梅史》有《燕都妓品序》："燕赵佳人，颜美如玉，盖自古艳之。矧帝都建鼎，于今为盛，而南人风致，又复袭染熏陶，色艳宜惊天下无疑。万历丁酉庚子（1597—1600），其妖冶已极。"所定花榜，借用科名条例，有状元、榜眼、探花之目。称妓则曰老几。茅元仪《暇老齐杂记》卷四："近来士人称妓每曰老，如老一老二之类。"同时曹大章有《秦淮士女表》，《萍乡花史》有《广陵士女殿最序》。余怀《板桥杂记》记南京教坊之盛："南曲衣裳妆束，四方取以为式。"崇祯中四方兵起，南京不受丝毫影响，依然征歌召妓："宗室王孙，翩翩裘马，以及乌衣子弟，湖海宾游，靡不挟弹吹箫，经过赵李。每开筵宴，则传呼乐籍，罗绮芬芳，行酒纠觞，留髡送客，酒阑棋罢，堕珥遗簪，真欲界之仙都，升平之乐国也！"

私家则多蓄声伎，穷极奢侈。万历时理学名臣张元忭后人的家伎在当时最负盛名。《陶庵梦忆》卷四《张氏声伎》条记："我家声伎，前世无之。自大父于万历年间与范长白邹愚公黄贞父包涵所诸先生讲究此道，遂破天荒为之。有可餐班，次则武陵班……再次则梯仙班……再次则吴郡班……再次则苏小小班……再次则平子茂苑班……主人解事日精一日，而俣僮伎艺则愈出愈奇。"阮大铖是当时最负盛名的戏曲作家，他的家伎的表演最为张宗子所称道。同书卷八记："阮元海家优讲关目，讲情理，讲筋节，与他班孟浪不同。然其所打院本又皆主人自制，笔笔勾勒，苦心尽出，与他班卤莽者又不同。故所搬演本本出色，脚脚出色，出出出色，句句出色，字字出色。"士大夫不但蓄优自娱，谱制剧曲，并能自己度曲，压倒伶工。沈德符记："近年士大夫享太平之乐，以其聪明寄之剩技。吴中缙绅留意音律，如太仓张工部新、吴江沈吏部璟、无锡吴进士澄时俱工度曲，每广座命伎，即老优名倡俱皇遽失措，真不减江东公瑾。"风气所趋，使梨园大盛，所演若《红梅》《桃花》《玉簪》《绿袍》等记不啻百种："括共大意，则皆一女游园，一生窥见而悦之，遂约为夫妇。其后及第而归，即成好合。皆徒撰诡名，毫无古事可考，且意俱相同，毫无足喜。"乡村每演剧以祷神："谓不以戏为祷，则居民难免疾病，商贾必值风涛。"豪家则延致名优，陈懋仁《泉南杂志》："优伶媚趣者不吝高价，豪奢家攘而有之，婵鬓傅粉，日以为常。"使一向被贱视的伶工，一旦气焰千丈。徐树丕《识小录》记吴中在崇祯十四年（1641）

奇荒后的情形："辛巳奇荒之后……优人鲜衣美食，横行里中。人家做戏一台，一本费至十余金，而诸优犹恨恨嫌少。甚至有乘马者，乘舆者，在戏房索人参汤者，种种恶状。然必有乡绅主之，人家惴惴奉之，得一日无事便为厚矣。"优人服节有至千金以上者。男优之外，又有女戏："十余年来苏城女戏盛行，必有乡绅主之。盖以倡兼优而缙绅为之主。"亦有缙绅自教家姬演戏者，张岱记朱云崃女戏，"西施歌舞，对舞者五人，长袖缓带，绕身若环，曾挠摩地，扶旋猗那，弱如秋乐；女官内侍，执扇葆璇盖、金莲宝炬、纨扇宫灯二十余人，光焰荧煌，锦绣纷叠，见者错愕"。刘晖吉女戏则以布景著："刘晖吉奇情幻想，欲补从来梨园之缺陷。如唐明皇游月宫，叶法善作，场上一时黑魆地暗，手起剑落，霹雳一声，黑幔忽收，露出一月，其圆如规，四下以其羊角染五色云气，中坐常仪，桂树吴刚，白兔捣药。轻纱缦之内，燃赛月明数株，光焰青黎，色如初曙，撒布成梁，遂蹑月窟，境界神奇，忘其为戏也。"

四

士大夫的另一种娱乐是赌博。顾炎武《日知录》记："万历之末，太平无事，士大夫无所用心，间有相从赌博者。至天启中，始行马吊之戏。而今之朝士若江南山东，几于无人不为此。有如韦昭论所云穷日尽明，继以脂烛，人事旷而不修，宾旅阙而不接。"甚至有"进士有以不工赌博为耻"的情形。吴伟业又记当时有叶子戏："万历末年，民间好叶子戏，图赵宋时山东群盗姓名于牌而斗之，至崇祯时大盛。有曰闯，有曰献，有曰大顺，初不知所自起，后皆验。"缙绅士大夫以纵博为风流，《列朝诗集小传》记："福清何士璧跅弛放迹，使酒纵博。""皇甫冲博综群籍，通挟凡击毬音乐博弈之戏，吴中轻侠少年咸推服之。""万历间韩上桂为诗多倚待急就，方与人纵谈大噱，呼号饮博，探题立就，斐然可观。"此风渐及民间，结果是如沈德符所说："今天下赌博盛行，其始失货财，甚则鬻田宅，又甚则为穿窬，浸成大伙劫贼，盖因本朝法轻，愚民易犯。"

自命清雅一点的则专务搜古董，巧取豪夺："嘉靖末年，海内宴安，士大夫富厚者，以治园亭、教歌舞之隙，间及古玩。如吴中吴文恪之孙，溧阳史尚宝之子，皆世藏珍秘，不假外索。延陵则嵇太史应科，云间则朱太史大韶，吾郡项太学锡山，安太学，华户部辈，不吝重赍收购，名播江南。南部则姚太史汝循、胡太史汝嘉，亦称好事。若辇下则此风稍逊，惟分宜严相国父子、朱成公兄弟，并以将相当途，富贵盈溢，旁及雅道，于是严以势劫，朱以货取，所蓄几及天府。……张江陵当国，亦有此嗜。……董太史其昌最后起，名亦最重，人以法眼归之。"年轻气盛少肯读书的则组织文社，自相标榜，以为名高。《消夏闲记》下："文社始于天启甲子张天如等之应社……推大讫于四海。于是有广应社，复社，云间有几社，浙江有闻社，江北有南社，江西有则社，又有历亭席社，昆阳云簪社，而吴门别有羽朋社，武林有读书社，山左有大社，金会于吴，统于复社。"以讥弹骂詈为事，黄宗羲讥为学骂。他说："昔之学者学道者也，今之学者学骂者也。矜气节者则骂为标榜，志经世者则骂为功利，读书作文者则骂为玩物丧志，留心政事者则骂为俗吏，接庸僧数辈则骂考亭为不足学矣，读艾千子定待之尾，则骂象山阳明为禅学矣。濂溪之主静则盘桓于腔子中者也，洛下之持敬则曰是有方所之学也。逊志骂其学误主，东林骂其党亡国，相讼不决，以后息者为胜。"老成人物则伪标讲学，内行不修。艾南英《天慵子集》曾提及江右士夫情形："敝乡理学之盛，无过吉安，嘉隆以前，大概质行质言，以身践之。近岁自爱者多而亦不无仰愧前哲者。田土之讼，子女之争，告讦把持之风日有见闻，不肖视其人皆正襟危坐以持论相高者也。"

仕宦阶级有特殊地位，也自有他们的特殊风气。《小柴桑喃喃录》卷下说："士大夫膏肓之病，只是一俗，世有稍自脱者即共命为迂为疏为腐，于是一入仕途，则相师相仿，以求入乎俗而后已。如相率而饮狂泉，亦可悲矣。"在这情形的社会，谢肇淛说得最妙："燕云只有四种人多，奄竖多于缙绅，妇女多于男子，倡伎多于良家，乞丐多于商贾。"

贪污史例

一

元朝末年，官贪吏污，因为蒙古色目人浑浑噩噩，根本不懂"廉耻"是什么意思。这一阶级向人讨钱都有名目，到任下属参见要"拜见钱"，无事白要叫"撒花钱"，逢节有"追节钱"，做生日要"生日钱"，管事而要叫"常例钱"，送往迎来有"人情钱"，差役提人要"赍发钱"，上衙门打官司要"公事钱"。做官的赚的钱多叫"得手"，钻得肥缺叫"好地"，补得要缺叫"好窠"。至于忠于国家，忠于人民，则一概"晓勿得！"

刘继庄说："这情形，明朝初年我知道不清楚，至于明末，我所耳闻目见的，又有哪一个官不如此！"

二

明代中期，离现在四百多年前，一个退休的显官何良俊，住在南京，告诉我们一个故事：

南京也照北京的样子，设有六部五府等机关，原来各有职掌，和百姓并不相干。这些官家里需用的货色，随时由家奴到铺子买用，名为和买。我初住南京的头几年，还是如此，不过五六年光景，情形渐渐不妙，各衙门里并无事权的闲官，也用官府的印票，叫皂隶去和买了，只给一半价钱，例如值银两钱的扇子只给一钱，其他可以类推。闹得一些铺户叫苦连天。至于有权有势的御史，气焰熏天，更是可怕。例如某御史叫买一斤糖食，照价和买只要五六分银子，承买的皂隶却乘机敲诈了五六两银子。他在票面上写明本官应用，要铺户到本衙交纳，第一个来交纳的，故意嫌其不好，押下打了十板；再照顾第二家，第二家一算，反正来差要钱，门上大爷又要钱，书办老爷还是要钱，稍有不到，还得挨十下板子，不如干脆拼上两三钱银子，消灾免祸；皂隶顺次到第三、四家，一样对付，谁敢不应承？于是他也心满意足，发了一笔小财，够一年半载花销了。

南京某家买到一段做正梁的木料叫柏桐，很是名贵。巡城御史正想制一个书桌，听说有好材料，动了心，派人去要。这家舍不得，连夜竖了柱，把梁安上，以为没有事了。不料巡城御史更强，一得消息，立刻派皂隶夫役，一句话不说，推翻柱子，抬起大梁，扬长而去。

三

明末的理学家刘宗周先生指出这时代的吏治情形说：

如今吏治贪污，例如催钱粮要火耗（零星交纳的几分几钱银子，熔铸成锭才解京，熔铸的亏蚀叫火耗，地方不肯担负这损失，照例由纳粮的人民吃亏，额外多交一两成，积少成多，地方官就用这款子来肥家），打官司要罚款，都算本分的常例，不算外水了。新办法是政府行一政策，这政策就成敲诈的借口，地方出一新事，这一新事又成剥削的机会。大体上是官得一成，办事的胥吏得九成，人民出十成，政府实得一成。政府愈穷，人民愈苦，官吏愈富。以此人民恨官吏如强寇，如仇敌，突然有变，能献城就献城，能造反便造反，当机立断，毫不踌躇。

举县官作例吧，上官有知府，有巡道，有布政使，有巡抚，有巡按，还有过客，有乡绅，更有京中的权要，一层层须得应付、敷衍，面面都到。此外钻肥缺，钻升官，更得格外使钱。当然也得养家，也得置产业。他们不吃人民吃什么？又如巡按御史吧，饶是正直自好的，你还未到任，地方大小官员早已凑好一份足够你吃几代的财宝，安安稳稳替你送到家里了。多一官百姓多受一番罪，多派一次巡按，百姓又多受一番罪。层层敲诈，层层剥削，人民怎能不造反？怎能不拼命？

贪污的吏治

明代仕宦阶级的一生，可以从陶奭龄的《五计说》看出。他把这一阶级人的一生分作五个阶段。"十岁为儿童，依依父母，嬉嬉饱暖，无虑无营，忘得忘失，其名曰仙计。二十以还，坚强自用，舞蹈欲前，视青紫如拾芥，鹜声名若逐膻，其名曰贾计。三十至四十，利欲熏心，趋避著念，官欲高，门欲大，子孙欲多，奴婢欲众，其名曰丐计。五十之年，嗜好渐减，经变已多，仆起于斗争之场，享寒于险之境，得意尚有强阳，失意遂成枯木，其名曰囚计。过此以往，聪明既衰，齿发非故，子弟为卿，方有后子，期颐未艾，愿为婴儿，其名曰尸计。大约世人一生尽此五计，非学道人鲜自脱者。"再从社会关系来看，这一阶级人入仕的时期是见任官吏，退休的时期和入仕以前是乡绅（明代或称乡官，或称绅衿，绅指退休官，衿指生员——民间称秀才——和举人）。做官时期和外地的庶民发生关系，做乡绅时期则和本地的庶民发生关系。总之，无论他们是在官或居乡，一般的庶民都在他们的脚下生活着。

我曾习惯地把明代分作两个段落，分水岭是嘉靖朝（1522—1566）。谈到明代的吏治时也不能例外。最好的说明是《明史·循吏传序》：

明太祖……下逮仁宣，抚循休息，民人安乐，吏治澄清者百余年。英武之际，内外多故，而民心无土崩瓦解之虞者，亦由吏鲜贪残，故祸乱易弭也。嘉隆以后，资格既重……庙堂考课，一切以虚文从事，不复加意循良之选，吏治既已日偷，民生由之益蹙。

嘉靖、隆庆以前，据赵翼的研究，"崇尚循良，小廉大法，几有两汉之遗风"。明人陈邦彦所论更为具体扼要，他说：

嘉隆以前，士大夫敦尚名节。游宦来归，客或询其囊橐，必唾斥之。今天下自大吏至于百僚，商较有无，公然形之齿颊。受铨天曹，得膴地则更相庆，得瘠地则更相吊。宦成之日，或垂囊而返，则群相姗笑，以为无能。士当齿学之初，问以读书何为，皆以为博科第，肥妻子而已……一行作吏，所以受知于上者非贿赂不为功，而相与文之以美名曰礼。

其实这只是一种比较的说法。嘉隆以前，吏治澄清；嘉隆以后，吏治贪污，固是事实。但在实际上，我们也可说，嘉隆以前吏治亦贪污，不过不如以后之甚；嘉隆后亦有循良，但不如前此之多。我们试看洪武时代的勾捕逃军案，兵部侍郎王志受赃二十二万；盗粮案，户部侍郎郭桓侵没至千万，诸司官吏系狱至数万人。成祖朝纪纲之贪作恶，方宾之贪赃；宣宗朝刘观之黩货；英宗朝王振之贿赂辏集，逯杲、门达之勒贿乱政；宪宗朝汪直、尚铭、梁芳，武宗朝刘瑾、朱彬、焦芳、韩福、张綵之权震天下，公然纳贿。几乎没有一个时代是不闹得乌烟瘴气的，和嘉靖以来的严嵩、魏忠贤两个时代比较，只有程度上的差异而已。假如真有划然不同之点，那我们可学陈邦彦的说法：嘉隆以前，社会尚指斥贪污为不道德；嘉隆以后，则社会且指斥不贪污为无能。这一社会风气的变化，是值得今日的士大夫思之重思之的。

这一种社会风气的造成，我在上文曾指出由于那时代人的人生哲学，从读书到发财成一自然的体系。此外还有两种社会环境，第一是寒士登第举债，第二是明代官俸之薄。

寒士得科名的一天，同时也是开始负债的一天，吴应箕说：

士始一窭人子耳。一列贤书，即有报赏宴饮之费，衣服舆马之需，于是不得不假贷戚友，干谒有司，假贷则期报以异日，谒见则先丧其在我。黠者因之而交通之径熟，圆巧之习成。拙者债日益重，气日益卑，盖未仕而所根柢于仕者已如此矣。及登甲榜，费且数倍，债亦如之。彼仕者即无言营立家私，但以前此之属债给于民，能堪之乎？

甚至一入仕途，债家即随之赴任，京债之累，使官吏不至贪污不可。陶奭龄尝慨乎言之：

今寒士一旦登第，诸凡舆马仆从饮食衣服之类，即欲与膏粱华腴之家争为盛丽，秋毫皆出债家。谒选之后，债家即随之而至，非盗窃帑藏，朘削闾阎，何以偿之？

反之，官吏而不贪污，不法外弄钱，那就非狼狈万状不可。周顺昌在做官后被债主所逼，向他的亲戚诉苦说：

读来札知诸亲友之索债者，填门盈户，甚至有怒面相訾者……做秀才时艰苦备历，反能以馆谷怡二人，当大事……今以滥叨之故，做一不干净人，五年宦游，不能还诸债主，官之累人也多矣。

加之，农业社会是以家族为本体的，一人出仕，不但父母、妻妾、子女靠他养活，提高了生活的水准，甚至母族、妻族、媳族、婿族、乡里、年谊都要一窝蜂钻来，打抽丰，求关节，真所谓"鸡犬同升"，教这人如何能不贪污？

次之，假如明代官俸如唐宋之优赡，那还可对付。可是，恰巧相反，明代官俸之薄，可说是历史上所仅见的。宣宗时名臣杨士奇记：

宣德四年（1429），吏有遭笞者，捃都御史顾佐之过，谓受皂隶赂放归。上密以示杨士奇，士奇曰所诉之事，诚有非诬，盖今朝臣月俸止给米一石，薪炭驺咸资于皂，不得不遣半归，使备所用。皂亦皆乐得归耕，实官皂两便。

郑晓记宣德时一朝官惨剧云：

正统元年（1436）副都御史吴讷言：洪武年间京官俸全支，后因营造减省，遂为例。近小官多不能赡。如广西道御史刘准，由进士授官，月支俸米一石五斗，不能养其母妻子女，贷同道御史王裕等、刑部主事廖谟等俸米三十余石，去年病死，竟负无还。乞下建议增俸。

正统时曹泰指出官吏之贪，由于俸薄，奏请增俸，事竟不行：

正统六年（1441）二月戊辰，巡按山西监察御史曹泰奏：今在内诸司文臣，去家远仕，妻子随行，然禄厚者月给米不过三石，禄薄者一石二石而已，其所折钞，急不得济，九载之间，仰事俯畜之费具，道路往来之费，亲故问遗之需，满罢闲居之用，其禄不赡，则不免移其所守，此所以陷于罪者多也。乞敕廷臣会议，量为增益，俾足养廉，其仍贪污冒法者置之重典，则贪风息矣。上命行在户部详议以闻，尚书刘中敷等言官员俸禄已有定制，难以增益。从之。

俸给之薄，由于折色，以米折钞，以布折米，王琼记：

国初定制，百官俸给，皆支本色米，如知县月支米七石，岁支米八十四石，足够养廉用度。后改四品以上，三分本色，七分折色。五品以下，四分本色，六分折色。后又改在外官月支本色米二石，其余俱支折色。其折色以钞为则，每米一石，折钞十五贯或二十贯，每布一匹折米二十石。京官折俸四五年不得一支，外官通不得支。此贪婪之难禁也。

折色相当于现在米贴之改发代金。不发米而发同等价值的钞，在原则上并不吃亏，可是第一月薪打折扣，只发原数的三十五分之一，第二钞值贬价。由于这样的左折右折，折得当时官吏无以为生。试举一实例，据《明史·李贤传》，当时指挥使月俸三十五石者，实支仅一石，米一石折钞十贯，钞一贯值钱二文至三文，由是知指挥使一月所得不过铜钱二三十文。推而上之，正一品月俸八十七石，照比例折成实支，又折起钞再算钱，也不过月得七八十文；推而下之，正七品（知县）月俸七石，左折右折，可怜只能拿到二三文铜钱了。其后又改定官俸折银例，虽然官吏的收入在比例上增加了一点，可是如专靠正俸生活，也还是非饿死不可。在这情形之下，中外官仰无以事父母，俯无以畜妻子，更谈不到还官债，赡亲族，何况上司要贿赂，皇帝要进献，层层剥削，除了剥削民众，贪污以外，更有什么办法！要做好官，那便非像潘蕃那样，做了若干年的方面大臣，罢官后连住宅也没有，寄住人家终老。海瑞剔历内外，死后全家产只有一两银子，连买棺木也不够。这些自然是违反这社会风气的可忽略的例外，大多数官吏很容易有办法，找出一条生财大道。

明代前期的吏治，从英宗任用王振到武宗任用刘瑾，这阶段的污浊情形是尽人皆知的。太祖、太宗二朝严刑重法，宣宗、孝宗二朝政局清明。现在试以这几朝作例，分酷虐和苛敛两方面说明。

太祖朝以酷虐知名的大臣有陈烙铁，《明史》说他：

洪武三年（1370），宁知苏州，征赋苛急，尝烧铁烙人肌肤，吏民苦之，号为陈烙铁。

太宗朝则有残杀农民的丁珏：

丁珏，山阳人。永乐四年（1406）里社赛神，诬以聚众谋不轨，坐死者数十人。

至于苛敛民财，以做官为发财的捷径的，则更难仆数。其著者如太祖朝之郭桓案，《大诰》曾再三宣布其罪状：

户部官郭桓等收受浙西秋粮合上仓四百五十万石，其郭桓等止收六十万石上仓，钞八十万锭入库，以当时折算，可抵二百万石余，有一百九十万石未曾上仓。其桓等受要浙西等府钞五十万贯，致使府州县官黄文等通同刁顽人吏边源等作弊，各分入己。

又说：

其所盗仓粮以军卫言之，三年所积卖空，前者榜上若欲尽写，恐民不信，但略写七百万耳。若将其余仓分，并十二布政司通同盗卖见在仓粮，及接受浙西等府钞五十万张，卖米一百九十万石不上仓，通算诸色课程鱼盐等项，及通同承运库官范朝宗盗卖金银，广惠库官张惠妄支钞六百万张。除盗库见在宝钞金银不算外，其卖在仓税粮反米上仓，该收税粮及鱼盐等项诸色课程共折米算，所废者二千四百余万精粮。

浙西有司苛敛案：

浙西所在有司，凡征收害民之奸，甚如虎狼。且如折收秋粮，府州县官发放，每米一石官折钞二贯，巧立名目，取要水脚钱一百文，车脚钱三百文，口食钱一百文。库子又要辨验钱一百文，蒲篓钱一百文，竹篓钱一百文，沿江神佛钱一百文，害民如此，罪可宥乎？

宣宗时政府曾宣布地方官吏科敛无度之情形云：

宣德三年（1428）三月壬辰，敕谕北京行部曰：比者所司每缘公务，急于科差，贫富困于买办，丁中之民服役连年，公家所用，十不二三，民间耗费，常十数倍。加以郡邑官鲜得人，吏肆为奸，征收不时，科敛无度，假公营私，弊不胜纪，以致吾民衣食不足，转徙逃亡，凡百应输，年年通欠，国家仓庾，月计不足。

英宗时夏时上言地方官吏贪酷之弊：

正统三年（1438）江西按察佥事夏时言：切惟今之守令，冒牧民之美名，乏循良之善政，往往贪泉一酌而邪念顿兴，非深文以逞，即钩距之求，或假公营私，或诛求百计，经年置人于犴狱，滥刑恒及于无辜，甚至不任法律而颠倒是非，高下其手者有之，刻薄相尚而避己小嫌，入人大辟者有之，不贪则酷，不怠则奸，或通吏胥以贾祸，或纵主案以肥家，殃民蠹政，莫敢谁何，遂使枉者含冤于囹圄，徒愤于桎梏，其伤和气，乖国宪，莫此为甚。

七年以后，王振擅权用事，"畏祸者争附振免死，贿赂辏集，籍其家，得金银六十余库，玉盘百，珊瑚高六七尺者二十余株，他珍玩无算"。孝宗时太监李广惧罪自杀，"帝疑广有异书，使使即其家索之，得赂籍以进，多文武大臣名，馈黄白米各千百石。帝惊曰：广食几何？乃受米如许！左右曰，隐语耳，黄者金，白者银也"。武宗信任刘瑾，上下交征，竟成贿赂世界，"瑾故急贿，凡入觐、出使官，皆有厚献。给事中周钥勘事归，以无金自杀。令天下巡抚入京受敕输瑾赂，延绥巡抚刘宇不至，逮下狱；宣府巡抚陆完后至，几得罪，既赂乃令试职视事。边将失律，赂入即不问，有反升擢者"。综上所记，可知地方官横征暴敛，以所得之一部分作家业，一部分献给上官。地方长官又以所得分赂京中权贵和太监，京中权贵再以所得分赂太监。从太监、阁臣到地方州县官成一连串的贿赂系统。

前期吏治贪污，政府尚执法以绳，社会舆论亦往往加以指责。后期则以贪污为正常之现象。内外上下，贿赂公行，驯至民不聊生，盗贼四起。万历初年高拱指出这一现象，实由于有司之贪残。他说：

一地方之所以多贼者，实逼起于有司之贪残，而养成于有司之蒙蔽，及其势成，计无所出，乃为招抚之说，以苟且于目前。于是我以抚款彼，而彼亦以抚款我，东且抚而西且杀人，非有抚之实也，而徒以冠裳金币羊酒宴犒，设金鼓以宠之与之，有司将领固有称贼酋为翁，相对宴饮欢笑为宾主，而又投之以侍

244

教生帖者。百姓之苦如彼，而贼之荣利乃如此，不亦为贼劝乎？奈何民之不为贼也！

细析此种现象，第一由于乡绅和官吏的狼狈为奸，魏大中说：

百姓穷苦，皆由外吏贪残。其所以敢于贪残而无忌者，縣谄笑居间，求田问舍之乡绅为之延誉，拟赎庆生；贺节投欢之有司道与之作缘，少望风解绥之巡按，多计日待迁之巡抚，而輂毂赂遗，往来如织，入计之年，尤厚以声酬实，其应如响。故民苦贪残者，官称卓异，不但幸免计黜，寻且选科选道，或为吏部司官。风尚日非，仕路秽浊，贪官污吏，布满郡邑，百姓求一日之苟活不可得，而天下幸其久安长治，万无是理。

第二由于署印官之趁火打劫，赵南星说：

今佐领官所在，贪肆害民，正官有缺，必会署事，入门即征租税，以图加收，日夜敲扑，急于星火，俗言署印如打劫，非虚语也。

而总以催科之火耗、词讼之赎锾为应得之私款，公然入己，毫无避忌。方孩未《整饬吏治疏》说：

百姓何以日穷，亦曰天下贪吏多，而惩贪之法太疏耳。一邑设佐贰二三员，各有职掌，司捕者以捕为外府，收粮者以粮为外府，清军者以军为外府，其刑驱势逼，虽绿林之豪，何以加焉？稍上而长吏，则有科罚，有羡余，曰吾以备朝京之需，吾以备考满之用，上言之而不讳，下闻之而不惊，虽能自洗刷者固多，而拘于常例者不尽无也。又上之而为郡守方面，岁时则有献，生辰则有贺，不谋而集，相摩而来，寻常之套数，不足以献芹，方外之奇珍，始足以下点，虽能自洗刷者固多，而拘于常例者不尽无也，萧然而来，捆载而去。夫此捆载者，非其携之于家，雨之于天，又非输于神，运于鬼，总皆为百姓之脂膏，又穷百姓卖儿卖女而得之耳。如是安得不日剥日削，以至于尽也。而铨司之考成，止于罢职，抚按之弹劾，极于为民，夫携有余之金钱，高田广宅，歌儿舞女，肥肉美酒，彼亦何所不愉快而需此匏瓜之进贤乎？

赵南星《朝觐合行事宜疏》也说：

今士人一为有司，往往不期月而致富，问其所以，率由条鞭法行，钱粮经有司之手，重收而取羡余，加派在其中矣。而数年来又以军兴加派，则加重收而取羡余，是加派无已矣。有司之贪如此，民安得不为盗，小盗起而大盗随之，皆有司为之竿也。

所谓羡余即是火耗，顾亭林说得最为明白：

火耗之所由起，其起于征银之代乎？……夫耗之所生，以一州县之赋繁矣，户户而收之，铢铢而纳之，不可以琐细而上诸司府，是不得不资于火，有火则必有耗，所谓耗者特百之一二而已。有贱丈夫……借火耗之名，为巧取之术，盖不知起于何年，此法相传，官重一官，代增一代，以至于今，于是官取其赢十二三，而民以十三输国之十。里胥之辈又取其赢十一二，而民以十五输国之十。其取利则薄于两而厚于铢，凡征收之数两者，必其地多而豪有力，可以持吾之短长者也；铢者必其穷下之户也，虽多取之不敢言。于是两之加焉十二三，而铢之加焉十五六矣。薄于正赋而厚于杂赋，正赋耳目之所先也，杂赋其所后也，于是正赋之加焉十二三，而杂赋之加焉或至于十七八矣。解之藩司，谓之羡余，贡诸节使，谓之常例，责之以不得不为，护之以不可破，而民之困未有甚于此时矣。

驯至以火耗赎锾为国有之常例，于常例外更辟财源，国家颁一令，地方兴一事，都成官吏之利薮。刘宗周《敬条职掌疏》：

今日吏治之污，如催科而火耗，词讼而赎锾，已视为常例未厌也。及至朝廷颁一令，则一令即为渔猎之媒。地方有一事，则一事即为科敛之籍，官取其一，吏取其九，一者尝见持而九者遂不敢问，民费其十，上供其一，十者方取赢，而一者愈苦不足。以是百姓视上官如仇雠，一旦有事，可献城则献城，可从贼则甘心从贼，计不反顾也……一令耳，上官之诛求，自府而道而司而抚而按而过客而乡绅，而在京之权要，递而进焉，肆应不给。而至于营升谢荐之巡方御史尤甚。即其间岂无矫矫自好者，而相沿之例，有司已捆载而往遗其家，巡方不及问也。如是者一番差遣，一番敲吸，欲求民生之不穷且盗以死可得乎？

地方守令更动一次，民间即被剥削数百万；巡方御史出巡一次，地方又被剥削数百万。

崇祯三年（1630）梁廷栋言：一岁阴为加派者不知其数。如朝觐考满行取推升，少则费五六千金，合海内计之，国家选一番守令，加派数百万。巡抚查盘访缉馈遗谢荐，多者至二三万金，合天下计之，选一番巡方，天下加派百余万。

内外官的贿赂技术，也随吏治风气而进步，前期的黄米、白米，到后期末年易以雅称为书帕，馈遗金珠时必以书为副。

刘宗周《敬循职掌条例列风纪之要以佐圣治疏》说：

往者京师士大夫与外官交际，自臣通籍时有科三道四之说，识者已为之哕呕。其后稍稍滥……禁愈严而犯者愈众，情愈巧。臣受事冬官时，见内外官相见以贽，辄袖手授受，不令班皂见窥，至列柬投递，必托小书名色曰十册二十册以示讳……久之白镪易以黄金，致长安金价日高，如是者习以成风，恬不为耻。

徐树丕亦记：

往时书帕惟重两衙门，然至三四十金至矣。外舅宫詹姚公（希孟）为翰林时，少者仅三四金，余所亲见，此不过往来交际之常，亦何足禁。今上严旨屡申，而白者易以黄矣，犹嫌其重，更易以圆白而光明者。近年来每于相见揖时，口叙寒暄，两手授受，世风日偷，如江河之下，不可止矣。

清人蒋超伯指出，由于这一种风气，使一般地方官喜欢滥刻文集，以为应酬之用，鲁鱼亥豕，不可卒读，他说：

明世苞苴盛行，但其馈遗必以书为副，尤以新刊之本为贵，一时剞劂纷如，鲁鱼罔校，如陈埴《木锺集》弘治中温州知府郑准重刊，都穆《南濠诗话》乃和州知州黄桓所刻，其序云捐俸绣梓，用广厥传。似此不一而足。

这种风气沿袭到清朝，有名的理学家仪封张伯行在每一任上，科敛民财，专刻前代理学书，却又偷工减料，只刻原书的一部分，或腰斩，或凌迟，而总颜曰《正谊堂丛书》，即是一个好例。

中央各机关中以户部掌国家出纳，吏部掌官吏铨选，故弊亦最重。试各举一例说明，李清记：

上虞赵钺老部胥，奸蠹也。因与部诸新胥瓜分不平，愤激上密疏尽发积弊：一，辽盐原议引价四万余两解部充饷，而米不纳宁远，银亦不交户部，二十余年诓纳可百万金。一，新增附纲二十九万引，多无归着，及天津派买米豆并带运追此挂欠米折船价水脚各项，尽属侵渔，每年数十万。一，长芦及淮北盐价逋负甚多，必责按年征解。朋扣马干为各镇道将侵分，岁数十余万。一，各处屯牧加增钱粮，并不察催，皆被侵隐。一，召买弊大，宣镇每年十二万尤为奸蠹，即他处可省亦数十万。一，各州县摊派里甲储备米豆，不可胜计，亦宜察核。

这是明北都倾覆前一年的事。竭全国的民脂民膏，不用之军，不用之国，却一部分徒饱贪官污吏的私囊，这是最可痛心的记载。关于吏部的，赵南星《陈铨曹积弊疏》：

天下之行私最便而得利最厚者，莫过于吏部。今之士人以官爵为性命，以钻刺为风俗，以贿赂为交际，以嘱托为当然，以循情为盛德，以请教为谦厚。闻有司管选者，每遇朝退，则三五成群，如墙而遮留之，讲升，讲调，讲地方，讲起用。既唯唯矣，则又有遮留者，恒至嗌干舌敝而后脱。一至署中，则以私书至，其三五联名者谓之公书，填户盈几，应接不暇，面皮世界，书帕长安。

驯至科场亦讲关节，勾结试官，出卖题目。辅臣——内阁大学士是行政中枢最高人物，也多由贿赂太监入阁，黄尊素说：

大拜之事，相传必用间金数万，有类富人为注。馆中诸公明对人名，某某俱有以数万获之。沈吴兴（淮）入相，诱洞庭翁姓者五万金，以总戎许之。其余废弁弃官以千金进者不可胜计。即他相号称贤者往往为之。

其他著例如高拱之复相，由于邵芳行贿大珰。周延儒之复相，由于吴昌时之交关近侍。富人地主废弁弃官大家凑钱投资使某一人入阁执政，事成后以中外要官为酬佣分红之报偿，再从所任官上科敛搜括，收回资本和利息，这是明代的吏治，也是明代所以亡国之主因！

元帝国政治和军队的腐化

元代中叶的政治情形，武宗至大三年（1310）有一概括的报告。在这文件中已经很感慨地说一代不如一代，世祖时代的搜刮政治，已成为后人咏叹的资料了。这文件的开头就说：

近年以来，稽厥庙谟，无一不与世祖皇帝时异者……世祖皇帝时官外者有田，今仍假禄未以夺之。世祖皇帝时江南无质子，今乃入泉谷以诱之。世祖皇帝时用人必循格，今则破宪法以爵之。世祖皇帝时守令三载迁，今则限九年以困之。世祖皇帝时楮币有常数，今则随所费以造之。世祖皇帝时省路异选，今则侵其官而代之。世祖皇帝时墨敕在所禁，今则开幸门以纳之。世祖皇帝时课额未常添，今则设苛禁以括之。世祖皇帝时言事者无罪，今则务锻链以杀之。

以下列举当时政治腐败的情形，最值得注意的几点。

第一是名爵太轻。陛下于左右之人，往往爵之太高，禄之太重，微至优怜屠沽僧道，有授左丞平章参政者。其他因修造而进秩，以技艺而得官者曰国公、曰司徒、曰丞相者相望于朝。自有国以来，名器之轻，无至今日。今朝廷诸大臣不知有何勋何戚，无一不开府仪同三司者。

左右近侍因之恃恩斁法，紊乱官政。《元史》记：至大二年（1309）正月乙巳塔思不花、乞台普济言：诸人恃恩径奏，玺书不由中书直下翰林院给与者，今核其数，自大德六年（1302）至至大元年（1308）所出凡六千三百余道，皆由于田土、户口、金银铁冶、增余课程、进贡奇货、钱谷、选法、词讼、造作等事，害及于民。

更互相援引，以中旨授官，破坏铨法：时承平日久，风俗侈靡，车服僭拟，上下无章，近臣恃恩请求无厌，时宰不为裁制，乃更相汲引，望引恩赐，耗竭公储，以为私惠。

英宗时近臣传旨，以姓名赴中书铨注者六七百员，选曹为之壅滞。此种由嬖幸得官之内外官吏，其对于人民及政府之恶影响当可想见。

第二是贵族擅政。今国家为制宽大，所有诸王家室皆有生死人进退人之权……天下淫僧邪巫庸医谬卜游食末作及因事亡命无赖之徒，往往依庇诸侯王驸马，为其腹心羽翼。无罪者以之而求进，有罪者以之而求免。出则假其势以凌人，更因其众而结党。入则离间宗戚，构造事端，唱以甘言，中以诡计，中材以下鲜不为其所惑。

第三是刑禁太疏，纪纲破坏。僧侣和嬖幸的恣肆，使法律成为具文，如秃鲁麻：西僧作佛事请释罪人祈福，谓之秃鲁麻。豪民犯法者皆贿赂之以求免。有杀主杀夫者，西僧请被以帝后御服，乘黄犊出宫门释之，云可得福。不忽木曰："人伦者王政之本，风化之基，岂可容其乱法为是！"帝责丞相曰："朕戒汝无使不忽木知，今闻其言，朕甚愧之。"使人谓不忽木曰："卿且休矣！朕今从卿言。"然自是以为故事。

如大赦之频数，张养浩说：近年臣有赃败，多以左右贿赂而免。民有贼杀，多以好事赦宥而原。加以三年之中未尝一年无赦，杀人者固已幸矣，其无辜而死者冤孰伸耶？臣尝官县，见诏赦之后，罪囚之出，大或仇害事主，小或抢夺编氓，有朝蒙恩而夕被执，且出禁而暮杀人，数四发之，未尝一正厥罪者。又有始焉鼠偷，终成恶狼之噬者。问之则曰赦令之频故耳。意者以为先犯幸而不死，今犯则前日应死之罪，两御人货而止坐一罪，于我已多。况今犯未必死，我因而远引虚攀，根连株逮，故蔓其狱，未及期岁，又复宥之。岂人性固恶，防范不能制哉！诚以在上者开其为盗之涂故也。

奖励官吏及人民之犯罪。政事混乱如此，在荒旱交逼的时候，统治者犹自大兴土木，极宫室犬马之娱：累年山东、河南诸郡旱蝗洊臻，沴疫暴作，郊关之外，十室九空。民之扶老携幼，累累焉鹄形菜色，就食他所者络绎道路。其他父子兄弟夫妇至相与鬻为食者在在皆是……今闻创城中都，崇建南寺，外则有五台增修之役，内则有养老宫殿营造之劳。括匠调军，旁午州郡，或度辽伐木，或济江取材，或陶壁攻石，督责百出。蒙犯毒瘴，崩沦压溺而死者无日无之。粮不实腹，衣不覆体，万目睊睊，无所控告，以致道上物故者在所不免。

政治腐化到了这个地步，更严重的是元统治者以征服者的地位，抱着极端褊隘的种族的成见，内外官之长必以蒙古人为之，以汉人、南人为贰，色目人则与汉人、南人处于互相钳制的地位。南北的区分，种族的畛域，分别极严，歧视极甚，使当时人极感愤恨。叶子奇说：

元朝自混一以来，大抵皆内北国而外中国，内北人而外南人，以至深闭固拒，曲为防护，自以为得亲疏之道。是以王泽之施，少及于南，渗漉之恩，悉归于北。

蒙古人、色目人不了解中国情势，不懂政治，甚至不识中国文字：国朝以蒙古、色目不谙政事，必以汉人佐之，官府色目居长，次设判署正官，谓其识治体练时务也。近年以来，正官多不识字。

叶子奇记：北人不识字，使之为长官。或缺正官，要题判署事，及写日子，"七"字钩不从右"七"转，而从左"七"转，见者为笑。

其主要的使命即为牵制汉官，事事掣肘：国朝之制，州府司县各置监临官谓之达鲁花赤，州府官往往不能相下。蒙古官之作威作福肆恶，固不待说，即和蒙古官有关系之汉官亦倚以肆虐，此种关系，当时称为"蒙古根脚"：新昌州有人命狱，府委公（刘基）复检，按核得其故杀状。初检官得罢职罪。其家众倚蒙古根脚欲害公以复仇。

色目官吏则更豪横，殴詈汉官，一无忌惮。如宋濂所记邵武路长官事：郡长官乃西域人，恃与宪部有连，其猛若鬼，与守议稍不合，遽引杖击之，守俯首遁去。

上下相蒙，唯以贪污相尚，卖官鬻爵，贿赂公行：元初法度犹明，尚有所惮，未至于泛滥。自秦王伯颜专政，台宪官皆谐价而得，往往至数千缗。及其分巡，竟以事势相渔猎而偿其值，如唐债帅之比。于是有司承风，上下贿赂，公行如市，荡然无复纪纲矣。肃政廉访司官所至州县，各带库子，检钞秤银，殆同市道矣。

各项勒索及贿赂均有名色。元朝末年，官贪吏污，始因蒙古、色目人罔然不知廉耻之为何物。其间人讨钱，各有名目，所属始参曰拜见钱，无事白要曰撒花钱，逢节日曰追节钱，生辰曰生日钱，管事而索曰常例钱，送迎曰人情钱，勾追曰赍发钱，论诉曰公事钱，觅得钱多曰得手，除得州美曰好地分，补得职近曰好窠窟，漫不知忠君爱国之为何事也。

当时最高的监察机关为御史台，末期的御史大夫几乎成为丞相亲属的专官。如太平王燕铁木儿为相，即用其弟买里古思为御史大夫。秦王伯颜为相，即用其兄子脱脱为御史大夫。脱脱为相，亦用其弟野先不花为御史大夫。答麻为相，御史大夫又是其弟雪雪。行政权和监察权同属一家人，监察机关的作用便完全丧失了。

任用官吏除种族的差别外，又有地域上的差别，两广和江淮是两个截然不同的政治区域，被任为两广的官吏便一生无升调之望，只好向百姓剥削，作发财之计：五岭之南，列郡数十，县百有十，统于广、桂、雷三大府。自令至簿尉，庙堂岁遣郎官御史与行省考其岁月，第其高下而迁之，谓选。仕于是者政甚善不得迁中州、江淮，而中州、江淮士夫一或贪纵则左迁而归之。是选焉，终身不得与朝士齿。虽良心善性油然复生，悔艾自新，不可得已。夫如是则孜孜为利，旦旦而求仇贼其民而鱼肉之……地益远而吏益暴，法益隳而民益偷。

政治的情形如此，在军队方面，也是一样。蒙古军、色目军世驻中原的结果，将领荒于酒色，失去作战能力：元朝自平南宋之后，太平日久，民不知兵，将家之子累世承袭，骄奢淫佚，自奉而已。至于武事，略不之讲。但以飞觞为飞炮，酒令为军令，肉阵为军政，讴歌为凯歌，兵政于是不修也久矣。

在平时除耗费国家俸饷外，只会向百姓敲诈勒索。在战时则但知劫掠，见敌即溃：朝廷闻红军起，令枢密院同知赫厮领阿速军六千并各支汉军讨颍上红军。阿速者，绿睛回回也，素号精悍，善骑射。与河南行省徐左丞俱进军，二将沉湎酒色，军士但以剽掠为务。赫厮军马望见红军阵大，扬鞭曰阿卜。阿卜者，走也。于是所部皆走，至今淮人传以为笑。

当时名相脱脱弟野先不花率重兵南下，也遇敌即逃：汝宁余寇尚炽，丞相脱脱命其弟中台御史大夫野先不花董师三十万讨之。至城下，与贼未交锋即跃马先遁。汝宁守官某执马不听其行，即拔佩刀欲斫之曰：我的不是性命。遂逸，师遂大溃。汝宁不守，委积军资如山，率为盗有。脱脱匿其败，反以捷闻。

蒙古军、色目军既不能用，只得调湖广的苗军。苗军是以犷悍著名的士兵，无军纪可言，淫掠更甚：杨完者凶肆，掠人货钱，至贵家命妇室女，见之必围宅勒取淫污，信宿始得径还。少与相拒，则指以通贼，纵兵屠害。由是部曲骄横。凡屯壁之所，家户无得免焉。民间谣曰：死不怨秦州张（士诚），生不谢宝庆杨。

就元军和起义军的军纪比较，恰好相反有这样一个典型例子：至正十二年（1352）七月，蕲黄徐寿辉贼党入杭州城。其贼不淫不杀，招民投附者注姓名于簿，籍府库金帛悉辇以去。二十六日浙西廉访使自绍兴率盐场灶丁过江，同罗木营官军克复城池，贼遂溃散……四平章教化自湖州统军归，举火焚城，残伤殆尽。

蒙古兵、汉兵都不能用，于是只好用募兵和义兵了。募兵是用钱雇人为兵：江州已陷，贼据池阳。太平官军止三百人，贼号百万。乃贷富入钱募人为兵。先是行台募兵，人给百五十千无应者。至是星吉募兵，人五十千，众争赴之，一日得三千人。

义兵则为地主及官吏所组织的地方私军。这两种军队的领袖大体都是汉人。在元帝国将亡的前夕，蒙古人种族之见仍未消泯，汉人有功亦不蒙赏，而对于叛军领袖则一抚再抚，縻以好爵，结果义兵也只好掉过头来起义加入起义军队伍中去。叶子奇记：天下治平之时，台省要官皆北人为之，汉人、南人万中无一二，其得为者不过州县卑秩，盖亦仅有而绝无者也。后有纳粟、获功二途，富者往往以此求进。令之初行，尚犹与之，及后求之者众，亦绝不与。南人在都求仕者北人目为腊鸡，至以相訾诟，盖腊鸡为南方馈北人之物也，故云。及方寇起，濒海豪杰如蒲圻赵家、戴纲司家、陈子游等倾家募士，为官收捕，至兄弟子侄皆歼于盗手，而卒不沾一命之及，屯膏吝赏至于此。其大盗一招再招，官已至极品矣。于是上下解体，人不向功，甘心为盗矣。又获功之官于法非得风宪体复牒文，不辄命官。宪使招揽非得数千缗不与行遣，故有功无钱者往往事从中辍，皆抱怨望。其后盗塞寰宇，空名宣敕，遇微功即填给，人已不荣之矣。

反之，无功而有钱的富商大贾，则乘机用贿拜官。庐州开义兵三品衔门，而使者悉以富商大贾为之。有一巨商五兄弟受宣者，此岂尝有寸箭之功！而有功者皆不受赏。故寇至之日，得赏者皆以城降，而未赏者皆去为贼。

在这局面下，当时比较有眼光的学者的看法，一派人以为是纪纲败坏的结果，应由中央负责：承平以来，百年于兹。礼乐教化，日益不明，纲纪法度，日益废弛，上下之间，玩岁愒日，率以为常，恬不为怪。一旦盗贼猝起，茫若无措，总兵者唯事虚声，秉钧者务存姑息，其失律丧师者未闻显戮一人，玩兵养寇者未闻明诛一将。是以不数年间，使中原云扰，海内鼎沸，山东、河北，莽为丘墟，千里王畿，举皆骚动，而终未见尺寸之效者，此无他，赏罚不明而是非不公故也。

另一派人以为是吏治腐败的缘故，应由地方负责：国家承平百年，武备浸弛，方面多贵游子弟，贪鄙庸才，漫不省君臣大义，草芥吾民，虚张战功，肆意罔上，诛求冤滥，惨酷百端。重以吏习舞文，旁罗鹰犬，意所欲陷，则诬与盗贼通，其弊有不忍言者。间存一二廉介，则又矜独断，昧远图，坐失机会，民日益弊，盗日益滋。可以说是都说中了，但都只说到了一面。

谈《甲午海战》

甲午海战是中国近百年史上一件大事。在这一仗以前，1884年的中法战争，清朝打败了。1860年的第二次鸦片战争，清朝打败了。再前些年，1840年的第一次鸦片战争，清朝打败了。从1840年起，清朝政府打了一连串的败仗，丧权辱国，引起全国人民的愤怒。

清朝政府以前打了几次大败仗的敌人是当时世界上的强国：英国和法国。甲午战争呢，敌人却是方兴的资本主义国家，在当时世界上还没有取得强国地位的日本。这个国家和清朝政府一样，以前也是被这些强国欺侮的。但是，这一仗，却打败了当时世界上的大国。清朝政府又一次丧权辱国，除了赔款二万万两以外，还割让了领土辽东半岛、台湾和澎湖列岛。

中国人民从此更深切地认识了清朝政府的腐败、无能，更深刻地明白了要免于被奴役宰割的命运，只能依靠人民自己的力量，团结起来进行斗争。轰动世界的义和团运动，就是在这一连串对外战争失败，特别是甲午战争的刺激下爆发的。光绪二十六年（1900），也就是甲午海战后六年，这一年五月二十七日有个御史刘家模上了一个奏折说：方今天下强邻虎伺，中土已成积弱之形，人心愤激久矣。每言及中东一役，愚父老莫不怆然泣下。是以拳民倡义，先得人和，争为投钱输粟。倡始山东，盛于直隶，现传及各省。所至之处，人多赢粮景从，父兄莫能拴束，妻子不能阻挠，独悻悻以杀敌致果为心。

多次的对外战争失败，屈辱，"人心愤激久矣"。特别是甲午一战，痛巨痛深，非知识分子的"愚父老"——广大人民也无不"怆然泣下"，要和中国人民的敌人——帝国主义拼个你死我活了。说明了甲午之战的失败教育中国人民认清了帝国主义的恶毒贪婪，认清了清朝政府的无能腐败，丢掉了幻想，起来进行斗争。

《甲午海战》这个历史戏，真实地反映了历史情况，集中地突出地描写了当时广大人民和下层官兵的爱国热忱。虽然这一仗是打败了，北洋海军全军覆没了，却通过艺术处理，刻画了中国人民和士兵的英勇斗争，和不为失败所吓倒，再接再厉一往无前地反对帝国主义的雄心壮志，从而起到鼓舞士气，激励人心的政治效果。在看了戏，读了剧本以后，留下深刻的印象。

这个戏是好戏，好历史戏。说是历史戏，因为戏中的历史事实是有根据的，除了方伯谦改为方仁启以外，连水手李仕茂、王国成都是实有其人的。丰岛之战、大东沟之战和刘公岛全军覆没，都符合历史实际。

说是好历史戏，因为这个戏不只是真实地反映了历史实际，还从历史实际中得出有益教训；不是简单地描画历史，而是艺术地处理历史题材，把它更强化、集中、突出了，收到了强烈的效果。这个戏对当时清朝统治者企图用退让，甚至屈辱的方法，来取得暂时的和平的妥协路线给予了有力的揭露和抨击，歌颂了中国人民的爱国主义精神，无疑对今天的读者和观众是有很大教育意义的。

当时的日本，正在明治维新之后，新兴的资产阶级和军国主义集中力量向外发展，向北侵吞朝鲜，向西侵略中国。

清朝政府呢？这个垂死的封建统治阶级，在遭到一连串对外失败之后，不但没有从中得到教训，相反，却更加屈从于外来的压力，不但不想反抗，却反而企图用所谓"用夷制夷"的办法，想利用这一批侵略者来抵制另一批侵略者。在日本海陆进攻的军事威胁下，他们不是下定决心抵抗，用反侵略战争战胜侵略战争，而是妄想祈求英、俄、法、美等国，通过外交，恳求日本停止侵略。只要不打，赔点钱，吃点亏，什么都可以。这一派人以保守的西太后那拉氏为中心，起主要作用的是直隶总督、北洋大臣李鸿章。

那拉氏从来不想抵抗外来侵略，这一年，她正六十岁，想太太平平地风风光光地过一个生日。

李鸿章是北洋海军统帅，他搞了十几年海军，这是他的个人资本，他的一帮人淮军系统的饭碗。淮军腐化的情况，他是知道的。北洋海军军官纪律废弛的情况，他也是知道的。他不想打，只要不打，赔钱、屈辱，不是他个人的事。打了，万一打败，他的资本就光了，关系到个人和淮军系统的地位。以此，从一开始，他便把希望寄托在列国调停上，求俄、求英、求法、求德，最后求美国。一味打电报给驻外使臣，一味找各国使节商谈，目的只有一个，求日本不打。甚至，在大东沟海战以后，留下来的一部分舰队，实力并未受到很大伤害，只要用几十天时间修理以后，还可一战的情况下，海军提督丁汝昌要求出战，李鸿章十分愤怒，责骂丁汝昌道："你只要保住船，其他不是你的事！"不许出战，一直弄到日军海陆夹攻，全军覆没。

相反，也有主战派。主战派的中心人物是光绪皇帝，他要抵抗。政治上他和那拉氏有深刻矛盾，只有抵抗侵略，他才能取得一部分人的支持，当家做主。他的代言人是翁同龢和一些文人。这些人没有实力，没有兵权，也没有办法。只是通过主战作为宫廷斗争的手段。

由于那拉氏和光绪皇帝的对立，李鸿章和翁同龢的对立，李鸿章办海军，翁同龢不给钱，在甲午战前五六年，没有买过一条船，更不用说弹药了。钱是有的，用去修颐和园，办别的事去了。

正在这期间，日本大办海军，日本海军舰只新、快；炮位多、发射快。清朝的呢？军舰老、旧；大炮少、发射慢。更重要的，由于政治腐化，北洋海军也腐化了，军官纪律废弛，斗志不强。海军内部矛盾重重，提督是陆军出身的，顾问有英国的、德国的，其他国家的。军官大多数是福建人，和广东籍的军官有地域成见。军官大都贪污，扣压士兵的俸饷，引起士兵不满。后勤部门的官员贪污得更厉害，买炮弹不管口径对不对，只顾打回扣，尽买些过时报废的废品。到作战时，不是对口径的炮弹不够，便是根本不能用。

以此，甲午海战首先败在政治上。由于政治腐化，抵抗不抵抗成为宫廷斗争的手段。带兵的、有实力的，要以妥协退让求得不打；文官、无实力的，却高声喊打。等到敌人动了手，陆军入侵，海军在打沉了运兵船高升号之后，接着，用挂着美国旗的军舰逼近清军舰队，临近了才改挂日本旗，开炮轰击。大打之后，李鸿章还下令北洋舰队的任务是保船，不许出战。这样的政府，这样的领导，如何能不打败仗？

其次，才是军事的失败。北洋海军的精华是两条铁甲舰，大东沟之战，原来的阵势是摆人字形，两条铁甲舰在前。但到临战时，总兵刘步蟾怕敌人火力集中在自己这条铁甲舰上，突然改变阵势，成为半月形，把弱点暴露在敌舰的火力下，阵势整个乱了，虽然双方实力差不多，却打了败仗。

在战斗激烈时，提督丁汝昌在指挥台上，刘步蟾突发一炮，震坏了指挥台，丁汝昌受了伤，还坚持指挥。刘公岛被围，他拒绝了外国洋员其中包括美国洋员强迫投降的威胁，最后服毒自杀，表现还不错。

表现最英勇的是管带邓世昌。他带的船英勇作战，打伤了敌舰，到炮弹用尽，无法再战，便把船开足速度，直冲敌舰，被敌舰鱼雷击中，兵舰沉没，他落在海中，拒绝援救，光荣殉职。

相反，另一管带方伯谦，在护送高升号遭遇敌舰时，他仓皇逃避，挂白旗投降。在大东沟海战时，又首先逃避，撞坏了另一条兵舰。这个可耻的懦夫逃将，最后结局是被清朝政府所杀。剧中改作为人民所俘获处死，是完全可以的。

这个戏强烈地表现了正面人物邓世昌的耿直、爱国、英勇，和士兵的特别是从头到尾都贯串着深受苦难的人民群众的爱国英勇气概和一往无前的斗争精神，矛盾突出，对比鲜明，斗志昂扬，意气风发。同时也揭露了李鸿章的以妥协退让求不战，通过马四爷这个豪绅表现了清朝政府的腐败，刘步蟾的畏缩，方仁启的投降通敌，是个成功的艺术作品。

说是好戏，好历史戏，但也还有点小意见，提供参考。

甲午战争时，日本间谍在中国活动得很厉害，曾经有两个间谍被擒获处死。戏里写日本间谍活动是应该的，必需的。但是，在看了戏，读了剧本以后，似乎有这样印象，间谍活动的比重似乎太重了一些。福岛这个间谍从第一场一直到结尾，贯串着整个剧本，还夹杂有其他国家的关系。这样写，很可能使观众片面地理解成甲午海战失败，日本间谍破坏是主要因素，也很可能把政治腐化这一根本因素削弱了。以此，我设想，假如把日本间谍活动做适当的描写，把马四爷这一封建统治阶级的下层代表人物做适当的加强，通过他更多地表现清朝政府的腐败无能，内部矛盾，似乎这个好戏会更好些，更完整些。

我再说一句，这个戏是好历史戏，不但写得好，也演得好。我希望，由于这个戏的成功，今后，会更多地出现这样的好戏。

官商合一

纪元前一百四十年，大儒董仲舒提出一个严重的社会问题，给政府以警告，他指出一般官僚和贵族，平时盘踞政府高位，钱够多了，生活够舒适了，却凭借他们的势位，做买卖，做生意，和小民争利，小民怎能相比，成天成年被剥削，刮得精穷。一边荒淫无耻，一边呢，穷急愁苦。小百姓反正活着无趣，又怎能不闹事！刑罚因之日多，危机也因之日重了。

由此看来，官商合一，由来久矣！

书帕

　　明代后期贿赂之风盛行，官官相送，讲究用新刻书，面子上送书，底子里送黄的金子，白的银子，落得好看。一时东也刻书，西也刻书，赶刻得快，便顾不得校对，错字脱简，一塌糊涂。大凡那时地方官府所刻书，序文上写着"捐奉绣梓，用广厥传"的，例如弘治时温州知府黄淮重刻《陈埴木钟集》，和州知州黄桓所刻《都穆南濠诗话》一类杂书，都是为着送大官的人情的点缀品。

　　明代后期书刻得不好，这是一个原因，我们现在还有许多明版书可读，这也是一个原因。

三百年前的历史教训

今年，假如我们不太健忘的话，正好是明代亡于清人的三百周年纪念。

历史是一面镜子，三百年前，有太多的事情，值得我们追念。

三百年前，当明思宗殉国以后，李自成西走，清人借吴三桂的向导，占领北平分兵南下的时候，南京小朝廷领袖弘光帝，正在粉饰升平，兴建宫室，大备百官，征歌选舞，夜以继日。他的父亲死于非命，原配离散不知下落，国君殉国，江山一部分沦于"寇"，一部分被异族兵威所蹂躏，人民流亡离散，被战争所毁灭，被饥饿瘟疫所威胁，覆巢之下无完卵，即使是禽兽也该明白当前危机的严重。然而这位皇帝还是满不在乎，人生行乐耳，对酒当歌，南京沦陷的前夕，他还在排演当代有名的歌剧《燕子笺》！

三百年前，当南京小朝廷覆亡的前夕，清兵迫近江北，流寇纵横晋陕，民穷财尽，内忧外患交迫的时候，宰相马士英凭了一点拥立的私恩，独擅朝权，排斥异己，摈史可法于江北，斥刘宗周、黄道周于田野，迎合弘光帝的私欲，滥费国帑，搜括金帛，卖官鬻爵，闹得"职方多似狗，都督满街走！"左良玉举兵东下，以清君侧为名，他才着了急，尽撤防江的军队来堵住西兵，给清军以长驱深入的机会。他宁可亡国于外族，不

267

肯屈意于私争。到南京沦陷以后，他却满载金帛，拥兵到浙江，准备再找一个傀儡皇帝，又富又贵，消遣他的余年。

三百年前，当朝廷存亡系在一发的严重关头，过去名列阉党，做魏忠贤干儿子，倒行逆施，为士大夫所不齿的阮大铖勾结了马士英，奉承好了弘光帝，居然做了新朝廷的兵部尚书，综全国军政，负江防全责。在大权在握的当儿，他的作为不是厉兵秣马，激励士气。也不是构筑工事，协和将帅。相反的，他提出分别邪正的政策。他是多年来被摈斥的阉党，素来和清流对立的，趁时机把所有在朝的东林党人一一摈斥，代以相反的过去名在逆案的阉党。他造出十八罗汉五十三参的黑名单，把素所不快的士大夫留在北都不能出来的，和已经逃亡南下的，都依次顺列，定以罪名。对付一般读书人，他也不肯放松，咬定他们与东林和左良玉有关，开了名单，依次搜捕。天不如人意，这些计划都因南都倾覆而搁浅。他只好狼狈逃到浙江，清军赶到，叩马乞降，不久又为清军所杀，结束他不光明的一生。

三百年前，当清兵铁蹄纵横河朔，"流寇"主力恣张晋豫，国破民散、人不聊生的时候，拥兵数十万虎踞长江上游的左良玉，却按兵不动，坐观兴亡。他看透了政局的混乱，只要自己能保全实力，舍出一点贿赂当局，自然会加官晋爵，封妻荫子。在这个看法之下，他不肯用全力来消灭"流寇"，却用全力来扩充队伍。政府也仰仗他全力对付"流寇"，不肯调出来对付外敌。驻防在江北的四镇，又是一种看法，一面用全副精神勾结权要，一面用全副力量来争夺防区。扬州是东南最繁荣的都会，也就是这些军阀眼红的目标。敌人发动攻势了，他们自己还发动内战，杀得惊天动地。好容易和解了，指定了任务，北伐的一个被部下暗杀了，全师降敌，其他两个，清兵一到，不战而降，只有一个战死。左良玉的部队东下，中途良玉病死，全军都投降了清朝，做征服两浙闽广的先头部队。

三百年前，当前方战区的民众，在被敌人残杀奴役，焚掠抢劫，辗转于枪刀之下，流离于沟壑之中的时候，后方的都市，后方的乡村，却像另一个世界，和战争无关，依然醉生梦死，歌舞升平。南京的秦淮河畔，盛极一时，豪商富贾，文人墨士，衣香鬓影，一掷千金，画舫笙歌，穷奢极欲。杭州的西湖，苏州的阊门，扬州的平山堂，都是集会的胜地。文人们结文社，谈八股，玩古董，捧戏子，品评妓女，研究食谱，奔走公堂，鱼肉乡里。人民也在欢天喜地，到处迎神佛，踏青赏月，过节过年，戏班开演，万人空巷。商人依旧在计较锱铢，拿斤拈两。在战区和围城中的，更会居奇囤积，要取厚利。人家似乎都不知道，也不愿意知道当前是什么日子，更发生什么变局。他们不但是神经麻木，而且患着更严重的痿痹症。敌人一到，财产被占夺了，妻女被糟蹋了，伸颈受戮，似乎是很应该的事情。《扬州十日记》和《嘉定三屠记》所描写的正是这些人物的归宿，糊里糊涂过活的结局。

三百年前，从当局到人民，从将军到文士，都只顾自己的享受，儿女的幸福，看不见自己的前途。个人的腐化，社会的腐化，宣告了这个时代的毁灭。虽然有史可法、黄道周、刘宗周、张煌言、瞿式耜、李定国、郑成功等，却都无救于明朝的沦亡！

第五编

以人为鉴——做人永远都是门学问

论赤壁之战里的鲁肃

最近上演的新编京剧《赤壁之战》替鲁肃翻了案，很好。

公元 208 年冬天的赤壁之战是历史上有名的一次大会战。这一仗由于孙权、刘备两家联盟把曹操打败，定下魏、蜀、吴三国三分鼎峙之局。直到公元 280 年西晋平吴，中国才又重新统一。这七十二年的分裂局面是和赤壁之战直接有关的。这一仗之所以特别受到人们重视，道理也就在这里。

诗人歌咏："东风不与周郎便，铜雀春深锁二乔。"词人怀古："大江东去浪淘尽，千古风流人物。"小说家描写这一战役。《三国演义》一共一百二十回，赤壁之战就占了八回。戏剧家把它写成《群英会》搬上舞台，成为三国戏中最受欢迎的剧目之一。通过小说和戏文，曹操、刘备、孙权、诸葛亮、鲁肃、周瑜、蒋干这些历史人物便有血有肉地保留在广大观众的记忆中，成为人们祖国历史知识的组成部分，教育意义是很大的。

《群英会》的内容根据《三国演义》而来，《三国演义》基本上取材于陈寿的《三国志》，大体上是符合历史事实的。但是旧戏也有缺点：第一，把孙刘联盟的主谋和组织者鲁肃写成老实而无用的老好人；第二，把大政治家诸葛亮写成妖里妖气的老道；第三，把言议英发、雅量高致的周瑜写得过于褊狭局促；第四，把当时杰出的军事领袖曹操写得很容易上当受骗糊涂得可笑。总之在描画这些主要人物的性格方面都不很恰当，不很符合历史实际。

虽然小说也罢，戏剧也罢，都不等于历史，可以容许有虚构、假想成分。但是既然是历史小说、历史戏剧，取材比较符合历史实际而又能够增加政治意义和艺术气氛，怕毕竟要好一些吧。

新的《赤壁之战》首先替鲁肃翻了案。

鲁肃，字子敬，是临淮东城（今安徽定远）的大地主。生下来的时候父亲就死了，由祖母抚养成人，年轻时就当家做主。这时正值汉末大乱，他散财结士，人缘很好。钱不够就"揉卖田地"，赈济穷人。由此可见他年轻时就是一个有主意的人。周瑜做居巢（今安徽居巢县）长，带几百人到东城拜访鲁肃，要求接济军粮。虽然鲁家的田地已经卖了不少，但还存着两囷米，一囷三千斛。鲁肃随便指着一囷送给周瑜，周瑜很惊异，从此两人成了好朋友。"指囷相赠"的故事很出名，这件事也表明了鲁肃不但有主意，而且是有决断的人。

袁术兵势强盛，请鲁肃做东城长。鲁肃看出袁术不成器，成不了事业，便携带老弱，率领百多个青年勇士，南到居巢投奔周瑜。周瑜介绍鲁肃给孙权，鲁肃指出当时形势：一、汉室不可复兴；二、曹操力量壮大，消灭不了；三、只能鼎足江东，看形势发展做打算。孙权极为器重，送他母亲东西，安下家业，依然像过去一样富人。由此可以知道，他不跟袁术跟孙权，看出汉朝必然崩溃，曹操必然代汉的前途，不但有主意有决断，而且是个有见识的政治家。

公元 208 年荆州刘表死，虽然孙、刘两家有世仇，鲁肃还是建议吊丧观察形势。这时刘备失败寄寓荆州。他认为如刘备能和刘表二子团结一致，便该和刘备结盟共拒曹操，如情况相反则另作打算，还必须先走一步免得被曹操走到前头。不料鲁肃才到夏口，曹操已向荆州，鲁肃连夜赶路，才到南郡，刘表子刘琮已经投降曹操。刘备正没办法，鲁肃乘机劝他和孙权联兵共同抵抗曹操。刘备很赞成派诸葛亮作代表到孙权处商议军事，鲁肃的目的达到了。由此可见鲁肃在曹操取荆州之前已经定计和刘备结成军事联盟，并且还努力争取时间和曹军赛跑。虽然没有能够阻止刘琮投降，却及时地争取了刘备，在战略上壮大了自己的力量，取得了主动。在赤壁战役中他是一个决策的人物，是坚决主战派的首领。

　　鲁肃回来复命，曹操声言东下，来信恐吓。孙权的谋臣都主张投降，只有鲁肃反对。这时周瑜出使鄱阳，鲁肃劝孙权追还周瑜，拜为都督。鲁肃做赞军校尉（参谋长），大破曹操。

　　刘备要求都督荆州，鲁肃极力劝说孙权，指出力量对比：江东不如曹操；曹操初占荆州还没有巩固；正好让刘备占领安下家业。这样曹操多一敌人，自己却多一盟军，最为上策。虽然孙、刘两家也有矛盾，但毕竟是次要的。这是在当时具体形势下最有远见的策略；假如说前一阶段鲁肃联刘拒曹是三国分立的第一步，那么借荆州就是奠定三分之局的第二步。

　　分析汉末形势和鲁肃的阶级出身，可以看出江东群臣中武臣主战的道理。

　　第一，在汉末农民大起义到处都围攻地主庄园的军事斗争中，各地的大地主为了保全自己的家业、性命都组织了武装力量，散财结士把中小地主和青壮年农民、佃客用军法勒为部曲和起义军对抗。在军事力量对比发生变化支持不了的时候，就投奔更大的军事首领求得庇护。三国曹操、刘备、孙坚父子等是当时最大的军事首领，他们的部将大都是带有部曲的地主武装首领。部曲的给养由赏赐的奉邑供应，一般的情况下是由子孙继承的。谋议之臣情况不同，带着家族门客却不一定都有部曲。

鲁肃、周瑜、黄盖等武臣都是有部曲的地主武装首领。他们反抗农民起义，同样也反对曹操的统一。因为统一的结果必然要损害他们在当地的经济和政治地位。相反，江东独立建国，他们不但可以保持原来的地位，还可以发展壮大。因之他们的利益和孙权家族的利益是一致的。

鲁肃在孙权召集诸将会议时和孙权单独谈话："像我这样的人可以投降，你就不可以。因为我如降了，还可做下曹从事，累官可到州郡。你呢？到哪儿去？"好像是替孙权设想的，其实这话也正是说他自己。很明显，不降，鲁肃这类人在江东是统治集团最上层的人物；降呢？只能做下曹从事这类小官听任摆布了。

第二，为了保全以孙、刘为首的地主阶级统治集团的利益，当时的唯一出路是联盟抗曹。鲁肃、周瑜的看法一致，诸葛亮的看法也是如此。这种相同的看法由于阶级利益的一致，也由于当时的斗争实际的教训。

关于这一点，王夫之在《读通鉴论》中有很好的说明。

他说：在汉末群雄的斗争中，曹操挟天子粉碎四面的敌人，成功的道理何在？道理在群雄的自相诛灭，不能团结。吕布反复，忽彼忽此，谁都恨他；袁术和袁绍分立；袁绍又和公孙瓒对立；袁谭、袁尚兄弟相残杀；韩遂和马超相疑；刘表虽通袁绍，却坐视袁绍之败而不救。这样群雄自相诛灭，给曹操以胜利的机会。

结果只剩下孙权、刘备两家了。这两家如再自寻干戈，前途就很清楚，不是内部崩溃就是为曹操所灭。鲁肃和诸葛亮结交，定计合力抗曹，是和曹操争自身存亡，是当时情况下唯一可能的出路。

论海瑞

看过《三女抢板》（或《生死牌》）的人，大概都记得那个挺身出来反对豪强，救了两家人性命的巡抚海瑞。这是民间流传关于海瑞的许多故事中的一个。海瑞究竟是什么样的一个人呢？

海瑞（1515—1587，明武宗正德十年—神宗万历十五年）是我国十六世纪有名的好官、清官，是深深得到广大人民爱戴的言行一致的政治家。他站在农民和市民的立场上，向封建官僚、大地主斗争了一生。

明朝人论海瑞

为了了解海瑞，让我们先看看当时的人们是怎样评论他的。

总的评论是当时的人民说他好，当时的大地主说他不好。

但是，有点奇怪。反对海瑞的人中间，有不少人也还是不能不称赞海瑞是好官，是清官，他是为民的，想做好事的，而且也做了好事。

就明朝人的记载来看海瑞，梁云龙所作《海瑞行状》，除了叙述他的清廉，为百姓办好事的政绩以外，并说：

呜呼！公之出、处、生、死，其关于国家气运，吾不敢知。

278

其学士大夫之爱、憎、疑、信，吾亦不敢知。第以公之微而家食燕私，显而莅官立朝，质诸其所著《严师教戒》，一一契券，无毫发假。孔子所谓强哉矫，而孟子所谓大丈夫乎！古今一真男子也。

论者概其性甘淡薄，有采薇之风，天挺忠贞，有扣马之节，谓道似伯夷，信矣。然其视斯民由己饥寒，耻厥辟不为尧舜；言动必则古昔，称先王；莅官必守祖宗成宪，挫折不磨，鼎镬不避，即伊尹奚让？望之如泰山壁立，就之如春风太和。接谈无疾言，无遽色；临难无郁气，无忿容；箠楚子弟臧获，亦不见其厉色严声，即柳下惠奚加？特其质多由于天植，学未进于时中，临事不无或过，而隘与不恭，盖亦有焉。

全面地评价海瑞，指出海瑞是这样一个人：言行一致。他的日常生活和政治作为，和所著《严师教戒》文章对证，一一符合，没有丝毫的假。是"强哉矫"，是大丈夫，是古往今来一个真男子。

他生活淡薄，性格忠贞，看到百姓的饥寒认为是自己的过失，以他的皇帝不像尧舜那样为耻辱。一言一动都要说古代如何，先王如何。做官办事则坚守祖宗朝的成法。不怕挫折，不怕牺牲。又严峻，又温和。谈话的时候，说得不太快，也不摆出一副难看面孔，遭遇危难也不表现那样愤慨抑郁。连打小孩、打奴婢，也看不到他的厉色严声。像伯夷，像伊尹，像柳下惠。他的本性是天赋的，大概读的书和当时人不大一样，做事有时过了一些，窄了一些，以至有些不恭，这些毛病都是有的。

因为海瑞是被攻击谩骂，死在任上的。所以梁云龙很含蓄地说，这个人和时代的关系，他的出、处、生、死，和国家的关系如何，我不敢知道。学士大夫（封建统治阶级）对他的爱、憎、疑、信，对他的评价到底怎样，我也不敢知道。

梁云龙是海瑞的同乡，海瑞侄女的儿子，和海瑞关系很深。作行状时他在湖广巡抚任上，最了解海瑞。对海瑞的评价大体上应该是可信的。

此外，王宏诲的《海忠介公传》对海瑞也是大赞特赞的，但在末后又说上一句："乃海公之砥节砺行，而缙绅（官僚地主阶级）又多遗议，何也？"这样的好官、清官，为什么官僚地主阶级又多说他不好呢？是什么道理呢？

王宏诲也是海瑞的同乡，琼州定安人。海瑞在批评皇帝坐牢以前，王宏诲正在北京，做翰林院庶吉士，海瑞去看他，托其料理后事，关系也很深。

这两个人是海瑞的亲戚、同乡，也许会有人说他们有偏见。再看何乔远所作《海瑞传》，和李贽的《海忠介公传》。何乔远和李贽都是福建晋江人，他们的评价和梁云龙、王宏诲是一致的。清修明史，对海瑞一般很称赞（王鸿绪《明史稿》和《明史》一样），末后论断，也说他："意主于利民，而行事不能无偏云。"用意是为人民谋福利，但是有些偏差。汪有典的《史外》歌颂他的政绩以后，又说他：尝时以为朝廷上的人懦弱无为，都像妇人女子，把人骂苦了。有人恨极了，骂他大奸极诈，欺世盗名，诬圣自贤，损君辱国。他还是不理会。

人民是爱戴海瑞的，他做了半年多应天巡抚（应天府，今南京。巡抚是皇帝派遣到地方，治理一个政区的行政长官，巡抚有弹劾地方官吏之权，有指挥驻军之权，权力很大），罢职的时候，老百姓沿街哭着送别。有些人家还画了他的像供在中堂里。死在南京右都御史（中央监察机关的长官）任上的时候，百姓非常哀痛，市面停止了营业，送丧穿戴着白色衣冠的行列，夹着江岸悼祭哀哭的，百里不绝。

他晚年到南京做官，被御史（监察官）房寰弹劾，也就是汪有典所引的十六字罪状，引起了统治集团内部一部分青年知识分子的公愤，提出抗议，向皇帝写信申救。吏部办事进士顾允成、彭遵古、诸寿贤这三个人代表这一批人说：

南直隶提学御史房寰本论右都御史海瑞，大奸极诈，欺世盗名，诬圣自贤，损君辱国。……朝野闻之，无不切齿抱愤。……不意人间有不识廉耻二字如房寰者。

臣等自十余岁时即闻海瑞之名，以为当朝伟人，万代瞻仰，真有望之如在天上，人不能及者。瑞剔历膴仕，含辛茹苦，垂白之年，终不使廪有余粟，囊有赢金。瑞巡抚南畿时，所至如烈火秋霜，搏击豪强，则权势敛迹，禁绝侵渔，则民困立苏，兴水利，议条鞭，一切善政，至今黄童白叟，皆雅道之。近日起用，海滨无不曰海都堂又起，转相告语，喜见眉睫。近在留都，禁绝馈送，裁革奢侈，躬先节俭，以至百僚，振风肃纪，远近望之，隐然有虎豹在山之势，英风劲气，振江南庸庸之士风，而濯之以清冷之水者，其功安可诬也。

说他们在十几岁时就知道海瑞是当代伟人，万代瞻仰的人物。海瑞做了多年大官，可是生活朴素，头发白了，没剩什么粮食，也没剩什么钱。做巡抚作为像烈火，像秋霜，打击豪强，有权势的人安分了，禁绝贪污，老百姓可以喘一口气了。兴修水利，贯彻一条鞭新法，这些好事，到现在地方上的老老小小都还想念他。听说海都堂又来了，人们互相告诉，非常喜欢。在南京，他禁止送礼，裁革奢侈，带头节俭，做出榜样，整顿纪纲，远近的人看着，有虎豹在山之势，英风劲气，像一股清冷的水，把江南庸庸碌碌的士风都改变了。这样的功绩，谁能抹杀？

房寰攻击海瑞，把朝野的人都气坏了。想不到人世间有不识廉耻像房寰这样的人！

据后来另一营救海瑞的徐常吉的揭发，弹劾海瑞的房寰是什么样人呢？官是提学御史（管教育的监察官），人呢？是个大贪污犯。海瑞看到南京官员作风拖拉，偷懒，很不像话，下决心整顿，依明太祖的规矩，把一个犯规的御史打了一顿。御史们怕极了，想法子要赶走这个厉害上司。房寰借出外考试学生的机会，让儿子和亲家大收贿赂，送钱多的就录取，名声极坏。怕海瑞弹劾，先下手为强，就带头反对海瑞，造谣造得简直不像话。

乡官（退休居乡的官僚）是反对海瑞的，因为乡官恨他为百姓撑腰，强迫乡官把侵占的田地退还百姓。

大地主是反对海瑞的，因为海瑞一辈子贯彻一条鞭法，依新法，徭役的编派，人丁居四分之一，田粮居四分之三，农民人口多，大地主田地多，这样就减轻了贫农和中农的负担，大地主占地多，按地完粮，负担自然相应加重了，这怎么能不恨？海瑞一辈子主张清丈，重新丈量田地，把大地主少报的隐瞒的田地都清查出来了，要按地纳税，这怎么能不恨？

现任官员也不满意海瑞，因为赋役银两实行官收官解以后，省去一道中间剥削，百姓虽然得些便益，衙门里却少了一笔收入了，连北京的户部（管税收、财政的部）也很不高兴。海瑞坚持"此事于各衙门人诚不利，于百姓则为甚利"。至于禁止贪污、送礼，直接损害了现任官员们的利益，那就更不用说了。

从嘉靖（世宗）后期经隆庆（穆宗）到万历前期，从海瑞做官之时起，一直到死，这三十多年间，朝廷的首相是严嵩、徐阶、李春芳、高拱、张居正等人，除了严嵩是个大奸臣，李春芳庸庸碌碌以外，其他三个都是有名的宰相，尤以张居正为最。

严嵩不必说了，这个人是不会喜欢海瑞的，其他三个名相为什么也反对这个好官清官呢？

徐阶是严嵩的政敌，是他指使一批中级官员把严家父子参倒的，是他取严嵩地位而代之的。因为搞垮严嵩，很得人心。嘉靖帝死后，他又代草遗诏（遗嘱），革去嘉靖帝在位时一些弊政，名誉很好。但是，这人正是海瑞所反对的乡愿。凡事调停，自居中间，逃避斗争，不肯批评人，遇风转舵，做事圆滑，总留有后路。不肯负责任做好事，也怕坏事沾了边。好比中药里的甘草，什么病都可加上一味，治不好，也坏不了。正因为这样，才能保住禄位，严嵩挤他不掉。也正因为这样，官员们学了样，成为风气。海瑞痛恨这种作风，曾经多次提出批评意见。

当海瑞因为批评嘉靖帝坐牢的时候，嘉靖帝很生气，迟疑了好久。和徐阶商量，徐阶说了些好话，算是保全了海瑞的生命。嘉靖帝死后，海瑞立刻被释放，仍旧做户部主事，不久调兵部，又改任尚宝司丞（管皇帝符玺的官），大理寺丞（管审判的官）。公元1569年升南京右通政（管接受文件的官），外任为应天巡抚。

徐阶草遗诏改革弊政，是件好事，但是没有和同官高拱商量，高拱很有意见。又有人弹劾高拱，高拱以为是徐阶指使的，便两下里结了仇。公元1567年，有个御史弹劾徐阶的弟弟和儿子都是大恶霸，有凭有据。海瑞没有搞清楚，以为是高拱指使，故意陷害，便和其他朝臣一样，给皇帝写信大骂高拱，要求把他罢斥。不久，高拱就免职了。以后又回来做首相，对海瑞当然痛恨。

徐阶年纪太老，又得罪了当权的太监，1568年7月告老还乡。上一年冬天，海瑞到南京，1569年6月任应天巡抚。经过近两年的调查研究，他明白自己偏听偏信，徐阶被弹劾的罪状是确实的。徐家有田四十万亩，是江南第一大地主。徐阶的弟弟和儿子都是人民所痛恨的大恶霸，大部分田地都是侵占老百姓的。他一上任就接到无数告徐家的状子，便立刻下令退田。徐阶也知道海瑞不好惹，勉强退出一部分。海瑞不满意，亲自写信给徐阶，一定要退出大半，才能结案。徐阶虽然很看重海瑞，但是强迫退田，刺痛了心，恨极了。家人作恶，都有罪证，案是翻不了的。千方百计，都想不出办法，又忍不了这口气。最后有人出主意，定下釜底抽薪之计，派人到北京，走新的当权太监的门路，又重贿给事中（管弹劾的官）嘉兴人戴凤翔，买他出头弹劾海瑞。戴凤翔家也是地主，亲戚朋友中一些人正在怕海瑞强迫退田。这一来，内外夹攻，戴凤翔弹劾海瑞支持老百姓，凌虐缙绅，形容老百姓像虎像狼，乡官像鱼像肉，被吃得很惨。"鱼肉缙绅"的罪状，加上有内线做主，硬把海瑞赶出了巡抚衙门。

也正是海瑞任应天巡抚这一年，高拱在年底被召，还入内阁（拜相），第二年升次相，1571年5月首相李春芳退休，高拱任首相。

1572年6月，高拱罢相，张居正任首相。

在徐阶和高拱的政治斗争中，海瑞对这两个人的看法是不正确的。对徐阶只看到他好的一面，对高拱呢，恰好相反，没有看到他好的一面。许多年后，海瑞自编文集，在骂高拱的信后附记："一时误听人言，二公心事均未的确。"改变了对两人的看法，也承认了自己的错误。

1572年张居正做了首相，一直到1582年病死为止。

张居正是1567年2月入阁的。1569年海瑞在应天巡抚任上时，他在内阁中是第三名，对海瑞的行政措施不很赞成。虽然张居正在贯彻一条鞭法这一方面和海瑞一致，但是，用行政命令强迫乡官退田，却不能同意。写信给海瑞说：吴中不讲三尺法已经很久了，你一下子要矫以绳墨，当然他们受不了，谣言沸腾，听的人都弄糊涂了。底下说他不能帮什么忙，很惭愧。意思是嫌海瑞太性急，太过火了。1577年张居正父亲死了，按封建社会礼法，是必须辞官回家守孝的。他不肯放弃权位，叫人说通皇帝，照旧在朝办事，叫作"夺情"。这一来激怒了那些保卫封建礼法的正人君子，认为是不孝，纷纷抗议。海瑞名气大，又敢说敢为，虽然远在广东琼州，苏州一带的文人们却假造了海瑞反对张居正的弹劾信，到处流传。到后来虽然查清楚和海瑞无关，张居正却也恨极了海瑞。有人建议重用海瑞，他都反对。

尽管如此，高拱对海瑞的评论说：海瑞做的事，说是都好，不对。说是都不好呢？也不对。对他那些过激的不近人情的地方，不加调停（纠正）是不好的。但是，要把他那些改革积弊、为民做主的地方都改掉了，则尤其不可。张居正也说："海刚峰（刚峰是海瑞的字）在吴，做的事情虽然有些过当，而其心则出于为民。"

地主阶级反对海瑞是当然的，例如何良俊，是华亭（松江）的大地主，父亲是粮长，徐阶的同乡。本人是贡生，是个乡官。他家大概也吃过海瑞的苦头，对海瑞是有意见的，说海瑞性既偏执，又不能和人商量（不和大地主商量），喜自用。而且改革太快，所以失败。不说他做的事情好不好，只骂他搞快了。又说海瑞有些疯癫，寡深识，缺少士大夫风度。说海瑞只养得些刁诈之人（贫农、中农），至于数百为群，阗门要索，要索不遂，肆行劫夺。若善良百姓（富农、地主），使之诈人，尚然不肯，况肯乘风生事乎！此风一起，士夫之家，不肯买田，不肯放债，善良之民，坐而待毙，则是爱之实陷之死也。怎能说是善政呢？幸亏海公转任了，此风稍息，但是人心动摇，到今天还没有安定下来。骂他搞糟了。

何良俊的《四友斋丛说》序文写于 1569 年，正是海瑞任应天巡抚这一年。他写的这几条批评，按语气应在 1570 年和

1571年，书大概是这年以后刻的。他尽管站在大地主立场，骂了海瑞，但毕竟不能不说几句公道话："海刚峰不怕死，不要钱，真是铮铮一汉子！"又说，"前年海刚峰来巡抚，遂一力开吴淞江，隆庆四年（1570）、五年（1571）皆有大水，不至病农，即开吴淞江之力也。非海公肯担当，安能了此一大事哉！"松江一带乡官兼营工商业，海瑞要加以限制，何良俊认为："吾松士大夫工商不可谓不众矣，民安得不贫哉！海刚峰欲为之制数度量，亦未必可尽非。"

海瑞也还有几个支持他的朋友，一个是1565年入阁的李春芳，第二年升次相，1568年任首相。海瑞疏浚吴淞江和救灾等工作都曾得到李春芳的支持。另一个是朱衡，从任福建提学副使时，就很器重海瑞，后来做吏部侍郎（管铨叙官吏的副部长），推荐海瑞做兴国知县、户部云南司主事，到做了工部尚书（管建筑工程的部长），还支持海瑞大搞水利。一个是陆光祖，海瑞从兴国知县内调，就是他当吏部文选司郎中（吏部的司长）时的事。

在海瑞闲居家乡的时候，有些支持他的人，纷纷建议起用。这些人虽然不一定是他的朋友，但在事业上可以这样说，是同情和崇敬海瑞的。

海瑞是同官僚地主作斗争的。既然如此，为什么官僚地主中又有人称赞他呢？这一方面是由于海瑞在人民中间的威望，一方面也是由于海瑞的斗争究竟还没有突破封建制度所能容许的限度。海瑞在主观上和客观上都还是忠君爱国的，所以何良俊说："海刚峰之意无非为民，为民，为朝廷也。"他和官僚地主有矛盾的一面，但也有一致的一面，因之，有些官僚地主们在大骂、排挤、攻击之后，也还是说海瑞一些好话。

二

海瑞的一生是斗争的一生，他反对坏人坏事，不屈不挠，从不灰心丧气，勇敢地把全生命投入战斗。

海瑞，广东琼山人。先世是军人。祖父是举人，做过知县。父亲是廪生，不大念书也不大理家的浪子，在海瑞四岁时便死去了。叔伯四人都是举人，其中一个中了进士，做过御史。

海瑞虽然出生在这样一个官僚家庭，但家境并不好，祖上留下十多亩田地，光收些租子是不够过活的。他母亲谢氏生性刚直严肃，二十八岁死了丈夫，便自己抚育孤儿，做些针线贴补过日子。教儿子读《孝经》《大学》《中庸》这些书。儿子长大了，尽心找严厉通达的先生，督责功课很严格。

这样，海瑞虽然出身于地主阶级，但生活并不宽裕，和穷苦人民接触的机会多，同情贫农、中农，对大地主有反感。另一面，他受了严格的封建教育，遵守封建礼法，在政治上也必然道往古，称先王，维护封建统治阶级的利益。

他不是哲学家，但深受王阳明的影响。当时正是王学盛行的时代，师友中有不少人是王派学者。王学的要点除了主要方面是唯心主义以外，还有提倡知行合一、理论和行动一致的积极方面。海瑞也主张德行属行，讲学属知，德行好的道理也会讲得好，真实读书的人也不肯弃身于小人，知和行绝不是两件事。因此，他一生最恨的是知和行不一致的人。这种人明知是好事而不敢做，明知是坏事而不敢反对，遇事站在中间，逃避斗争，甚至脚踏两头船，一味讲调停，和稀泥。这种人他叫作乡愿，客气一点叫甘草。在《乡愿乱德》一文中说："善处世则必乡愿之为而已。所称贤士大夫，不免正道、乡愿调停行之。乡愿去大奸恶不甚远。今人不为大恶，必为乡愿，事在一时，毒流后世，乡愿之害如此！"他以为孟子之功，不在禹下，以恶乡愿为第一。到处揭露乡愿的罪状，在坐牢以前，去看同乡翰林院庶吉士王宏诲，痛心地说："现在医国的只一味甘草，处世的只两字乡愿。"这时候当国的首相便是徐阶。后来他在给徐阶的儿子信里也说："尊翁以调停国手自许，然调停处得之者少，调停处失之者多。"

在《严师教戒》文章中，他指出批评的好处，要求批评，接受批评："若人能攻我之病，我又能受人之攻，非义友耶？"自问自答，提出做人的标准，不白白活下去的意义："有此生必求无忝此生，而后可无忝者。圣人我师，一一放而行之，非今所竞跻巍科，陟膴仕之谓也。……入府县而得钱易易焉，宫室妻女，毋宁一动其心于此乎？昔有所操，今或为恼恼者一易之乎？财帛世界，无能屹中流之砥乎？将言者而不能行，抑行则愧影，寝则愧衾，徒对人口语以自雄乎？质冕裳而有媚心焉，无能以义自亢乎？参之衣狐貉而有耻心焉，忘我之为重乎？或疢中而气馁焉，不能长江大河，若浩然而莫御矣乎？小有得则矜能，在人而忌，前有利达，不能无竞心乎？讳己之疾，凡有所事，不免于私己乎？穷天地、亘古今而不顾者，终亦不然乎？夫人非无贿之患，而无令德之难。于此有一焉，下亏尔影，上

289

辱尔先矣。天以完节付汝，而汝不能以全体将之，亦奚颜以立于天地间耶？俯首索气，纵其一举，而终已于卿相之列，天下为之奔趋焉，无足齿也。呜呼！瑞有一于此，不如此死！"大意是人不要白活着，要照着圣人的话，一一学着做。不白活着并不是说要中高科，做大官。你到了府县衙门，弄钱很容易，好房子，美丽的妇女，你会动心吗？从前怎么说的，会动摇吗？钱财世界，你挺得住吗？或者只会说可不会做，白天看自己的影子，晚上在床上都觉得惭愧，只会对人说空话充好人？看见大官想巴结，在穿狐皮袍子的人群中觉得自己寒伧，心虚气馁，说的话不成气派；小有成绩便骄傲起来，别人做了顺利的事，便想抢先；掩盖自己的毛病，干什么都存私心；顶天立地的事业，想也不肯想。要知道没钱不是毛病，没德才是毛病！这些事只要有这么一条，便对不住自己，也对不住祖先！上天生你这个人是完全的，但是你把它弄残缺了，毁了自己，你还有脸活在天地间吗？做了这些事，即使做到卿相，天下人都为你奔走，也是不值得的。唉！我要是犯了以上任何一条过错，还不如死了的好。"这是他在做县学教谕时对学生的教约，此后几十年，他的生活、行事都一一照着检查自己，照着做，没有一句话没有做到。

他是个唯心主义者，认为"君子之于天下，立己治人而已矣。立己治人孰为之？心为之，心自知之。若得失，心自致之。虽天下之理无微不彰。"在教学上学王阳明，把"训蒙大意"作为教育方针，在行政措施上，也采用了王阳明的保甲法。

中了举人以后，做福建南平县学教谕（校长），主张学校是师长教学生的地方，教师有教师的尊严，不该向上官磕头。提学御史到学校来了，别的人都跪下，只有他站在中间，像个笔架，以后得了外号，叫笔架博士。

升任浙江淳安知县，反对大地主。

淳安山多地少，地方穷苦。地主往往有三四百亩的田产，却没有分毫的税；贫农收不到什么粮食，却得出百十亩的税差。由之富的愈富，穷的就更穷了。徭役也是十分繁重，每丁少的出一两二钱银子，多的要十几两，弄得"小民不胜，憔悴日甚"。解决的办法是清丈，根据实有土地面积，重新规定赋役负担；是均徭，均是按照负担能力分配，按力量多少分配，没有力量就不要负担了。这样，农民的负担才减轻了些，地主们可不乐意了。

此外，他还做了不少事，改革了许多弊政。几年后，他总结经验，把这些措施编成一部书，叫作《淳安政事》。

特别传诵一时的有两件事。

一件是拿办总督胡宗宪的公子。这位少爷路过淳安，作威作福，吊打驿吏。海瑞没收他带的大量银子，还报告胡总督，此人冒充总督公子，胡作非为，败坏总督官声。弄得胡宗宪哭笑不得，只好自认倒霉。

一件是挡了都御史鄢懋卿的驾。鄢懋卿是严嵩的党羽，以都御史奉命出来巡查盐政，到处贪污勒索，还带着小老婆，坐五彩舆，地方疲于供应。海瑞捡了鄢懋卿牌告上两句照例官话，说淳安地方小，容不下都老爷的大驾。牌告说："素性俭朴，不喜逢迎。"但是听到你以前所到地方，铺张供应，并不如此，怕是地方官瞎张罗的缘故。一封信把鄢懋卿顶回去，绕道过去，不来严州了。

连总督、都御史都敢惹，海瑞的名声逐渐传开了。封建时代的老百姓是怕官的，更怕大官。如今居然有不怕大官，敢顶大官的小官，敢替老百姓撑腰说话的小官，这个官自然就得到老百姓的爱戴了。加上，海瑞很细心，重视刑狱，审案着重调查研究，注意科学证据和人情事理，几年中平反了几件冤狱。上官因为他精明，连邻县的疑难案件也调他会审了。这些案件的判决书后来都收在文集里，小说家、剧作家选取了一些，加以渲染，几百年来在舞台上为人民所欣赏。《大红袍》《小红袍》《生死牌》《五彩舆》和一些公案弹词在民间流传很广，叫作公案小说。也正因为公案小说的流传，海瑞在政治上的作为反而被公案所掩盖了。

因为得罪了胡宗宪、鄢懋卿，虽然治理淳安的政绩很好，还是被排挤调职。1562年海瑞升嘉兴通判，鄢懋卿指使党羽弹劾，降职为江西兴国知县。

在兴国一年半，办了不少好事，清丈了田亩，减少了冗官，减轻了人民的负担。其中最快人心的事是反对乡官张鳌。

张鳌做过兵部尚书，在南昌养老享福。张鳌的侄子张豹、张魁到兴国买木材，作威作福，无恶不作。老百姓气苦得很。海瑞派人传讯，他们倚仗叔父威势，不肯来。一天忽然又跑到县衙门大闹。海瑞大怒，拿下张豹，送到府里，反而判处无罪。张鳌出面写信求情，海瑞不理。又四处求情设法，居然这两个坏蛋摇摇摆摆回家去了。海瑞气极，写信向上司力争，终于把这两个坏蛋判了罪。

1564年海瑞做了京官，户部云南司的主事（户部按布政使司分司，云南司是管这一政区的税收的）。

两年以后，他弄清了朝廷的情况，写信给嘉靖帝，提出严厉批评。指斥皇帝迷信道教，妄想长生，二十多年不上朝，自以为是，拒绝批评，弄得君道不正，臣职不明，吏贪将弱，暴动四起。你自号尧斋，其实连汉文帝也赶不上。嘉靖帝看了，气得发昏，丢在地下，想了又想，又捡起来看，觉得说中了毛病。叹口气说："这人倒比得上比干，只是我还不是纣王啊！"

海瑞早就准备好后事，连棺材都托人买了。嘉靖帝一听说这样，倒愣住了。不过后来还是把他关在牢里。嘉靖帝死后，海瑞被释出狱。

1569年6月，海瑞以右佥都御史巡抚应天十府。应天十府包括现在江苏、安徽两省大部分地方，巡抚驻在苏州。

海瑞投身到一场激烈的斗争中，他要对大地主，对水灾进行斗争。

这一年江南遭到严重水灾，夏秋多雨，田地被淹，粮食涨价，农民缺粮逃亡，情况很不好。

江南是鱼米之乡，号称全国最富庶的地方。但实际上百姓生活很困苦，因为历史的关系，粮、差的负担特别重，加上土地集中的现象这二十年来特别显著，大地主占有的土地越多，人民的生活便越困苦。特别是松江，乡官田宅之多，奴仆之众，两京十二省找不出第二个。一上任，告乡官夺产的老百姓就有几万人。"二十年来，府县官偏听乡官、举人、监生，民产渐消，乡官渐富。"真是苦难重重，数说不完。

怎么办？一面救灾，一面治水。

怎么办？要大地主退田，还给老百姓；贯彻一条鞭法。

救灾采工赈办法，把赈济和治水结合起来。闹灾荒粮食不够吃，请准朝廷，把应该解京的粮食留下一部分当口粮。闹水的原因，经过亲自勘察，是多年来水利不修，吴淞江淤塞了，太湖的水排不出去，一遇特大雨量，便泛滥成灾，得立刻疏浚。说做就做，趁冬闲开工，他坐上小船，到处巡视督工。灾民一来上工有饭吃，二来工程搞好可以解决水患，变为水利，热情很高，进度很快，不到一个月就完工了。顺带地把吴淞江北面常熟的白茆河也疏浚了。这两项工程对人民，对生产好处很大。并且用的钱都是海瑞从各方面张罗来的，没有加重人民负担。以此，人民很喜欢，很感激。

这样，他战胜了灾荒，也兴修了水利。

最困难的还是限制大地主的过分剥削。要大地主退还侵占农民的田地，等于要他们的命。不这样做，农民缺地无地，种什么，吃什么？海瑞采用了擒贼先擒王的办法，先从松江下手，先拿江南最大的地主乡官徐阶兄弟做榜样，勒令退田。这一来，乡官和大地主害怕了，着慌了，有的逃到外州县躲风头，有的只好忍痛退田。李贽记载这一件好事，加以总结，赞扬说："海瑞卵翼穷民，而摧折士大夫之豪有力者，小民始忻忻有更生之望矣！"老百姓有活路了，大地主们却认为是死路。好事才开头，便被徐阶釜底抽薪，海瑞罢职了，贼没全擒到，反而丢了官，这是海瑞所没有预料到的，也是封建社会统治阶级利益所决定的必然的下场。

　　解决人民生活问题的关键，在海瑞看来，无过于贯彻执行一条鞭法。这个办法不是海瑞创始的，已经有好几十年历史了，并且各地办法也不尽相同。主要的方面是把过去田赋的各项各款，均徭，力差，银差，里甲等等都编在一起，通计一省丁、粮，通派一省徭役，官收官解，除秋粮以外，一律改折银两交纳。简言之，就是把复杂的赋役制度简化了，把实物赋税的大部分改为货币赋税。这个办法不止可以减轻农民的负担，还可以增加国家的收入，并且，在经济发展过程中也是有进步意义的。例如过去南粮北运，由于当时交通困难，运费由农民负担，往往超过正税很多。现在改折银两，省去昂贵的运输费用，人民的负担也就相应减轻了。又如徭役，实行新法以后，不问银差、力差，只要交了钱，由官府雇工应差，农民也就可以安心生产，不再受徭役的挂累了。这样做，对生产的促进是有好处的。只是对大地主不大好，因为按照新法，大地主有些地方的负担，不是减轻，而是加重了，反对的意见很多。海瑞不顾地主们的反对，坚决执行，终于办成了。成绩是田不荒了，人不逃了，钱粮也不拖欠了，生产发展了。当时的人民很高兴，很感激。后来史家的记载也说："行条鞭法，遂为永利。"

　　应该指出，一条鞭法并不是摧毁封建剥削制度的办法。但是，这个办法简化了项目和手续，比较地平均了土地的负担，特别是减轻了贫农、中农和城市平民的某些负担，对生产的发展是有益的，因而，也是有民主意义和进步意义的。因此，海瑞是当时人民心目中的好官，是历史上有地位的政治家。

海瑞只做了七个月巡抚，便被大地主阶级撵下台，在家乡闲居了十六年。

万历十年（1582）6月，张居正死。万历十三年（1585），海瑞已经七十二岁了，被荐任用为南京都察院右佥都御史，还没到任，又调任南京吏部右侍郎。照一般道理说，七十多岁的老人该退休了。但是，他想了又想，好容易才有着实做一点事的机会，虽然年纪大了，精力差了，还是一股子干劲，高高兴兴到南京上任。

明朝体制，南京是陪都，虽然也和北京一样，有五府、六部、都察院等衙门，但不能决定国家大政，是安排年老的和政治上失势官员的地方，比较清闲。海瑞却并不因为闲官就无所作为，一到职就改革弊政，把多年来各衙门出票要街道商户无偿供应物品的陋规禁止了。

他说："要南京五城的百姓，负担南京千百个官员的出入用度，难怪百姓苦了！吏部是六部之首，怎么能不先想到百姓？"

当时贪污成为风气，严嵩父子虽然垮了，但从宫廷到地方，依然贿赂公行，横征勒索。海瑞一辈子反对贪污，从做教官时起，就禁止学生送礼，做县官革去知县的常例（摊派在田赋上补贴县官的陋规，一种合法的贪污）。拒绝给上官行贿，有人劝他随和一些，他愤然说："全天下的官都不给上官行贿，难道就都不升官？全天下的官都给上官行贿，又难道都不降官？怎么可以为了这个来葬送自己呢？"又说："充军也罢，死罪也罢，都甘心忍受。这等小偷行径，却干不得！"知县上京朝觐，照例可以从里甲、杂项摊派四五百两银子以至上千两银子，以便进京行贿，京官把朝觐年看成是收租的年头。海瑞在淳安任上两次上京，只用了路费银四十八两，其他一概裁革。做巡抚时，拒绝人家送礼，连多年老朋友送的人事也婉言谢绝。做了多年官，过的依然是穷书生的日子。在淳安，有一天买了两斤肉，为他母亲过生日，总督胡宗宪听见了，大为惊奇，当作新闻告诉人。罢官到京听调，穿的衣服单薄破烂，吏部的熟人劝他，才置了一件新官服。祖上留下十多亩田地，除了母亲死时，朋友送一点钱添置一点墓田以外，没有买过一亩地。买了一所房子，用银一百二十两，是历年官俸的积余。死前三天，兵部送来柴火银子，一算多了七钱银子，立刻退回去。死后，同官替他清点遗物，全部家财只有薪俸银一百五十一两（一说只有十多两），绫、绸、绢各一匹，连丧事都是同官凑钱办的。看见这种情景，人们都忍不住掉下眼泪。

海瑞一生积极反对贪污，反对奢侈，主张节俭，生活朴素，是言行一致的极少见的清官。他恨极了贪官污吏，认为这是人民遭受苦难的根源，要根绝贪污，非用重刑不可。相反，像过去那样，准许贪污犯用钱赎罪，是解决不了问题的。建议恢复枉法赃满八十贯（千）处绞的法律。还提到明朝初年，严惩贪污，把贪污犯剥皮的故事。这一来，贪官污吏恐慌了，着急了，生怕海瑞剥他们的皮，联合起来，反对海瑞。

升任都察院右佥都御史以后，海瑞整顿纪纲，援引明太祖时的办法，用板子打御史。贪污犯房寰怕海瑞揭发，弹劾海瑞，把海瑞骂得不像人，引起了三进士的抗议。攻击的和为海瑞申雪的人吵开了，统治阶级内部发生严重争论。当国的宰相呢，依然是徐阶的手法，两面都不支持，也不得罪，不参加斗争，希望"调停"了事。最后，房寰的贪污事实被全盘揭露，遮盖不得了，才把他免职，这已经是海瑞死后的事了。

明末人谈迁记这场争论说："时人大为瑞不平，房寰今传三世而绝。"说房寰绝后是因为做了坏事。这虽然是迷信的说法，但是也可以看出当时和以后，有正义感的知识分子是同情海瑞，支持海瑞，歌颂海瑞的。

从当教官时不肯跪接御史时起，一直到建议严惩贪污，海瑞度过了他斗争的一生。

他反对乡官、大地主的兼并；反对严嵩、鄢懋卿的败坏国事，也反对徐阶的"调停""圆融"；他反对嘉靖帝的昏庸，只求无望的长生，不理国家政事；也反对地方官的额外需索，增加人民痛苦；他反对奢侈浪费；反对乡愿。总之，他反对坏人坏事。虽然他所处的是那样一个时代，还是坚持自己的信念，不屈不挠地斗争到死。

当时人对他的看法，不是说他做的全不对，而是说过火了一些，做过头了，偏了，矫枉过直了！他不同意，反而说就是要过火，就是要过直，不如此，风气变不过来。在给人的信中说："矫枉过直，古今同之。不过直，不能矫其枉。然生之所矫者，未见其为过直也。"而且，"江南粮差之重，天下无有，古今无有。生至地方，始知富饶全是虚名，而苦楚特甚。其间可为百姓痛哭，可为百姓长太息者，难以一言尽也"。这种情况，光是要大地主退还一点非法侵占的田地，又怎么能说是过火，过直呢？应该说是不够，而不是什么过直。就当时当地的情况说，就当时苦楚特甚，可为痛哭，可为长太息的百姓说，过直应该是好得很，而不是糟得很。

当时农民暴动已经发生了。他把农民暴动的原因，明确指出是因为官坏："广寇大都起于民穷，民穷之故多端，大抵官不得其人为第一之害。"慨叹地说："今人居官，且莫说大有手段，可为百姓兴其利，除其弊。只是不染一分一文，禁左右人不得为害，便出时套中高人者矣。"把对官的要求降低到不求做好事，只要不做坏事，不贪污，也就难得了。又说："今人每谓做官自有套子，比做秀才不同，不可苦依死本。俗人俗见，谬妄之甚！区区惟愿……执我经书死本，行己而已。如此不执，虽熟人情，老世故，百凡通融，失己失人，全无用处。"痛斥当时的社会风气，在思想上进行坚决的斗争。

当然，光是执我经书死本，说往古，道先王，是解决不了当前的问题的。要求官吏不落时套，不做坏事，不贪污，不讲人情世故，不百凡通融，而不从社会的根本变革出发，也是不可能成功的。同样，不改变生产关系，简单地要求大地主退还侵占农民的部分田地，少剥削些，农民的苦楚减轻一些，无论事实上做不到，即使做到了，也还是封建的剥削的社会，地主和农民的关系依然不变，问题还是没有解决，也是不可能解决的。在当时情况下，这是不可能解决的社会矛盾。海瑞虽然感觉到问题严重，必须坚决地和坏人坏事进行斗争，但是，他没有也不可能从本质上认识和解决这个矛盾。这是时代的矛盾，也是海瑞被大地主阶级的代表们所排挤、攻击，而又取得另一部分地主阶级同情、支持的道理。

海瑞是封建统治阶级的左派，和右派及中间派进行了长期的斗争。尽管遭受多次失败，有时候很愤慨，说出了"这等世界，做得成甚事业"的气话。但在闲居十六年以后，有重新做事业的机会，他又以头童齿豁的高年参加了。不气馁，不服老，不怕挫折，真是"铮铮一汉子"。

关于魏忠贤

一　生祠

替活人盖祠堂叫作生祠，大概是从那一个时代父母官"自动"请老百姓替他立长生禄位而扩大之的。单有牌位不过瘾，进一步而有画像，后来连画像也不够格了，进而为塑像。有了画像、塑像自然得有宫殿，金碧辉煌。初一、十五文武官员一齐来朝拜，文东武西，环佩铿锵，口中念念有词，好不风光，好不威武。

史上生祠盖得最多的是魏忠贤，盖得最漂亮的是魏忠贤的生祠，盖得最起劲的是魏忠贤的干儿子干孙子干曾孙子重孙子灰孙子。

据《明史·魏忠贤传》说，天启六年（1626）魏忠贤大杀反对党，周起元、高攀龙、周宗建、缪昌期、周顺昌、黄尊素、李应昇一些东林党人一网打尽之后，修《三朝要典》（《东林罪状录》），立"东林党人碑"之后，浙江巡抚潘汝祯奏请为忠贤建祠。跟着是一大堆官歌颂功德。于是督抚大吏阎鸣泰、刘诏、李精白、姚宗文等抢先建立生祠。风气一成，连军人，做买卖的流氓棍徒都跟着来了，造成一阵建祠热，而且互相比赛，越富丽越好。地皮有的是，随便圈老百姓的，材料也不愁，砍老百姓的。接着道统论也被提起了，监生陆万龄建议以魏忠贤配享孔子，忠贤的父亲配享启圣公。有谁敢说个"不"字？

当潘汝祯请建生祠的奏本到达朝廷后，御史刘之待签名迟了一天，立刻革职。苏州道胡士容不识相，没有附和请求，遵化道耿如杞入生祠没有致最敬礼——下拜，都下狱判死刑。

据《明史·阎鸣泰传》，建生祠最多的是少师兼太子太师、兵部尚书阎鸣泰，在蓟辽一带建了七所。在颂文里有"民心归依，即天心向顺"的话。

潘汝祯所建忠贤生祠，在杭州西湖，朝廷赐名普德。

这年十月孝陵卫指挥李士才建忠贤生祠于南京。次年正月宣大总督张朴、宣府巡抚秦士文、宣大巡按张素养建祠于宣府和大同。应天巡抚毛一鹭、巡按王拱建祠于虎丘。

二月阎鸣泰又和顺天巡抚刘诏、巡按倪文焕建祠于景忠山。宣大总督张朴又和大同巡抚王点、巡按张素养在大同建立第二个生祠。

三月阎鸣泰又和刘诏、倪文焕、巡按御史梁梦环建祠于西密云丫髻山，又建于昌平，于通州。太仆寺卿何宗圣建于房山。

四月阎鸣泰和巡抚袁崇焕建祠于宁前。张朴和山西巡抚曹尔祯、巡按刘弘光又建于五台山。庶吉士李若琳建于蕃育署，工部郎中曾国祯建于卢沟桥。

五月通政司经历孙如洌、顺天府尹李春茂建祠于宣武门外，巡抚朱童蒙建于延绥，巡视五城御史黄宪卿、王大年、汪若极、张枢智建于顺天，户部主事张化愚建于崇文门外，武清侯李诚铭建于药王庙，保定侯梁世勋建于五军营、大教场，登莱巡抚李嵩、山东巡抚李精白建于蓬莱阁宣海院，督饷尚书黄运泰、保定巡抚张凤翼、提督学政李蕃、顺天巡按倪文焕建于河间、于天津，河南巡抚郭增光、巡按鲍奇谟建于开封，上林监丞张永祚建于良牧嘉蔬林衡三署，博平侯郭振明建于都督府、于锦衣卫。

六月总漕尚书郭尚友建祠于淮安。顺天巡按卢承钦、山东巡按黄宪卿、顺天巡按卓迈，也在六月分别在顺天、山东建祠。

七月长芦巡盐龚萃肃、淮扬巡盐许其孝、应天巡按宋祯汉、陕西巡按庄谦建祠于长芦、淮扬、应天、陕西等地。

八月总河李从心、总漕郭尚友、山东巡抚李精白、巡按黄宪卿、巡漕何可及建祠于济宁。湖广巡抚姚宗文、郧阳抚治梁应泽、湖广巡按温皋谟建祠于武昌，于承天，于均州。三边总督史永安、陕西巡按胡建晏、巡按庄谦、袁鲸建于固原大白山，楚王朱华奎建于高观山，山西巡抚牟志夔、巡按李灿然、刘弘光建于河东。

踊跃修建的官员，从朝官到外官，从文官到武官，从大官到小官，到亲王勋爵、治河官、卖盐官，没有一个不争先恐后，统一建生祠。

建立的地点从都城到省城，到名山，甚至都督府、锦衣卫、五军营等军事衙门，蕃育署、上林监等宫廷衙门，甚至建立到皇城东街。只要替魏忠贤建生祠，没有谁可以拦阻。

每一祠的建立费用，多的要数十万两银子，少的也要几万两，合起今天的纸币要以多少亿计。开封建祠的时候，地方不够大，毁了民房两千多间，用渗金塑像。都城几十里的地面，到处是生祠。上林苑一地就有四个。延绥生祠用琉璃瓦，苏州生祠金像用冕旒。南昌建生祠，毁周程三贤祠，出卖澹台灭明祠作经费。

督饷尚书黄运泰迎像，用五拜三稽首礼，立像后又率文武将吏列阶下五拜三稽首。再到像前祝告，某事幸亏九千岁（这些魏忠贤的党羽子孙称皇帝为万岁，忠贤九千岁）扶持，行一套礼，又某事蒙九千岁提拔，又行一套礼。退还本位以后，再行大礼。又特派游击将军一人守祠，以后凡建祠的都依例派专官看守。

国子监生（大学生）陆万龄以孔子作《春秋》，忠贤作《要典》，孔子杀少正卯，忠贤杀东林党人，应在国学西建生祠和先圣并尊。这简直是孔子再世，道统重光了。国子司业（大学校长）朱之俊接受了这意见，正预备动工，不凑巧天启皇帝驾崩，政局一变，魏忠贤一下子从云端跌下来了。

崇祯帝即位，魏忠贤自杀。崇祯二年（1629）三月定逆案，全国魏忠贤生祠都拆毁，建生祠的官员也列名逆案，依法处刑。

《三朝要典》的原刻本在北平很容易见到，印得非常考究，大有翻印影印流传的必要。

魏忠贤的办公处东厂，原来叫东厂胡同，从沙滩一转弯便是。中央研究院北平办事处在焉，近来改为东昌胡同了，不知是敌伪改的，还是最近改的。其实何必呢？魏忠贤之臭，六君子的血，留着这个名词让北平市民多想想也是好的。

二　义子干孙

魏忠贤不大识字，智力也极平常。他之所以能弄权，第一

304

是私通熹宗的奶妈客氏，宫中有内线。熹宗听客氏的话，忠贤就可以为所欲为。第二是熹宗庸，十足的阿斗，凡事听凭忠贤作主张。

光是这两点，也不过和前朝的刘瑾、冯保一样，还不至于起党狱，开黑名单，建生祠，称九千岁，闹得民穷财尽，天翻地覆。原因第一是，政府在他手上，首相、次相不但和他合作，魏广微还和这位太监攀通家，送情报，居然题为内阁家报。其二是，他有政权，就能养活一批官，反正官爵都出于朝廷，俸禄都出于国库。凡要官者入我门来，于是政权军权合一，内廷外廷合一。魏忠贤的威权不但超过过去任何一个宦官，也超过任何一个权相，甚至皇帝。

《明史》说，内外大权，一归忠贤。内监（宦官）自王体乾等外，又有李朝钦、王朝辅、孙进、王国泰、梁栋等三十余人为"左右拥护"。外廷文臣则崔呈秀、田吉、吴淳夫、李夔龙、倪文焕主谋议，号"五虎"。武臣则田尔耕、许显纯、孙云鹤、杨寰、崔应元主杀戮，号"五彪"。又吏部尚书周应秋、太仆卿曹钦程等号"十狗"。又有"十孩儿""四十孙"之号。而为呈秀辈门下者又不可数计。

"虎""彪""狗"都是魏忠贤的义子。举例说，崔呈秀在天启初年巡按淮扬，贪污狡狯，不修士行，看见东林正红得发紫，想尽方法要挤进去，被拒不纳。四年还朝，都察院都御史高攀龙尽列他在淮扬的贪污条款，提出弹劾。吏部尚书赵南星批定充军处分。朝命革职查办。呈秀急了，半夜里到魏忠贤家叩头乞哀，求为养子。结果呈秀不但复职，而且升官，不但升官，而且成为忠贤的谋主，残杀东林的刽子手了。两年后做到兵部尚书兼都察院左都御史。儿子不会作文也中了举，兄弟做浙江总兵官，女婿呢，吏部主事，连姨太太的兄弟、唱小旦的也做了密云参将。

其他四"虎"，吴淳夫是工部尚书，田吉是兵部尚书，倪文焕是太常卿，李夔龙是副都御史，都是呈秀拉纤拜在忠贤门下当义子的。"十狗"中如曹钦程，《明史》本传说："由座主冯铨父事魏忠贤为十狗之一。于群小中尤无耻，日夜走忠贤门，卑谄无所不至，同类颇羞称之。"到后来，连魏忠贤也不喜欢他了，责以败群革职。可是此狗在被赶出门时，还向忠贤叩头说："君臣之义已绝，父子之恩难忘。"大哭一场而去。忠贤死后，被处死刑，关在牢里等行刑。日子久了，家人也厌烦，不给送饭。他居然有本领抢别人的牢饭，成天醉饱。李自成陷北京，破狱出降。自成失败西走，此狗也跟着，不知所终。

"十孩儿"中有个石三畏，闹了个不大不小的笑话。有一天某贵戚请吃饭，在座的有魏忠贤的侄儿魏良卿。三畏喝醉，点戏点了《刘瑾醉酒》，犯了忌讳。忠贤大怒，立刻革职回籍。忠贤死后，他还借此复官，到头还是被弹劾免职。

这一群虎狗彪儿孙，细按本传，有一个共通的特征，几乎没有一个不是贪官污吏。

例外的也有，如造《点将录》的王绍徽，早年"官居强执，颇以清操闻"。还有作《春灯谜》《燕子笺》，文采风流，和左光斗诸人交游的阮大铖，和叶向高同年友好的刘志选，以及《玉芝堂谈荟》作者周应秋，都肩着当时"社会贤达"的招牌，颇有名气的，只是利欲熏心，想做官，想做大官，要做官迷得发了疯，一百八十度一个大转弯，拜在魏忠贤膝下，终至身败名裂，在《明史》里列名阉党传。阮大铖在崇祯朝寂寞了十几年，还在南京冒充东林，附庸风雅，千方百计要证明他是东林，千方百计要洗去他当魏珰干儿的污渍，结果被一批年轻气盛的东林子弟出了留都防乱揭，"鸣鼓而攻之"，落得一场没趣。孔云亭的《桃花扇》真是妙笔奇文，到今天读了，还觉得这副嘴脸很熟，"如"闻其声，"如"见其人。

三　黑名单

黑名单也是古已有之的，著例还是魏忠贤时代。

《明史·魏忠贤传》说："天启四年（1624）忠贤用崔呈秀为御史。呈秀造《天监同志诸录》，王绍徽亦造《点将录》，皆以邹元标、顾宪成、叶向高、刘一燝等为魁，尽罗入不附忠贤者，号曰东林党人，献于忠贤。忠贤喜。于是群小益求媚忠贤，攘臂攻东林矣。"

替魏忠贤造名单的，有魏广微、顾秉谦，都是大学士（宰相）。名单有黑、红两种，《明史·顾秉谦传》说："广微和秉谦谋，尽逐诸正人，点《缙绅便览》一册，如叶向高、韩爌、何如宠、成基命、缪昌期、姚希孟、陈子壮、侯恪、赵南星、高攀龙、乔允昇、李邦华、郑三俊、杨涟、左光斗、魏大中、黄尊素、周宗廷、李应昇等百余人，目为邪党，而以黄克瓒、王永光、徐大化、贾继春、霍维华等六十余人为正人。由阉人王朝用进之，俾据是为黜陟。忠贤得内阁为羽翼，势益张。

秉谦、广微亦曲奉忠贤，若奴役然。"

《缙绅便览》是当时坊间出版的朝官人名录。魏广微、顾秉谦根据这名单来点出正人邪人，必定是用两种颜色，以今例古，必定是红黑两种颜色，是可以断言的。

崔呈秀比这两位宰相更进一步，抄了两份。一份是《同志录》，专记东林党人，是该杀该关该革职该充军的。另一份是《天鉴录》，是东林的仇人，也就是反东林的健将，是自己人。据《明史·崔呈秀传》说："忠贤凭以黜陟，善类为一空。"

《明史·曹钦程传附卢承钦传》："承钦又向政府提出，东林自顾宪成、李三才、赵南星而外，如王图、高攀龙等谓之副帅，曹于汴、汤兆京、史记事、魏大中、袁化中谓之先锋，丁元荐、沈正宗、李朴、贺烺谓之敢死军人，孙丕扬、邹元标谓之土木魔神，请以党人姓名榜示海内。忠贤大喜，敕所司刊籍，凡党人已罪未罪者悉编名其中。"这又更进一步了，不但把东林人列在黑名单上，而且还每人都给一个绰号、匪号，其意义正如现在一些刊物上的闻一多夫、罗隆斯基同。

王绍徽，魏忠贤用为吏部尚书，仿民间《水浒传》，编东林一百零八人为《点将录》献上，令按名黜汰，以是越发为忠贤所喜。绍徽也名列《明史·阉党传》。

这几种黑名单十五六年前都曾读过，记得最后一种《点将录》，李三才是托塔天王，黄尊素是智多星，每人都配上《水浒传》里的绰号，而且还分中军左军右军，天罡地煞，很整齐。似乎还是影印本。可惜记忆力差了，再也记不起在什么丛书中见到。可惜！可惜！

"社会贤达"钱牧斋

就钱牧斋对明初史料的贡献说，我是很推崇这个学者的。二十年前读他的《初学集》《有学集》《国初群雄事略》《太祖实录辨证》诸书，觉得他的学力见解，实在比王弇州（世贞）、朱国桢高。同时也搜集了有关他个人的许多史料，如张汉儒控告他和瞿式耜的呈文、《牧斋遗事》、《虞山妖异志》、《阁讼记略》、《钱氏家变录》、《牧斋年谱》、《河东君殉家难事实》（以上均见《虞阳说苑甲编》）、《纪钱牧斋遗事》（《痛史》本）、《钱氏家变录》（《荆驼逸史》本）、瞿式耜《瞿忠宣公集》、文秉《烈皇小识》、计六奇《明季北略》，以及《明史·周延儒传》《温体仁传》《马士英传》《瞿式耜传》有关他的记载，和张汉儒呈文的另一印本（刊《文艺杂志》第八期）。因为《明史》里不收这个做清朝官的两朝领袖，《清史稿》列他在《文苑传》，极简略。当时就想替此人写点什么。记不得那时候因为什么耽误了，一晃荡便是二十年。

最近又把从前所看过的史料重读一遍，深感过去看法之错误。因为第一，他的史学方面成就实在有限，他有机会在内阁读到《昭示奸党录》《清教录》一类秘本，他有钱能花一千二百两银子买一部宋本《汉书》，以及收藏类似俞本《皇明纪事录》之类的秘籍，有绛云楼那样收藏精博的私人图书馆，从而做点考据工作，实在没有什么了不起。第二，这个人的人品实在差得很，年轻时是浪子，中年是热衷的政客，晚年投满，居乡时是土豪劣绅，在朝是贪官污吏，一生翻反反覆覆，没有立场，没有气节，除了想做官以外，从没有想到别的。他的一点儿成就、虚名、享受，全盘建立在对人民剥削的基础上，是一个道地的完全的小人、坏人。

可是，三百年前，他的名气真大，东林巨子，文坛领袖，斯文宗主，而且还是幕后政治的牵线人物。只是做官的日子短，在野的年代长，以他当时的声名而论，倒是个"社会贤达"也。

我正在研究历史上的士大夫官僚绅士地主这类人，钱牧斋恰好具备这些资格，而且还是"社会贤达"，因此把旧材料利用一下，写出这个人，并非毫无意义，而且也了却多年来的心愿，是为记。

一　定论

牧斋是有自知之明的，他明白自己的大节有亏，常时嘴里说的是一套，纸上写的是一套，做的是完全不同的另一套。师友们轰轰烈烈成为一代完人，只有他醉心于功名利禄，出卖了人格灵魂，出卖了民族国家，到头来变成"药渣"，"秋风起，团扇捐"，被新主人一脚踢开。活着对不起人民，死去也羞见当年师友，老年的情怀实实在在是凄楚的、寂寞的、幽怨的。百无聊赖，只好皈依空门，靠念经礼佛来排遣、忏悔。排遣往年的过错，忏悔一生的罪恶。有时候也不免自怨自艾一番，例如《有学集》卷一《次韵茂之戊子秋重晤有感之作》：

残生犹在讶经过，执手只应唤奈何！近日理头梳齿少，频年洗面泪痕多。神争六博其如我，天醉投壶且任他。叹息题诗垂句后，重将老眼向关河。

《再次茂之他字韵》：覆杯池畔忍重过，欲哭其如泪尽何？故鬼视今真恨晚，余生较死不争多！陶轮世界宁关我？针孔光阴莫羡他！迟暮将离无别语，好将白发喻观河。戊子是明永历二年，清顺治五年（1648），这年他六十七岁了，为了被控和明朝故老闹"反清"，被羁押在南京，案情严重。想想一辈子居高官，享大名，四年前已经六十四岁了，还不顾名节，首倡投降之议，花了一笔大本钱，满以为新朝一定大用，不料还是做礼部侍郎，二十年前早已做过的官。官小倒也罢了，还被奚落，被哂笑，实在受不了，只好告病回籍。如今又吃这官司，说是为明朝呢，说不上，为清朝呢，更说不上，于是见了人只好唤奈何了，要哭也没有眼泪了，活着比死也好不了多少了。顺治十八年（1661），他八十岁大寿，族弟钱君鸿要发起替他征集庆寿诗文，他苦口辞谢说：

少窃虚誉，长尘华贯，荣进败名，艰危苟免，无一事可及生人，无一言可书册府，濒死不死，偷生得生。绛县之吏，不记其年，杏坛之杖，久悬其胫。此天地间之不祥人，雄虺之所憝遗，鸺鹠之所接席者也。人亦有言，臣犹知之，而况于君乎？（《有学集》卷三九《与族弟君鸿论求免庆寿诗文书》）

这一段话每一个字都是真实的、确当的。他的一生定论"荣进败名，艰危苟免"，他一生的言行是"无一事可及生人，无一言可书册府"，明亡而"濒死不死"，降清而"偷生得生"，真是一个为人民所共弃的不祥人，该以杖扣其胫的老怪物。所谓人亦有言，如顺治三年（1646）在北京碰钉子谢病南归，有无名氏题诗虎丘石上《赠钱牧斋宗伯南归》：

入洛纷纷兴太浓，莼鲈此日又相逢；黑头已是羞江总，青史何曾用蔡邕？昔去幸宽沈白马，今归应悔卖卢龙；最怜攀折章台柳，撩乱秋风问阿侬。（此据《痛史》本。《虞阳说苑》本《牧斋遗事》首句作"入洛纷纭意太浓"，"黑头已是"作"黑头早已"，"用蔡邕"作"惜蔡邕"，末二句作"可怜折尽章台柳，日暮东风怨阿侬"。）

如《虞山行》：

一朝铁骑横江来，荧惑入斗天门开，群公蒲伏迎狼纛，元臣拜舞下鸾台。挂冠带笠薰风里，耳后生风色先喜，牛渚方蒙青盖尘，更向龙井钓龙子。名王前席拂朱缨，左拍宗伯右忻城，平吴利得逢双俊，投汉何曾有少卿。靡靡北道岁云暮，朔风吹出蚩尤雾，趋朝且脱尚书履，洛中那得司空座。回首先朝一梦中，黄扉久闭沙堤空，终朝褫带嗟何及……吁嗟盛名古难成，子鱼佐命褚渊生，生前莫饮乌程酒，死来休见石头城！死生恩怨同蕉鹿，空向兴亡恨失足，诗卷终当覆酒杯，山邱何用嗟华屋。（节引自《痛史》本《纪钱牧斋遗事》）

"牛渚方蒙青盖尘"，指福王被虏。"更向龙井钓龙子"，指牧斋作书诱降在杭州的潞王。"左拍宗伯右忻城"，指文班以牧斋为首，武班以忻城伯赵之龙为首迎降清军。"黄扉久闭沙堤空"，指北上后不得大用，失意而返。和这句相发明的，还有一首《虞山竹枝词》：

十载黄扉事渺茫，重瞻天阙望恩光，凤凰池上无人间，依旧当年老侍郎。

《牧斋遗事》记一故事，说一天牧斋去游虎丘，穿一件小领大袖的衣服，有人揖问："这衣服是什么式样？"牧斋窘了，只好说："小领遵时王之制，大袖乃不忘先朝。"这人连忙改容说："哦，您真是两朝领袖咧！失敬失敬。"

死后，他所迎降的清朝皇家对他的看法，乾隆三十四年（1769）六月上谕："钱谦益本一有才无行之人，在前明时身跻仕。及本朝定鼎之初，率先投顺，洊陟列卿，大节有亏，实不足齿于人类。朕从前序沈德潜所选《国朝诗别裁集》，曾明斥钱谦益等之非，黜其诗不录，实为千古纲常名教之大关。彼时未经见其全集，尚以为其诗自在，听之可也。今阅其所著《初学集》《有学集》，荒诞悖谬，其中诋毁本朝之处，不一而足。夫钱谦益果终为明朝守死不变，即以笔墨腾谤，尚在情理之中。而伊既然本朝臣仆，岂得复以从前狂吠之语，列入集中，其意不过欲借此以掩其失节之羞，尤为可鄙可耻！钱谦益业已身死骨朽，姑免追究。但此等书籍悖理犯义，岂可听其流传，必当早为销毁。"于是二集成为禁书。第二年弘历又题《初学集》："平生谈节义，两姓事君王，进退都无据，文章那有光？真堪覆瓮酒，屡见咏香囊，末路逃禅去，原为孟八郎。"四十一年（1776）又诏："钱谦益反侧卑鄙，应入《国史贰臣传》，尤宜据事直书，以示传信。"四十三年（1778）二月又谕："钱谦益素行不端，及明祚既移，率先归命。乃敢于诗文阴行诋毁,是为进退无据,非复人类。若与洪承畴等同列《贰臣传》,不示差等,又何以昭彰瘅?钱谦益应列入乙编,俾斧钺凛然,合于春秋之义焉。"(《清史列传·贰臣传》乙编)其实这些话是有些冤枉的。《初学集》是牧斋在前明的作品,刊行于崇祯十六年(1643),确是有好些骂清高宗先人的话。《有学集》是降清以后的结集,对清朝祖先便不敢"奴"长"奴"短了。以牧斋在明朝的作品来责备做清朝卿贰的钱谦益,当然不公道。不过,说他"进退失据,非复人类",倒是定论。

牧斋对明朝失节,出卖祖国,出卖人民,"更一钱不值何须说!"在清朝呢,名列《贰臣传》,而且还是乙编,比洪承畴之类更下一等。活着含羞,死后受辱,这是投机分子应有的结局。

二 荣进败名

牧斋名谦益,字受之,晚年号蒙叟,亦自称东涧老人,江苏常熟人。生于明神宗万历十年(1582),死于清圣祖康熙三年(1664),年八十三岁。

牧斋一生的经历,十七岁(明神宗万历二十六年,1598)进学,二十五岁中举,二十九岁中探花,授翰林院编修,以父丧丁忧。三十九岁还朝。四十岁(熹宗天启元年,1621)做浙江主考,升右春坊中允。四十一岁以浙闱关节案告病回籍。四十三岁以谕德充经筵日讲官。四十四岁升詹事府少詹事,以东林党案削籍家居。四十七岁(思宗崇祯元年,1628)补詹事府詹事,转礼部右侍郎兼翰林侍读学士,廷推枚卜，是候补宰相名单上的第二名，被温体仁攻讦革职，四十八岁后开始闲居。五十六岁被邑人张汉儒告讦为土豪恶绅，被逮北上下狱。五十七岁狱解南归。六十岁纳妾柳如是。六十四岁明福王立于南京，改元弘光，谦益官礼部尚书兼宫保，清兵进军江南，牧斋以文班首臣迎降，随例北行。六十五岁做清朝的内秘书院学士兼礼部侍郎，充《明史》副总裁。六月告病南归。六十七岁以黄毓祺案被逮到南京下狱。六十八岁狱解归里。八十三岁死。

牧斋二十岁左右在东南一带便有文名，和东林领袖顾宪成、允成兄弟交游。点探花以后，叶向高是前辈，孙承宗、王图是座主，高攀龙、左光斗、杨涟、周顺昌、姚希孟、黄道周、文震孟、鹿善继诸名流是僚友，瞿式耜是门生，程嘉燧、李流芳诸人是文酒之友，声气震动一时。到东林诸领袖先后被杀之后，"流俗相尊作党魁"，俨然是乡国重望了。张汉儒告讦案解后，"洛中之冠带，汝南之车骑，蜀郡之好事，鄂杜之诸生，闻声造门，希风枉驾，履舃交错，舟船填咽，邑屋其无人，空山为之成市"。成为斯文宗主，一代大师，青年人的泰山北斗，社会上第一号的贤达。六十四岁做了两朝领袖之后，声名骤落，做官不得意，做人不像人，"人亦有言"，成天过被唰笑辱骂的日子，再也不谈气节人格，缩在文人的圈子里，写墓铭寿序弄钱，觍觍一直到死。

这个人的一生，用他自己的话来说最确当，"荣进败名"。一句话，不顾国家民族的利益，光想做大官，利禄熏心，坏了名节，毁了自己。

天巧星浪子钱谦益

牧斋前半生是东林中佼佼的人物，反东林的阉党阮大铖造《点将录》，献给魏忠贤，黑名单上的重要人物有天罡星托塔天王李三才，及时雨叶向高，天巧星浪子钱谦益，圣手书生文震孟，霹雳火惠世扬，鼓上蚤汪文言，大刀杨涟，智多星缪昌期等三十六人。地煞星神机军师顾大章，青面兽左光斗，金眼彪魏大中，旱地忽律游士任等共七十二人。崔呈秀开的另一黑名单《天鉴录》上也赫然有钱谦益的名字（计六奇《明季北略》卷二）。天启五年 (1625) 杨涟、左光斗诸人被魏忠贤杀害，牧斋也牵连被削籍回里。官虽做不成，名气反而更大，朝野都把他当作东林党魁，他也以此自许，如《初学集》卷六《十一月初六日召对文华殿旋奉严旨革职待罪感恩述事》二十首之一：

破帽青衫又一回，当筵舞袖任他猜。平生自分为人役，流俗相尊作党魁。

如《有学集》卷一六《范勋卿文集序》：

余庚戌通籍，出吾师耀州王文肃公（名图，阉党卢承钦所作《点将录》，和高攀龙并列的东林副帅。此外曹于汴汤兆京史记事魏大中等谓之先锋，丁元荐沈正宗李朴等谓之敢死军人，孙丕扬邹元标谓之土木魔神）之门。……余则继耀州之后，目为党魁，饮章录牒，逾冬逮系，受钩党之祸。……入甘陵之部，刊元祐之碑，除名削迹，终老而不相贷贳。

可是他一生的行径，却是道地的"浪子"。阉党虽然比他更灭绝人性，寡廉鲜耻，给他的这个绰号倒还中肯，恰如其人的品格身份。

浙闱关节

牧斋虽是东林党人，可是还没有进身就和宦官勾搭。万历三十八年（1610）殿试后自以为文名满天下，兼之又有内线，状元是拿稳了。发榜的前一晚，已经得到宫中小太监的密报，说是状元已成定局，司礼监太监和其他宫廷权要都派人送帖子来道喜，京中亲朋故旧络绎户外，牧斋喜极乐极。不料到天亮榜发，牧斋竟是第三名探花，状元是归安人韩敬，这一跟斗摔得真惨，两人从此结下仇。原来韩敬也有内线，早攀上宫中最有势力的大太监，发榜时拿韩敬换了牧斋。牧斋还以为他的老板只此一家，以致上了一回大当（《虞阳说苑》本《牧斋遗事》）。

韩敬做了官，牧斋不服气，使一点手段，在三年京察时，把韩敬革职。韩敬是浙江人，是反对东林的浙党党人。丢官后恨极，也处心积虑图谋报复。党争和私人怨恨从此纠缠不清。

熹宗天启元年（1621），牧斋奉命做浙江主考官。韩敬和秀水沈德符计议，冒用牧斋的名义，出卖关节，很多人都上了当。名士钱千秋也被说动了，用两千两银子买"一朝平步上青天"的暗号，在每篇文章的结尾嵌入一字。榜发千秋果然考取了。韩敬、沈德符使的人分赃不均，把卖关节的事情嚷开了，韩敬也派人上北京大宣传一气，又联络礼科给事中顾其仁磨勘原卷，找出证据，具疏弹劾。事情闹大，刚好钱千秋已到北京准备会试，牧斋一问果然有真凭实据，急得无法，只好自己上疏检举。经刑部审讯的结果，假冒名义出卖关节的两人枷号发烟瘴充军，钱千秋革去举人充军，牧斋和房官确不知情，以失察罚俸三月，奉旨依拟。这个科场大案，因为牧斋脚力大，就此结束（文秉《烈皇小识》卷二，《虞阳说苑》本《阁讼记略》，冯舒《虞山妖乱志》卷中）。

枚卜之争

明代后期大学士（宰辅）的任用，由吏部尚书领衔，会合廷臣公推，开一张名单，由皇帝点用，叫作枚卜。

崇祯元年（1628）十一月，大学士刘鸿训罢，思宗诏廷臣举行会推枚卜大典。

牧斋是庚戌进士，在东林有重名，会推列名是没有问题的。唯一的劲敌是同官宜兴周延儒，延儒是万历四十一年（1613）的会元状元，名辈虽然较后，可是不久前曾和思宗谈过话，很投机，如也在会推单上列名，周的被点可能要比钱大。乌程温体仁官礼部尚书，虽然是万历二十六年（1598）进士，但是名低望轻，根本挨不上，倒不必顾虑。

周延儒事先布置，勾结外戚郑养性和东厂唐之征，势在必得。

牧斋方面，有门生户科给事中瞿式耜、吏科都给事中章允儒在奔走。瞿式耜尤其出力，联络好廷臣，会推单上十一名，第一名成基命，第二名钱谦益，釜底抽薪，周延儒连提名的资格都被取消了，根本说不上圈定。

明思宗性格多疑，正在奇怪怎么会不列周延儒的时候，周延儒的反攻也正在展开，使人散布流言，街巷纷纷传说，这次会推全由钱谦益的党羽操纵，思宗也听见了。温体仁摸清楚情势，上《盖世神奸疏》，弹劾谦益浙闱旧案，说他是盖世神奸，不宜滥入枚卜。思宗召集双方在文华殿面讯，温体仁是有准备的，盛气质询，说话流利，牧斋正在打点做宰相的兴头上，斜刺里挨这一棍，摸不清情况，说不出话，官司便输定了。第二天有旨："钱谦益关节有据，受贿是实。今又滥入枚卜之列，有党可知。祖法凛在，朕不能私，着革了职，九卿科道从公依律会议具奏，不得徇私党比，以自取罪责。"后来钱千秋案虽然由原审人员一致坚持原来的判决，牧斋止于失察，不再深问。可是大学士是被搞掉了，不但做不了大学士，连原官也丢了。革职回籍听勘。

　　崇祯二年（1629）十二月周延儒久阁，三年（1630）六月温体仁入阁。两个死对头接连当权，牧斋一直闲了十六年，再也不得登朝，只好在乡间做"社会贤达"，干土豪劣绅武断乡曲的勾当。

　　这一次牧斋吃亏的原因：一内线未走好，二被温体仁一口咬定是结党把持。做皇帝的最怕最恨臣下结党，而牧斋恰是结党有据，硬挤周延儒。又吃亏在钱千秋的案子确是有关节。一跤摔倒，再也起不来了（《明史》卷三〇八《周延儒传》《温体仁传》，卷二八〇《瞿式耜传》《烈皇小识》，卷二《阁讼记略》《虞山妖乱志》中）。

贪恶兽官

明代乡绅作恶于民间，是人民最感痛苦的一害。

崇祯十年（1637）常熟人张汉儒到北京告御状，告乡绅钱谦益、瞿式耜："不畏明论，不惧清议，吸人膏血，睬国正供，把持朝政，浊乱官评，生杀之权不操之朝廷而操之两奸，赋税之柄不操之朝廷而操之两奸，致令蹙额穷困之民欲控之府县，而府县之贤否，两奸且操之，何也？抚按皆其门生故旧也。欲控之司道，而司道之黜陟，两奸且操之，何也？满朝皆其私党羽翼也。以至被害者无门控诉，衔冤者无地申冤。"又告发他们："倚恃东林，把持党局，喜怒操人才进退之权，贿赂控江南生死之柄，伦常扫地，虐焰熏天。"开列罪款，一共是五十八款，如侵占地方钱粮，勒索地方大户，强占官地营造市房，霸占湖利强要渔船网户纳常例，私和人命，逼奸良人妻女，出卖生员，霸占盐利，通番走私，占夺故家宝玩财货，毒杀和殴杀平民，占夺田宅等，计赃三四百万。例如：

第一，恶钱谦益、瞿式耜每遇抚按提学司道知府推官知县要紧衙门结交，必先托心腹，推用其门生故旧，宣言考选可以力包，以致关说事情，动以千万，灵应如神，诈有不遂者无不立致之死，小民之冤无处申诉，富家之祸无地可容。

第二，恶钱谦益、瞿式耜见本县有东西两湖华荡华汇（《文艺杂志》本作昆城湖华荡滩），关系民间水利，霸截立桩，上书"礼部右堂钱府""户科瞿衙"字样，渔船网户俱纳常例，佃田小民投献常规，每岁诈银七百余两，二十年来计共诈银一万四千余两，地方切齿，通县公愤。

第三，恶钱谦益自卖举人钱千秋之后，手段愈辣，凡文宗处说进学者，每名必要银五百两，帮廪者每名银三百两，科举遗才者要银二百两。自家夸口三党之前曰，我的分上，如苏州阊门贝家的药，货真物精，比别人的明明贵些，只落得发去必有应验。

第四，恶钱谦益乘媚阉党崔呈秀心爱顾大章家羊脂白玉汉杯，著名一棒雪，价值千金，谦益谋取到手，又造金壶二把，一齐馈送，求免追赃提问，通邑诽笑证。

第五，恶钱谦益见刑部郎中赵元度两世科甲，好积古书文画，价值二万余金，后乘身故，罄抢四十八橱古书归家。

这个告发人张汉儒，牧斋自撰的《丁丑狱志》称为奸人，《明史》上也称为常熟奸民。在封建时代，以平民告发大官，其"奸"可知。不过根据冯舒的《海虞妖乱志》，所记牧斋的秽史确有几件是可以和"奸"民的控词互证的。冯舒是牧斋同县人，被这场官司卷入，闹得几乎不可开交，而且是牧斋这方面的人，牧斋和瞿式耜还为他分辩过。他的话应该有史料价值。他说：

钱尚书令（杀人犯）翁源德出三千金造塔（赎罪），源德事既败，塔亦终不就。已而钱尚书必欲成之。凡邑中有公事拟罪者，必罚其赀助塔事，黠士敝民请乞不屦，亦具辞请修塔，不肖缙绅有所攘夺者，公以塔为名，而私实自利。即寿考令终者，抑或借端兴词，以造塔为诈局，邑中谓塔为大尸亲，颇称怨苦。钱尚书亦因是藉藉不理人口，谤亦由是起。

他详细记出牧斋曾由族人钱斗之手，敲诈族人钱裔肃：

裔肃诸弟又以宪副（钱岱）故妓人纳之尚书，裔肃不得已，亦献焉。凡什器之贵重者，钱斗辈指名索取，以为尚书欢。

张汉儒告发于下，大学士温体仁主持于上，地方大官如巡抚张国维是牧斋的门生，巡按御史路振飞是后辈，也掩饰不了，牧斋和瞿式耜被逮到京拘讯。

官司又眼见得要输了，牧斋自辩二疏，只辩得钱千秋一案，其他各款只咬定是温体仁主使，说他和张汉儒一鼻孔出气。背地里乞援于司礼监太监曹化淳，因为牧斋往年曾替曹化淳的上司司礼太监王安做过碑文，这门路就走通了。又用贿赂使抚宁侯朱国弼参奏温体仁欺君误国，内外夹攻，转退为进，要翻转这案子。

这时候锦衣卫指挥使是温体仁的人，照理温体仁这着棋是赢定了。不料他走错了一步，在思宗前告发钱谦益和曹化淳的勾结情形，得罪了曹化淳，情势立刻倒过来了。锦衣卫指挥使换了牧斋的朋友，东厂专找温体仁的错，张汉儒枷死，温体仁也接着罢相。第二年秋天，牧斋和瞿式耜才出狱。

张汉儒控诉乡绅作恶，一到北京变了质，温体仁用作报复政敌的手段。温体仁得罪了曹化淳，官司又变了质，乡绅作恶的事一字不提，告发人成为"奸"民被处死。牧斋靠内监的庇佑，不但官司没有事，连劣绅恶绅的身份也连带去掉了（《明史》卷二八〇《瞿式耜传》，冯舒《虞山妖乱志》，《虞阳说苑》本张汉儒《疏稿》，《文艺杂志》本《常熟县民张汉儒控钱谦益瞿式耜呈词》，《初学集》卷二五《丁丑狱志》，卷八七《微臣束身就系辅臣蜚语横加谨平心剖质仰祈圣明洞鉴疏》）。

三　艰危苟免

崇祯十七年（1644）三月明思宗自杀的消息传到南方，南京的文武臣僚乱成一团。吵的不是如何出兵，如何复仇，而是如何找一个皇帝，重建封建统治政权。

当时避难到南京附近的有两个亲王，一是潞王，一是福王。论族属亲疏行辈福王当立，论人品潞王有潞佛子的名气，好说话，容易驾驭。可是福王有问题，万历年间为了老福王闹的妖书、梃击、移宫三案，东林是反对老福王的，福王如立，很可能追怨三案，又引起新的党争，不得安稳。立潞王，不但政治上不会出岔子，还可立大功。牧斋先和潞王接了头，首倡立潞王之议。南京大臣兵部侍郎吕大器、右都御史张慎言、詹事姜曰广都赞成，雷祚、周镳也为潞王大作宣传。这些人有的是东林，有的是准东林，一句话，东林系的士大夫全支持潞王做皇帝。

反东林的阉党着了慌，尤其是阮大铖，出尽全力，和实力派卢凤督师马士英，操江诚意伯刘孔昭，总兵高杰、刘泽清、黄得功、刘良佐结合，高级军人全拥护福王。南京的议论还没有决定，马士英已经统军拥福王到南京了。文官们没办法，只好向福王劝进，在南京建立了小朝廷，维护这一小部分人的利益。

潞王和福王皇帝地位的争夺，也就是幕后人钱牧斋和阮大铖的斗争。钱牧斋输了，马士英入阁，东林领袖史可法外出督师，阮大铖起用，从兵部右侍郎进尚书兼右副都御史，巡阅江防，红得发紫。

大铖用事后，第一件事是起用阉党，第二件事是对东林报复。他好容易熬了十几年，受尽了"清流"的笑骂，今天才能出这口气，造出十八罗汉五十三参的名目，要把东林一网打尽。雷祚、周镳首先被杀，南京城中充满了恐怖空气，逃的逃，躲的躲，弄得人心惶惶。

牧斋一见福王登位，知道情形不妙，立刻转舵，一百八十度大转弯，上疏称颂马士英功德。士英乐了，援引牧斋做礼部尚书。一不做二不休，牧斋索性举荐阉党，还上疏替阮大铖呼冤，大铖由之起用。可是阮大铖还是不肯解憾，黑名单上仍旧有牧斋名字。牧斋无法，只好再求马士英保护，战战兢兢，幸免无事（《明史》卷三〇八《马士英传》）。

弘光元年（1644）五月，清军进军江南，牧斋率文班诸臣迎降。南京其他大员送清豫王的礼物动不动就值万两银子，牧斋要表示自己的廉洁，送的礼最薄，这份礼单照抄如下：

太子太保礼部尚书兼翰林院学士臣钱谦益百叩首谨启上贡

计：开鋈金壶一具　珐琅银壶一具　蟠龙玉杯一进　宋制玉杯一进　天鹿犀杯一进　夔龙犀杯一进　葵花犀杯一进　芙蓉犀杯一进　珐琅鼎杯一进　文玉鼎杯一进　珐琅鹤杯一对　银镶鹤杯一对　宣德官扇十柄　真金川扇十柄　弋阳金扇十柄　戈奇金扇十柄　百子宫扇十柄　真金杭扇十柄　真金苏扇四十柄　银镶象箸十双

顺治二年（1645）五月二十六日太子太保礼部尚书兼翰

林院学士臣钱谦益

据目见的人说，牧斋亲自捧帖入府，叩首阶下，向豫王陈说。豫王很高兴，接待得不错（《说苑》本《牧斋遗事》）。

不但第一个迎降，牧斋还派人到苏州大贴告示说："大兵东下，百万生灵，尽为齑粉，招谕之举，未知阖郡士民，以为是乎非乎？便乎不便乎？有智者能辨之矣。如果能尽忠殉节，不听招谕，亦非我之所能强也。聊以一片苦心与士民共白之而已。"又写信给常熟知县曹元芳劝降："主公蒙尘五日后，大兵始至，秋毫无犯，市不易肆。却恐有舟师入越，则吴中未免先受其锋。保境安民之举，不可以不早也。牺牲玉帛待于境上，以待强者而庇民焉，古之人行之矣。幸门下早决之。想督台自有主持。亡国之臣，求死不得，邑中怨家必攘臂而鱼肉之矣，恐亦非便计也，如何？"（《赵水部杂志》）在主俘江山沦陷之时，他不但为敌作伥，招降父母之邦，还念念不忘他家乡那份产业，这封信活画出投降者那副嘴脸。

所说"求死不得"是鬼话，他自己曾告诉人，当时宠妾柳如是劝他殉国，他迟疑不肯。柳如是发急，以身作则，奋身自沉，被侍儿抱住。他何曾求过死？连小老婆劝他死也不肯，怎么会"不得"！（顾苓《河东君传》，案顾云美也是牧斋的友人，牧斋曾为撰《云阳草堂记》，见《有学集》卷二六）

牧斋降清后，一意要为清朝立功，时潞王寄居杭州，牧斋又寄书诱降，骗说只要归顺，就可保住爵士。浙江巡抚张秉贞得信，要挟潞王出降，潞王阖家被俘北上（《说苑》本《牧斋遗事》）。牧斋自以为大功既就，而且声名满天下，这次入阁该不成问题了，兴冲冲扬鞭北上，左等右等，等到顺治三年（1646）正月，才发表做礼部侍郎管秘书院事，充修《明史》副总裁，不禁大失所望。苦苦挨了半年，又被劾夺职回籍闲住，荣进了一辈子，状元巴不到，阁老爬不上，落得身败名裂，"昔去幸宽沈白马，今归应悔卖卢龙"！（《说苑》和《痛史》本《牧斋遗事》）

牧斋到底悔了没有呢？这头不着巴那头，清朝不要，再投明朝。《顺治东华录》记：

五年四月辛卯，凤阳巡抚陈之龙奏：自金逆（声桓）之叛，沿海一带与舟山之寇，止隔一水。故密差中军各将稽察奸细，擒到伪总督黄毓祺，搜获铜铸伪关防一颗，反诗一本，供出江北富党薛继周等，江南王觉生、钱谦益、许念元等，见在密咨拿缉。得旨：黄毓祺着正法，其……钱谦益等马国柱严饬该管官访拿。

据《贰臣传》乙编，牧斋这次吃官司也是被人告密的，告密人叫盛名儒：

以钱谦益曾留黄毓祺宿其家，且许助资招兵。诏总督马国柱逮讯。谦益至江宁，诉辩："此前供职内院，邀沐恩荣，图报不遑。况年已七十，奄奄余息，动履借人扶掖，岂有他念。"哀吁问官乞开脱。会首告谦益从逆之盛名儒逃匿不赴质，毓祺病死狱中。乃以毓祺与谦益素不相识定谳。马国柱因疏言："谦益以内院大臣归老山林，子侄三人新列科目，荣幸已极，必不丧心负恩。"于是得释归。

这次狱事，一直到顺治六年（1649）春才告结束。同年七月十五日，同县瞿式耜的家人派家童到桂林去看永历帝的桂林留守牧斋的门生瞿式耜。牧斋脚踏两头船，带一封密信给他，九月十六日到达。这封密信被节引在式耜的《报中兴机会事疏》中（《瞿忠宣公集》卷五），牧斋指陈当前军事形势，列出全着要着急着。还报告清军将领动态，和可能反正的武装部队。式耜的案语说：

　　臣同邑旧礼臣钱谦益寄臣手书一通，累数百言，绝不道及寒温家常字句，惟有忠驱义感，溢于楮墨之间。盖谦益身在虏中，未尝须臾不念本朝，而规划形势，了如指掌，绰有成算。

　　有了这件文字，加上瞿留守的证明，万一明朝恢复天下，看在地下工作的分上，大学士的座位，这一回总该坐得上去了吧？

　　一年后，清军攻下桂林，瞿式耜不屈，慷慨赴义。清人修《明史》，大传的最后一位，便是牧斋早年的门生瞿式耜。这师生二人，在王朝更替的严重关头，一个经不住考验，做了两朝领袖，名教罪人。一个通过考验，成了明朝的孤臣孽子，忠臣烈士。牧斋地下有知，怕也没面目见到这位高足吧！

郑和的七次下西洋

郑和出使南洋，第一是经济的原因。

明初对南洋诸国的态度，从明太祖的消极的保境安民政策，突转为明成祖的积极经营海外政策，实有其内在的原因。自太祖建国后，连年征战，北征蒙古，东南防倭，西南蕃蛮迭次叛乱，加以宫室城庙的营建，诸王就封的王府营造，国帑空虚，民生凋敝。至建文帝（1399—1402）继位以后，靖难师起，转战四年，赤地千里。成祖继位后，遂突转而向南洋发展，以国产的锦绮瓷漆，易取南洋的香药宝货。一以阻钱货的外流，一以补国家之府库，虽输入多属奢侈品，如黄省曾所记：太宗皇帝入缵丕绪，将长驭远驾，通道于乖蛮革夷，乃大赍西洋，贸采琛异……由是明月之珠，鸦鹘之石，沈南龙速之香，麟狮孔翠之奇，梅脑薇露之珍，珊瑚瑶琨之美，皆充舶而归。

而贫民博买，图之致富，国家府库，因之羡裕。严从简云：自永乐改元，遣使四出，招谕海番，贡献迭至，奇货重宝，前代所希，充溢府库。贫民承令博买，或多致富，而国用亦羡裕矣。且"夷中百货，皆中国不可缺者，夷中欲售，中国必欲得之"。反之，国库的锦绮瓷漆，其于南洋诸国亦然。沿海居民，多恃入海博易为生计，一旦禁断，无所资生，往往流为海寇。张燮云：

海滨一带，田尽斥卤，耕者无所望岁，只有视渊若陵，久成习惯。富家征货，固得捆载而归，贫者为佣，亦博升斗自给。一旦戒严，不得下水，断其生活。若辈悉健有力，不肯搏手困穷，于是所在连接为乱，溃裂而出。

要解决沿海平民的生活，和消除海寇的来源，也不能不开海通商，使公私都得其所。

第二是政治的原因。

郑和之出使，负有秘密使命，郑晓说：高皇何以有海外之使也？更始也。成祖西洋之，不已劳乎？郑和之泛海，胡濙之颁书也，国有大疑焉耳。所谓大疑，《明史·郑和传》已明白指出：成祖疑惠帝亡海外，欲踪迹之。且欲耀兵异域，示中国富强。永乐三年（1405）六月，命和及其侪王景弘等通使西洋。

次之，自洪武末年以来，西南诸国久不通贡。成祖是一个好大喜功的英主，他要恢复洪武初年诸蕃朝贡的盛况，令海南诸国，都稽首阙下，同为王臣。所以一即位便先派中官尹庆、马彬等遍使诸国，告以新帝的登基。接着便派郑和带船队出去，有不听命朝贡者便用武力解决。

在郑和所率领的船队未出发之前二年，政府已着手大造海船，以其为下西洋取宝之用，又称宝船，或称宝舡。其承造者或为军卫有司，或为工部。后又设大通关提举司，专造舟舰，世称宝船厂。所造船，大船长四十四丈四尺，阔一十八丈；中船长三十七丈，阔一十五丈。就第一次船队之人数计之，每船平均可载四百五十人左右。船队之组织除使臣外，有"官校、旗军、火长、舵工、斑碇手、通事、办事、书算手、医士、铁锚木艌搭枋等匠、水手、民梢人等"。平均每次出发之人数，为二万七八千人左右。军士大抵由南京及直隶卫所运粮官军和水军右卫等卫官军中临时抽调，将校亦由各卫军官中选用。当时南洋诸国大抵多奉回教，故船队中之通事多为回教徒，今可知者有会稽、马欢、仁和、郭崇礼，西安羊市大清真寺掌教哈三。郑和本人也是回教徒；亦奉佛教，受菩萨戒。其幕下书手有太仓费信，应天巩珍，都有纪行书传世。南洋诸国也有奉佛教的，故在第四次出发时，有僧人胜慧同行。前后同奉命出使的使臣有内官王景弘、侯显、杨庆、洪保、杨敏、李恺、李兴、朱良、杨真、周福、张达、吴忠、用济、王贵通诸人。将校中在锡兰山、苏门答腊两次战役中有功者，有李实、何义宗、彭以胜、林全、唐敬、王衡、林子宣、胡复、哈只、陆通、马贵、张通、刘海、朱真诸人。

郑和，云南昆阳州人。本姓马，祖、父都是回教徒。其被阉入宫，当在洪武十五年（1382）傅友德、沐英定云南时，年约十岁。事燕王于藩邸，从起兵有功。永乐二年（1404）正月初一日御书郑字，赐以为姓，乃名郑和。累擢至内官监太监。身长七尺，腰大十围。公勤明敏，谦恭谨密。姿貌才智，内侍中无与比者。永乐三年（1405）六月受命出使西洋，带领空前绝后之远征军作第一次航海壮举。

第一次船队航行印度洋，"多赍金币，遍历诸番国，宣天子诏，因给赐其君长"。率领将士卒二万七千八百余人，分乘六十二艘长四十丈、宽十八丈的大舶，艨艟蔽天，金甲耀日。当时印度洋上海盗纵横，剽掠商旅，各国入贡的使臣也被其邀劫，这次远航，也附有肃清海盗、开通航路的使命。

自唐、宋以来，三佛齐即为东西贸易之中心。至明代仍为"诸蕃要会"。故我国人侨居者最多。在郑和未出使以前，有梁道明雄长其地。《明史》记：有梁道明者，广州南海县人。久居其国，闽粤军民泛海从之者数千家，推道明为首，雄视一方。会指挥孙铉使海外，遇其子挟与俱来。永乐三年（1405）成祖以行人谭胜受与道明同邑，命偕千户杨信等赍诏招之。道明及其党郑伯可随入朝贡方物，受赐而还。

又有陈祖义亦广东人，亦为旧港头目，船队过苏门答腊时，祖义出降，遣使入贡。一面仍为盗海上，船队回帆时，复谋邀劫，被擒伏诛。梁道明的副手施进卿以助诛陈祖义有功入朝，授旧港宣慰使司宣慰使。这是我国在海外所设立的第一个正式保护侨民的官署。施进卿是侨民中第一个为政府所任命的保侨官吏。

第一次船队于永乐五年（1407）九月返国。在海上往返之三年中，曾至爪哇、苏门答腊、南巫里、古里、锡兰、满剌加诸地。经过爪哇时，遇爪哇内乱，官军登岸为爪哇兵所杀，爪哇王大惧，上表谢罪，次年遣使献黄金万两赎罪。郑和一行人之使命，第一次远航即得满意收获，海盗肃清，航路无阻。永乐六年（1408）九月癸亥，复奉命统领官兵，驾驶海舶四十八号，赍敕使古里、满剌加、苏门答腊、阿鲁、加异勒、爪哇、暹罗、占城、柯枝、阿拨把丹、小阿兰、南巫里、甘巴里诸国，赐其王锦绮纱罗。

第二次船队归来时，经过锡兰国，锡兰国王亚烈苦奈儿发兵拦劫，为郑和所败，生擒亚烈苦奈儿回国献俘。《明成祖实录》记：永乐九年（1411）六月乙巳，内官郑和等使西洋诸番国还。献所俘锡兰山国王亚烈苦奈儿并其家属。和等初使诸番，至锡兰山，亚烈苦奈儿侮慢不敬，欲害和，和觉而去。亚烈苦奈儿又不辑睦邻国，屡邀劫其往来使臣，诸番皆苦之。及和归，复经锡兰山，遂诱至国中，令其子纳颜索金银宝物，不与。潜发番兵五万余劫和舟，而伐木拒险，绝和归路，使不得相援。和等觉之，即拥众回船，路已阻绝。和语其下曰："贼大众既出，国中必虚，且谓我客军孤怯，不能有为，出其不意攻之，可以得志。"乃潜令人由他道至船，俾官军尽死力拒之。而躬率所领兵二千余由间道急攻王城，破之，擒亚烈苦奈儿并其家属头目。番军复围城，交战数合大败之。遂以归。群臣请诛之，上悯其愚无知，命姑释之，给与衣服。命礼部议择其属之贤者，以承国祀。

礼部询所俘锡兰国人，国人皆举耶巴乃那。永乐十年（1412）复遣郑和使西洋封耶巴乃那为锡兰国王，号不剌葛麻巴忽剌查。

船队至苏门答腊时，王子苏干剌以赏赐不及，举兵邀杀，又为郑和所擒，献俘阙下，国威大震。《明成祖实录》记：十三年（1415）九月壬寅，郑和献所获苏门答腊贼酋苏干剌等。初和奉使至苏门答腊，赐其王宰奴里阿必丁（ZaynuL-Abtidin）纸币。苏干剌乃前王弟，方谋弑宰阿必丁，以夺其位。且怒使赐不及己，领兵数万邀杀官军。和帅众及其国兵与战，苏干剌败走。追至浡利国，并其妻子俘以归。至是献于行在。兵部尚书方宾言："苏干剌大逆道，宜付法司正其罪。"遂命刑部按法诛之。

此行据马欢所撰《纪行诗》及《明史·外国传》之记载，凡占城、阇婆、三佛齐、苏门答腊、锡兰、柯枝、古里、五屿、溜山、忽鲁谟斯、加异勒、彭亨、急兰丹、阿鲁、南渤利诸国，均为航线所经，始越过印度南境，到波斯湾中。

第三次航行返国时，诸蕃国使臣随同朝贡。永乐十四年（1416）十二月郑和又奉命赍敕及锦绮纱罗等物，偕请蕃国使臣，赐各国王。做第四次之远征。此次航程除遍历前三次所经国家外，并曾到过阿丹、不剌哇、麻林、沙里湾泥、木骨都束、剌撒，横断印度洋而远至于非洲。于永乐十七年（1419）七月返国。忽鲁谟斯、阿丹等十六国使臣随来朝贡。

永乐十九年（1421）正月郑和等又奉命做第五次之航行，赐各国国王以锦绮纱罗，并送十六国使臣返国。这一次航行又到了非洲东岸的木骨都束和不剌哇，阿拉伯沿岸的祖法儿、阿丹。永乐二十年（1422）八月壬寅还，暹罗、苏禄、苏门答腊、阿丹等国都遣使随贡方物。

永乐二十二年（1424）正月旧港酋长施济孙遣使请袭宣慰使职，三月郑和又奉命做第六次之航海。回国时明成祖已经晏驾，仁宗（1424—1425）继位，罢西洋宝船。洪熙元年（1425）二月命和以下番诸军守备南京。仁宗宽宏仁厚，是一个守成的中主，在位不到一年便死了。宣宗（1426—1435）继位。这个青年皇帝从幼便为祖父所钟爱，在性格和魄力方面，也受了他祖父的遗传，很是精明强干。宣德五年（1430）六月，帝以外蕃贡使多不至，遣和及王景弘遍历诸国，又奉命风尘仆仆做最后一次的远征。据祝允明所记此次航海里程，郑和所率领之航队，以宣德五年（1430）闰十二月六日于南京龙湾开舡，然据《明成祖实录》则宣德六年（1431）二月中，曾令满剌加使臣附郑和舟返国。由是可知历次舰队均系分别出发，故满剌加使臣得附后发宝船还国。主队出发时，并曾派分队到古里，由古里再派人带货物到天方贸易。全队于宣德八年（1432）七月六日回京。

第七次船队返国后的第三年，宣宗崩，英宗（1436—1449，1457—1464）冲龄继位，杨士奇、杨荣、杨溥诸老臣当国，主少国疑，于是又回到了太祖时代的保守政策，不想再向海外发展。同时郑和也是六十几岁的老头子了，不能再做远行，三十年来的海外活动于此告一结束。《明史》说：和经事三朝，先后七奉使，所历占城（Campa）、爪哇（Java）、真腊（Kemboja）、旧港（Palembang）、暹罗（Siam）、古里（Calicut）、满剌加（Malacca）、渤泥（Borneo）、苏门答腊（Atcbeb）、阿鲁（Aru）、柯枝（Cochin）、大葛兰、小葛兰（Quilon）、西洋琐里（Chola）、加异勒（Cail）、阿措把丹、南巫里（Lambri）、甘把里（Koyampadi）、锡兰山（Ceylon）、喃浡利（即南巫里）、彭亨（Pahang）、急兰丹（Kelantan）、忽鲁谟斯（Hormuz）、比剌（Brawa）、溜山（Maldives）、孙剌（Sofala）、木骨都束（Mogadishu）、麻林（Malinde）、剌撤、祖法儿（Djofar）、沙里湾泥（Sharwayn）、竹步（Juba）、榜葛利（Bengala）、天方（Mekka）、黎代（Lide）、那孤儿（Battak），凡三十余国。所取无名宝物，不可胜计，而中国耗费亦不赀。自宣德以还，远方时有至者，要不如永乐时，而和亦老且死。自和后凡将命海表者，莫不盛称和以夸外番，故俗传三保太监下西洋，为明初盛事云。明初出使海外著劳绩的，还有太监杨敕（敏）、侯显、尹庆诸人。杨敕于永乐十年（1412）奉使往榜葛剌等国，永乐十二年（1414）还京。侯显接着也出使榜葛剌、沼纳朴儿，令两国罢兵。后又命周鼎等往使。尹庆于永乐元年（1403）九月使满剌加、柯枝诸国。永乐三年（1405）九月返国，苏门答腊酋长宰奴里阿仲丁、满剌加国酋长拜里迷苏剌、古里国酋长沙米的俱遣使随还朝见。诸俱封为国王，与印诰，并赐彩币袭衣。复命尹庆往使。尹庆第一次出使满剌加时，内官马彬亦同时被命使爪哇、西洋、苏门答腊诸蕃。后又数奉命使占城。张谦于永乐八年（1410）与行人周航使浡泥国，永乐十年（1412）、十四年（1416）、十八年（1420）又奉使往使，永乐十五年（1417）九月又出使古麻剌郎国。杨庆于永乐十八年（1420）奉命往西洋公干，洪保于次年奉命送各蕃国使臣回还。吴宾于永乐初曾使爪哇。永乐三年（1405）朝使曾往招谕吕宋、麻叶瓮、番速儿、来囊葛卜、南巫里、娑罗六国。朝臣奉使西洋者有闻良辅、宁善、王复亨、马贵诸人。

论赤壁之战里的周瑜、诸葛亮、张昭

赤壁之战中，周瑜是个最出色的人物。

周瑜字公瑾，庐江舒人（今安徽庐江）。出身于官僚地主家庭，从祖景，景子忠都做汉朝太尉的大官，从父尚丹阳太守，父异做过洛阳令。

他从小就精通音乐，奏乐有阙误，他就回顾，当时歌唱他："曲有误，周郎顾。"

二十四岁就在孙策部下，做建威中郎将，领兵二千人，骑五十匹，青年美貌，吴中都叫他作周郎。

和孙策同年。孙坚起兵讨董卓，把家眷放在舒，周瑜和孙策友好，腾出一所大房子安顿，登堂拜母，孙策的母亲把他当儿子一样看待。随孙策攻皖，得乔公两女，都是国色，孙策娶了大乔，周瑜娶了小乔，两人又成了亲戚。诗人"铜雀春深锁二乔"是有根据的，只是时间略差一些，铜雀台成于公元210年，后于赤壁之战三年。

公元200年孙策死，周瑜将兵赴丧，以中护军和长史张昭共掌众事，此后他就成为江东武将的首领，孙权十分信任。

202年曹操破袁绍，兵威日盛，写信给孙权，要求送子弟作质子，谋臣商议不决。周瑜以为一送质子，便受制于人，最多不过落个封侯，有十几个仆从，几辆车，几匹马的下场。才决定不送质子。

208年曹操入荆州，得水军船、步兵数十万。周瑜指出曹操冒用兵四患：一是北土未平，马超韩遂尚在关西，曹操后方受威胁；二是青徐步兵，不习水战；三是天气盛寒，马无藁草；四是北方士众，不服水土，必生疫病。自请领精兵三万人，进住夏口，击破曹操。

周瑜部将黄盖献计诈降火攻，曹操船舰相连，首尾相接，正好东南风急，黄盖放船同时发火，延烧岸上营房，烟炎涨天，曹军大败。

这一仗，曹操方面号称八十三万，孙权只有三万人，加上刘备刘琦的部队也不过五万人左右，以少败众，以弱胜强，在军事史上写下光辉的一页。

当时人对周瑜的评论，刘备说他"文武筹略，万人之英"。蒋干称他"雅量高致，非言辞所能问"。程普以为"与周公瑾交，若饮醇醪，不觉自醉"。孙权痛悼他，以为"有王佐之资，雄烈胆略兼人，言议英发"。《三国志》说他性度恢廓，气量很大。

赤壁战后，周瑜领南郡太守，屯江陵，刘备领荆州，屯公安。刘备来见孙权，周瑜建议留下刘备，以为刘备枭雄，又有关羽张飞熊虎之将，必不能久屈为人用，要用美人计，替他大造宫室，多其美女玩好，娱其耳目。分关张各置一方，配备在周瑜等部下，挟以攻战，大事可定。如割以土地，三人都在一起，恐不可制。议论恰好和鲁肃相反。孙权采纳了鲁肃的政策，为曹操树敌，为自己结援，也怕刘备制服不了，没有听他的话。

由此可见，周瑜和鲁肃对联刘抗曹，在赤壁战前是完全一致的。在战后却有分歧，对联刘的政策鲁肃一贯坚持，周瑜却主张吞刘自大，这两派不同的主张，一直反映到以后吴蜀几十年的和战关系中，也反映到魏对吴蜀二国的对外关系。

诸葛亮也是官僚地主家庭出身，父亲做过泰山郡丞，从父是豫章太守。

刘备屯新野，三顾茅庐，问以大计。诸葛亮以为曹操拥百万之众，挟天子以令诸侯，不可与争锋。孙权据有江东，已历三代，国险民附，善用贤才，只可为援而不可能消灭他。只有荆益可取。结好孙权，相机北伐，可成霸业。和鲁肃的见解，虽然时、地、对象不同，却完全吻合。

他奉命求救于孙权，用话激孙权拒曹，最后分析曹操兵势：第一，曹操兵虽多，却远来疲敝；第二，北方之人，不习水战；第三，荆州人民附操，是慑于兵势，并非心服；第四，刘备虽败，还有关羽水军精甲万人和江夏战士万人，有相当兵力。只要合力破操，便荆吴之势强，鼎足之形成矣。和周瑜的论调也大体相似。

正如鲁肃坚决主张吴蜀联盟一样，诸葛亮在蜀国，一直到他死，坚决贯彻联吴抗魏的方针，主张和吴国和好结援。

在赤壁之战的反面人物，鲁肃的对立面是张昭。这个人物是旧的，但在戏里却是新的，添得甚好。

张昭是彭城（今江苏徐州）人，会写隶书，治左氏春秋，博览众书，是个中原学者。汉末避难渡江，孙策任为长史抚军中郎将，文武之事，一以委昭。策死，以弟孙权托昭，仍任长史，极被尊重。

在赤壁之战中，他是个投降派。

江表传说他：孙权称帝，大会百官，归功周瑜。张昭刚要说话，孙权拦住他，说："当时要是听张公的话，现在只好讨饭了。"

裴松之有不同的看法，认为张昭的主张从另一方面说，还是有道理的。他以为张昭原不主张鼎足三分，是主张统一的。由此看来，当时形势，对吴国的地主、官僚来说，分立有利，但对整个历史，对当时人民来说，曹操的统一，利益更大。另一面，吴蜀分立，对当时东南、西南的开发，也还是有利的。假使没有赤壁之战，孙权降曹，刘备孤军无援，统一的局面不要等到公元280年，对当时的人民来说，对生产的发展来说，应该是一件更大的好事。

我看，张昭在赤壁之战中虽然以对立面出现，加强了这个戏的气氛，但作为历史人物来说，裴松之的意见还是有些道理的。

最后，把赤壁之战中几个主要人物的年龄，排列一下，也很有趣味。

这一年：孙权二十七岁，诸葛亮二十七岁，周瑜三十四岁，鲁肃三十七岁，曹操五十四岁。

吴蜀两方的统帅，以鲁肃的年龄为最大，周瑜次之，但都比曹操小。这一仗不但是劣势的军力打败优势的军力，被攻的军力打败了进攻的军力，哀兵打败了骄兵，并且还是青年打败了老将。

编后说明

"以史为鉴"和"知人论世"是中国史学两个非常重要的传统，它强调在记录历史的同时，也要对历史进行反思。对于史家而言，通过这种反思，可以总结历史发展规律，追溯社会发展变迁的脉络；而对于普通人而言，经由这种反思，也能对历史有透彻的认识，对古人的生活和处世有真正的理解，进而洞彻一些人生哲理，增加思想厚度。"以史为鉴"是中国人的生存智慧。

从这个角度出发，本书选取了著名历史学家吴晗论述中国封建时期历朝历代的人物、重大事件、制度、民风民俗等主题的相关文章，以期让读者对中国古代政治体系下的社会运作机制和社会生存法则有一个较为全面深入的了解，同时也能从某些角度窥见中国人的国民性格、思维特征是如何形成的。

比如，对于"'法治'"和'人治'哪一种方法更有效"这个长期有争议的话题，吴晗在分别列出了汉文帝、魏太武帝、唐太宗、宋太祖四个鲜活的用人例子之后，得出一个有说服力的结论："就历史的教训以论今日，我们不但要有治法，尤其要有治人。治人在历史上固不世出，在民主政治的选择下，却可以世出继出。治人之养成，选出罢免诸权之如何运用，是求治的先决条件。使有治法而无治人，等于无法，有治人而无治法，无适应时宜的治法，也是缘木求鱼，国终不治。"

再比如，关于官员腐败问题，吴晗则提到，"一部二十四史充满了贪污的故事，"并列举了很多令人触目惊心的贪腐案例，也总结了历朝政治家肃清腐败的办法，"第一种是厚禄，他们以为官吏之所以不顾廉耻，倒行逆施，主要原因是禄不足以养廉，如国家所给俸禄足够生活，则一般中人之资，受过教育的应该知道自爱。如再违法受赃，便是自暴自弃，可以重法绳之。第二种是严刑，国家制定法令，犯法的立置刑章，和全国共弃之。前者例如宋，后者例如明初。"但是，这两种方法治标却不能治本，"治本的唯一办法，应该从整个历史和社会组织去理解……把'人'从家族的桎梏下解放出来。个人生活的独立，每一个人都为工作而生存，人与人之间无倚赖心。从家族本位的社会组织改变为个人本位的社会组织。"作者这种对历史的深刻洞察力着实让人佩服。

　　从上面提到的这些来看，吴晗对于中国古代社会的种种弊端是有清醒的认识，同时这些话题即使放到今天也仍然有较大的参考价值。所谓"鉴前世之兴衰，考当今之得失"，看来吴晗是深得其道的。当然，我们要明白，在封建时代，中国社会的根基是建立在"皇权政治"基础上的，所以难免也存在着时代的局限，有很多社会现象放到今天来看，已经不合时宜，比如："主奴""殉葬""流寇"等，但是读者通过阅读这些内容，也确实能体会到中国封建时代下层百姓的悲苦，体会到他们生存的艰难。

　　同时，我们今天对历史的认识在进步。因为本书的范畴圈定于古代历史，那么其中有些提法自有其历史背景，比如元朝的蒙古族与汉族、清代的满族与汉族都曾经是敌对关系，曾经的那些民族矛盾在今天的各民族大融合背景下已经不复存在了；又比如地域关系，历史上的中国版图是在不断变化的，过去所谓的"蛮夷之地"，在今天已经是中国不可分割的一部分。这些读者应该有所知晓。

图书在版编目（CIP）数据

中国人的生存智慧 / 吴晗著. —长沙：湖南人民出版社，2020.7
ISBN 978-7-5561-2462-6

I. ①中… II. ①吴… III. ①史评—中国—古代 IV.
①K220.7

中国版本图书馆CIP数据核字（2020）第064936号

ZHONGGUOREN DE SHENGCUN ZHIHUI

中国人的生存智慧

著　　者：吴　晗
出版统筹：张宇霖
监　　制：陈　实
产品经理：田　野
责任编辑：李思远　田　野
责任校对：郭　平
装帧设计：水玉银文化

出版发行：湖南人民出版社有限责任公司［http://www.hnppp.com］
地　　址：长沙市营盘东路3号
电　　话：0731-82683357

印　　刷：湖南凌宇纸品有限公司
版　　次：2020年7月第1版　2020年7月第2次印刷
开　　本：880 mm × 1240 mm　　1/32
印　　张：11
字　　数：230千字
书　　号：978-7-5561-2462-6
定　　价：58.00元

营销电话：0731-82221529（如发现印装质量问题请与出版社调换）